I0211864

BÚLGARO
VOCABULÁRIO

PORTUGUÊS BÚLGARO

Para alargar o seu léxico e apurar
as suas competências linguísticas

9000 palavras

Vocabulário Português Brasileiro-Búlgaro - 9000 palavras

Por Andrey Taranov

Os vocabulários da T&P Books destinam-se a ajudar a aprender, a memorizar, e a rever palavras estrangeiras. O dicionário é dividido em temas, cobrindo todas as principais esferas de atividades quotidianas, negócios, ciência, cultura, etc.

O processo de aprendizagem, utilizando os dicionários baseados em temáticas da T&P Books dá-lhe as seguintes vantagens:

- Informação de origem corretamente agrupada predetermina o sucesso em fases subsequentes da memorização de palavras
- Disponibilização de palavras derivadas da mesma raiz, o que permite a memorização de unidades de texto (em vez de palavras separadas)
- Pequenas unidades de palavras facilitam o processo de estabelecimento de vínculos associativos necessários para a consolidação do vocabulário
- O nível de conhecimento da língua pode ser estimado pelo número de palavras aprendidas

T&P Books Publishing
www.tpbooks.com

ISBN: 978-1-78767-273-4

Este livro também está disponível em formato E-book.
Por favor visite www.tpbooks.com ou as principais livrarias on-line.

VOCABULÁRIO BÚLGARO
palavras mais úteis

Os vocabulários da T&P Books destinam-se a ajudar a aprender, a memorizar, e a rever palavras estrangeiras. O vocabulário contém mais de 9000 palavras de uso comum organizadas tematicamente.

O vocabulário contém as palavras mais comummente usadas
Recomendado como adicional para qualquer curso de línguas
Satisfaz as necessidades dos iniciados e dos alunos avançados de línguas estrangeiras
Conveniente para o uso diário, sessões de revisão e atividades de auto-teste
Permite avaliar o seu vocabulário

Características especias do vocabulário

*   As palavras estão organizadas de acordo com o seu significado, e não por ordem alfabética
*   As palavras são apresentadas em três colunas para facilitar os processos de revisão e auto-teste
*   As palavras compostas são divididas em pequenos blocos para facilitar o processo de aprendizagem
*   O vocabulário oferece uma transcrição simples e adequada de cada palavra estrangeira

O vocabulário contém 256 tópicos incluindo:

Conceitos básicos, Números, Cores, Meses, Estações do ano, Unidades de medida, Roupas & Acessórios, Alimentos & Nutrição, Restaurante, Membros da Família, Parentes, Caráter, Sentimentos, Emoções, Doenças, Cidade, Passeios, Compras, Dinheiro, Casa, Lar, Escritório, Trabalho no Escritório, Importação & Exportação, Marketing, Pesquisa de Emprego, Esportes, Educação, Computador, Internet, Ferramentas, Natureza, Países, Nacionalidades e muito mais ...

TABELA DE CONTEÚDOS

GUIA DE PRONUNCIAÇÃO

Alfabeto fonético T&P	Exemplo Búlgaro	Exemplo Português
[a]	сладък [sládək]	chamar
[e]	череша [ʧeréʃa]	metal
[i]	килим [kilím]	sinônimo
[o]	отломка [otlómka]	lobo
[u]	улуча [ulúʧa]	bonita
[ə]	въже [vəʒé]	O xevá, som vocálico neutro
[ja], [ʲa]	вечеря [veʧérʲa]	Himalaias
[ʲu]	ключ [kʲuʧ]	nacional
[ʲo]	фризьор [frizʲór]	ioga
[ja], [ʲa]	история [istórija]	Himalaias
[b]	събота [sébota]	barril
[d]	пладне [pládne]	dentista
[f]	парфюм [parfʲúm]	safári
[g]	гараж [garáʒ]	gosto
[ʒ]	мрежа [mréʒa]	talvez
[j]	двубой [dvubój]	Vietnã
[h]	храбър [hrábər]	[h] aspirada
[k]	колело [koleló]	aquilo
[l]	паралел [paralél]	libra
[m]	мяукам [mʲaúkam]	magnólia
[n]	фонтан [fontán]	natureza
[p]	пушек [púʃek]	presente
[r]	крепост [krépost]	riscar
[s]	каса [kása]	sanita
[t]	тютюн [tʲutʲún]	tulipa
[v]	завивам [zavívam]	fava
[ʦ]	църква [tsérkva]	tsé-tsé
[ʃ]	шапка [ʃápka]	mês
[ʧ]	чорапи [ʧorápi]	Tchau!
[w]	уиски [wíski]	página web
[z]	зарзават [zarzavát]	sésamo

ABREVIATURAS
usadas no vocabulário

Abreviaturas do Português

adj	-	adjetivo
adv	-	advérbio
anim.	-	animado
conj.	-	conjunção
desp.	-	esporte
etc.	-	Etcetera
ex.	-	por exemplo
f	-	nome feminino
f pl	-	feminino plural
fem.	-	feminino
inanim.	-	inanimado
m	-	nome masculino
m pl	-	masculino plural
m, f	-	masculino, feminino
masc.	-	masculino
mat.	-	matemática
mil.	-	militar
pl	-	plural
prep.	-	preposição
pron.	-	pronome
sb.	-	sobre
sing.	-	singular
v aux	-	verbo auxiliar
vi	-	verbo intransitivo
vi, vt	-	verbo intransitivo, transitivo
vr	-	verbo reflexivo
vt	-	verbo transitivo

Abreviaturas do Búlgaro

ж	-	nome feminino
ж мн	-	feminino plural
м	-	nome masculino
м мн	-	masculino plural
м, ж	-	masculino, feminino
мн	-	plural
с	-	neutro
с мн	-	neutro plural

CONCEITOS BÁSICOS

Conceitos básicos. Parte 1

1. Pronomes

eu	аз	[az]
você	ти	[ti]
ele	той	[toj]
ela	тя	[tʲa]
ele, ela (neutro)	то	[to]
nós	ние	[níe]
vocês	вие	[víe]
eles, elas	те	[te]

2. Cumprimentos. Saudações. Despedidas

Oi!	Здравей!	[zdravéj]
Olá!	Здравейте!	[zdravéjte]
Bom dia!	Добро утро!	[dobró útro]
Boa tarde!	Добър ден!	[dóbər den]
Boa noite!	Добър вечер!	[dóbər vétʃer]
cumprimentar (vt)	поздравявам	[pozdravʲávam]
Oi!	Здрасти!	[zdrásti]
saudação (f)	поздрав (м)	[pózdrav]
saudar (vt)	приветствувам	[privétstvuvam]
Tudo bem?	Как си?	[kak si]
E aí, novidades?	Какво ново?	[kakvó nóvo]
Tchau! Até logo!	Довиждане!	[dovíʒdane]
Até breve!	До скора среща!	[do skóra sréʃta]
Adeus!	Сбогом!	[zbógom]
despedir-se (dizer adeus)	сбогувам се	[sbogúvam se]
Até mais!	До скоро!	[do skóro]
Obrigado! -a!	Благодаря!	[blagodarʲá]
Muito obrigado! -a!	Много благодаря!	[mnógo blagodarʲá]
De nada	Моля.	[mólʲa]
Não tem de quê	Няма нищо.	[nʲáma níʃto]
Não foi nada!	Няма за какво.	[nʲáma za kakvó]
Desculpa!	Извинявай!	[izvinʲávaj]
Desculpe!	Извинявайте!	[izvinʲávajte]
desculpar (vt)	извинявам	[izvinʲávam]

desculpar-se (vr)	извинявам се	[izvinʲávam se]
Me desculpe	Моите извинения.	[móite izvinénija]
Desculpe!	Прощавайте!	[proʃtávajte]
por favor	моля	[mólʲa]

Não se esqueça!	Не забравяйте!	[ne zabrávʲajte]
Com certeza!	Разбира се!	[razbíra se]
Claro que não!	Разбира се, не!	[razbíra se ne]
Está bem! De acordo!	Съгласен!	[səglásen]
Chega!	Стига!	[stíga]

3. Como se dirigir a alguém

senhor	Господине	[gospodíne]
senhora	Госпожо	[gospóʒo]
senhorita	Госпожице	[gospóʒitse]
jovem	Младежо	[mladéʒo]
menino	Момче	[momtʃé]
menina	Момиче	[momítʃe]

4. Números cardinais. Parte 1

zero	нула (ж)	[núla]
um	едно	[ednó]
dois	две	[dve]
três	три	[tri]
quatro	четири	[tʃétiri]

cinco	пет	[pet]
seis	шест	[ʃest]
sete	седем	[sédem]
oito	осем	[ósem]
nove	девет	[dévet]

dez	десет	[déset]
onze	единадесет	[edinádeset]
doze	дванадесет	[dvanádeset]
treze	тринадесет	[trinádeset]
catorze	четиринадесет	[tʃetirinádeset]

quinze	петнадесет	[petnádeset]
dezesseis	шестнадесет	[ʃesnádeset]
dezessete	седемнадесет	[sedemnádeset]
dezoito	осемнадесет	[osemnádeset]
dezenove	деветнадесет	[devetnádeset]

vinte	двадесет	[dvádeset]
vinte e um	двадесет и едно	[dvádeset i ednó]
vinte e dois	двадесет и две	[dvádeset i dve]
vinte e três	двадесет и три	[dvádeset i tri]
trinta	тридесет	[trídeset]
trinta e um	тридесет и едно	[trídeset i ednó]

| trinta e dois | тридесет и две | [trídeset i dve] |
| trinta e três | тридесет и три | [trídeset i tri] |

quarenta	четиридесет	[ʧetírideset]
quarenta e um	четиридесет и едно	[ʧetírideset i ednó]
quarenta e dois	четиридесет и две	[ʧetírideset i dve]
quarenta e três	четиридесет и три	[ʧetírideset i tri]

cinquenta	петдесет	[petdesét]
cinquenta e um	петдесет и едно	[petdesét i ednó]
cinquenta e dois	петдесет и две	[petdesét i dve]
cinquenta e três	петдесет и три	[petdesét i tri]

sessenta	шестдесет	[ʃestdesét]
sessenta e um	шестдесет и едно	[ʃestdesét i ednó]
sessenta e dois	шестдесет и две	[ʃestdesét i dve]
sessenta e três	шестдесет и три	[ʃestdesét i tri]

setenta	седемдесет	[sedemdesét]
setenta e um	седемдесет и едно	[sedemdesét i ednó]
setenta e dois	седемдесет и две	[sedemdesét i dve]
setenta e três	седемдесет и три	[sedemdesét i tri]

oitenta	осемдесет	[osemdesét]
oitenta e um	осемдесет и едно	[osemdesét i ednó]
oitenta e dois	осемдесет и две	[osemdesét i dve]
oitenta e três	осемдесет и три	[osemdesét i tri]

noventa	деветдесет	[devetdesét]
noventa e um	деветдесет и едно	[devetdesét i ednó]
noventa e dois	деветдесет и две	[devetdesét i dve]
noventa e três	деветдесет и три	[devetdesét i tri]

5. Números cardinais. Parte 2

cem	сто	[sto]
duzentos	двеста	[dvésta]
trezentos	триста	[trísta]
quatrocentos	четиристотин	[ʧétiri·stótin]
quinhentos	петстотин	[pét·stótin]

seiscentos	шестстотин	[ʃést·stótin]
setecentos	седемстотин	[sédem·stótin]
oitocentos	осемстотин	[ósem·stótin]
novecentos	деветстотин	[dévet·stótin]

mil	хиляда (ж)	[hilʲáda]
dois mil	две хиляди	[dve hílʲadi]
três mil	три хиляди	[tri hílʲadi]
dez mil	десет хиляди	[déset hílʲadi]
cem mil	сто хиляди	[sto hílʲadi]

| um milhão | милион (м) | [milión] |
| um bilhão | милиард (м) | [miliárt] |

6. Números ordinais

primeiro (adj)	първи	[pérvi]
segundo (adj)	втори	[ftóri]
terceiro (adj)	трети	[tréti]
quarto (adj)	четвърти	[ʧetvérti]
quinto (adj)	пети	[péti]
sexto (adj)	шести	[ʃésti]
sétimo (adj)	седми	[sédmi]
oitavo (adj)	осми	[ósmi]
nono (adj)	девети	[devéti]
décimo (adj)	десети	[deséti]

7. Números. Frações

fração (f)	дроб (м)	[drop]
um meio	една втора	[edná ftóra]
um terço	една трета	[edná tréta]
um quarto	една четвърта	[edná ʧetvérta]
um oitavo	една осма	[edná ósma]
um décimo	една десета	[edná deséta]
dois terços	две трети	[dve tréti]
três quartos	три четвърти	[tri ʧetvérti]

8. Números. Operações básicas

subtração (f)	изваждане (с)	[izváʒdane]
subtrair (vi, vt)	изваждам	[izváʒdam]
divisão (f)	деление (с)	[delénie]
dividir (vt)	деля	[delʲá]
adição (f)	събиране (с)	[səbírane]
somar (vt)	събера	[səberá]
adicionar (vt)	прибавям	[pribávʲam]
multiplicação (f)	умножение (с)	[umnoʒénie]
multiplicar (vt)	умножавам	[umnoʒávam]

9. Números. Diversos

algarismo, dígito (m)	цифра (ж)	[tsífra]
número (m)	число (с)	[ʧisló]
numeral (m)	числително име (с)	[ʧislítelno íme]
menos (m)	минус (м)	[mínus]
mais (m)	плюс (м)	[plʲus]
fórmula (f)	формула (ж)	[fórmula]
cálculo (m)	изчисление (с)	[istʃislénie]
contar (vt)	броя	[brojá]

| calcular (vt) | пребройвам | [prebrojávam] |
| comparar (vt) | сравнявам | [sravnʲávam] |

Quanto, -os, -as?	Колко?	[kólko]
soma (f)	сума (ж)	[súma]
resultado (m)	резултат (м)	[rezultát]
resto (m)	остатък (м)	[ostátək]

alguns, algumas ...	няколко	[nʲákolko]
pouco (~ tempo)	малко ...	[málko]
resto (m)	остатък (м)	[ostátək]
um e meio	един и половина	[edín i polovína]
dúzia (f)	дузина (ж)	[duzína]

ao meio	наполовина	[napolovína]
em partes iguais	поравно	[porávno]
metade (f)	половина (ж)	[polovína]
vez (f)	път (м)	[pət]

10. Os verbos mais importantes. Parte 1

abrir (vt)	отварям	[otvárʲam]
acabar, terminar (vt)	приключвам	[priklʲútʃvam]
aconselhar (vt)	съветвам	[səvétvam]
adivinhar (vt)	отгатна	[otgátna]
advertir (vt)	предупреждавам	[prеdupreʒdávam]

ajudar (vt)	помагам	[pomágam]
almoçar (vi)	обядвам	[obʲádvam]
alugar (~ um apartamento)	наемам	[naémam]
amar (pessoa)	обичам	[obítʃam]
ameaçar (vt)	заплашвам	[zapláʃvam]

anotar (escrever)	записвам	[zapísvam]
apressar-se (vr)	бързам	[bérzam]
arrepender-se (vr)	съжалявам	[səʒalʲávam]
assinar (vt)	подписвам	[potpísvam]
brincar (vi)	шегувам се	[ʃegúvam se]

brincar, jogar (vi, vt)	играя	[igrája]
buscar (vt)	търся	[térsʲa]
caçar (vi)	ловувам	[lovúvam]
cair (vi)	падам	[pádam]
cavar (vt)	ровя	[róvʲa]
chamar (~ por socorro)	викам	[víkam]

chegar (vi)	пристигам	[pristígam]
chorar (vi)	плача	[plátʃa]
começar (vt)	започвам	[zapótʃvam]
comparar (vt)	сравнявам	[sravnʲávam]
concordar (dizer "sim")	съгласявам се	[səglasʲávam se]

| confiar (vt) | доверявам | [doverʲávam] |
| confundir (equivocar-se) | обърквам | [obérkvam] |

conhecer (vt)	познавам	[poznávam]
contar (fazer contas)	броя	[brojá]
contar com ...	разчитам на ...	[rastʃítam na]
continuar (vt)	продължавам	[prodəɫʒávam]
controlar (vt)	контролирам	[kontrolíram]
convidar (vt)	каня	[kánʲa]
correr (vi)	бягам	[bʲágam]
criar (vt)	създам	[səzdám]
custar (vt)	струвам	[strúvam]

11. Os verbos mais importantes. Parte 2

dar (vt)	давам	[dávam]
dar uma dica	намеквам	[namékvam]
decorar (enfeitar)	украсявам	[ukrasʲávam]
defender (vt)	защитавам	[zaʃtitávam]
deixar cair (vt)	изтървавам	[istərvávam]
descer (para baixo)	слизам	[slízam]
desculpar (vt)	извинявам	[izvinʲávam]
dirigir (~ uma empresa)	ръководя	[rəkovódʲa]
discutir (notícias, etc.)	обсъждам	[obséʒdam]
disparar, atirar (vi)	стрелям	[strélʲam]
dizer (vt)	кажа	[káʒa]
duvidar (vt)	съмнявам се	[səmnʲávam se]
encontrar (achar)	намирам	[namíram]
enganar (vt)	лъжа	[léʒa]
entender (vt)	разбирам	[razbíram]
entrar (na sala, etc.)	влизам	[vlízam]
enviar (uma carta)	изпращам	[ispráʃtam]
errar (enganar-se)	греша	[greʃá]
escolher (vt)	избирам	[izbíram]
esconder (vt)	крия	[kríja]
escrever (vt)	пиша	[píʃa]
esperar (aguardar)	чакам	[tʃákam]
esperar (ter esperança)	надявам се	[nadʲávam se]
esquecer (vt)	забравям	[zabrávʲam]
estudar (vt)	изучавам	[izutʃávam]
exigir (vt)	изисквам	[izískvam]
existir (vi)	съществувам	[səʃtestvúvam]
explicar (vt)	обяснявам	[obʲasnʲávam]
falar (vi)	говоря	[govórʲa]
faltar (a la escuela, etc.)	пропускам	[propúskam]
fazer (vt)	правя	[právʲa]
ficar em silêncio	мълча	[məɫtʃá]
gabar-se (vr)	хваля се	[hválʲa se]
gostar (apreciar)	харесвам	[harésvam]
gritar (vi)	викам	[víkam]

guardar (fotos, etc.)	съхранявам	[səhran^jávam]
informar (vt)	информирам	[informíram]
insistir (vi)	настоявам	[nastojávam]

insultar (vt)	оскърбявам	[oskərb^jávam]
interessar-se (vr)	интересувам се	[interesúvam se]
ir (a pé)	вървя	[vərv^já]
ir nadar	къпя се	[kə́p^ja se]
jantar (vi)	вечерям	[vet͡ʃér^jam]

12. Os verbos mais importantes. Parte 3

ler (vt)	чета	[t͡ʃeta]
libertar, liberar (vt)	освобождавам	[osvoboʒdávam]
matar (vt)	убивам	[ubívam]
mencionar (vt)	споменавам	[spomenávam]
mostrar (vt)	показвам	[pokázvam]

mudar (modificar)	сменям	[smén^jam]
nadar (vi)	плувам	[plúvam]
negar-se a … (vr)	отказвам се	[otkázvam se]
objetar (vt)	възразявам	[vəzraz^jávam]

observar (vt)	наблюдавам	[nabl^judávam]
ordenar (mil.)	заповядвам	[zapov^jádvam]
ouvir (vt)	чувам	[t͡ʃúvam]
pagar (vt)	плащам	[plá͡ʃtam]
parar (vi)	спирам се	[spíram se]

parar, cessar (vt)	прекратявам	[prekrat^jávam]
participar (vi)	участвам	[ut͡ʃástvam]
pedir (comida, etc.)	поръчвам	[porét͡ʃvam]
pedir (um favor, etc.)	моля	[mól^ja]
pegar (tomar)	взимам	[vzímam]

pegar (uma bola)	ловя	[lov^já]
pensar (vi, vt)	мисля	[mísl^ja]
perceber (ver)	забелязвам	[zabel^jázvam]
perdoar (vt)	прощавам	[pro͡ʃtávam]
perguntar (vt)	питам	[pítam]

permitir (vt)	разрешавам	[razre͡ʃávam]
pertencer a … (vi)	принадлежа …	[prinadleʒá]
planejar (vt)	планирам	[planíram]
poder (~ fazer algo)	мога	[móga]
possuir (uma casa, etc.)	владея	[vladéja]

preferir (vt)	предпочитам	[pretpot͡ʃítam]
preparar (vt)	готвя	[gótv^ja]
prever (vt)	предвиждам	[predvíʒdam]
prometer (vt)	обещавам	[obe͡ʃtávam]
pronunciar (vt)	произнасям	[proiznás^jam]
propor (vt)	предлагам	[predlágam]
punir (castigar)	наказвам	[nakázvam]

quebrar (vt)	чупя	[tʃúpʲa]
queixar-se de ...	оплаквам се	[oplákvam se]
querer (desejar)	искам	[ískam]

13. Os verbos mais importantes. Parte 4

ralhar, repreender (vt)	ругая	[rugája]
recomendar (vt)	съветвам	[səvétvam]
repetir (dizer outra vez)	повтарям	[poftárʲam]
reservar (~ um quarto)	резервирам	[rezervíram]
responder (vt)	отговарям	[otgovárʲam]
rezar, orar (vi)	моля се	[mólʲa se]
rir (vi)	смея се	[sméja se]
roubar (vt)	крада	[kradá]
saber (vt)	знам	[znam]
sair (~ de casa)	излизам	[izlízam]
salvar (resgatar)	спасявам	[spasʲávam]
seguir (~ alguém)	вървя след ...	[varvʲá slet]
sentar-se (vr)	сядам	[sʲádam]
ser necessário	трябвам	[trʲábvam]
ser, estar	съм, бъда	[səm], [béda]
significar (vt)	означавам	[oznatʃávam]
sorrir (vi)	усмихвам се	[usmíhvam se]
subestimar (vt)	недооценявам	[nedootsenʲávam]
surpreender-se (vr)	удивлявам се	[udivlʲávam se]
tentar (~ fazer)	опитвам се	[opítvam se]
ter (vt)	имам	[ímam]
ter fome	искам да ям	[ískam da jam]
ter medo	страхувам се	[strahúvam se]
ter sede	искам да пия	[ískam da píja]
tocar (com as mãos)	пипам	[pípam]
tomar café da manhã	закусвам	[zakúsvam]
trabalhar (vi)	работя	[rabótʲa]
traduzir (vt)	превеждам	[prevéʒdam]
unir (vt)	обединявам	[obedinʲávam]
vender (vt)	продавам	[prodávam]
ver (vt)	виждам	[víʒdam]
virar (~ para a direita)	завивам	[zavívam]
voar (vi)	летя	[letʲá]

14. Cores

cor (f)	цвят (м)	[tsvʲat]
tom (m)	оттенък (м)	[otténək]
tonalidade (m)	тон (м)	[ton]
arco-íris (m)	небесна дъга (ж)	[nebésna dəgá]

branco (adj)	бял	[bʲal]
preto (adj)	черен	[ʧéren]
cinza (adj)	сив	[siv]

verde (adj)	зелен	[zelén]
amarelo (adj)	жълт	[ʒəlt]
vermelho (adj)	червен	[ʧervén]

azul (adj)	син	[sin]
azul claro (adj)	небесносин	[nebesnosín]
rosa (adj)	розов	[rózov]
laranja (adj)	оранжев	[oránʒev]
violeta (adj)	виолетов	[violétov]
marrom (adj)	кафяв	[kafʲáv]

| dourado (adj) | златен | [zláten] |
| prateado (adj) | сребрист | [srebríst] |

bege (adj)	бежов	[béʒov]
creme (adj)	кремав	[krémaf]
turquesa (adj)	тюркоазен	[tʲurkoázen]
vermelho cereja (adj)	вишнев	[víʃnev]
lilás (adj)	лилав	[liláf]
carmim (adj)	малинов	[malínov]

claro (adj)	светъл	[svétəl]
escuro (adj)	тъмен	[témen]
vivo (adj)	ярък	[járək]

de cor	цветен	[tsvéten]
a cores	цветен	[tsvéten]
preto e branco (adj)	черно-бял	[ʧérno-bʲal]
unicolor (de uma só cor)	едноцветен	[edno·tsvéten]
multicolor (adj)	многоцветен	[mnogo·tsvéten]

15. Questões

Quem?	Кой?	[koj]
O que?	Какво?	[kakvó]
Onde?	Къде?	[kədé]
Para onde?	Къде?	[kədé]
De onde?	Откъде?	[otkədé]
Quando?	Кога?	[kogá]
Para quê?	За какво?	[za kakvó]
Por quê?	Защо?	[zaʃtó]

Para quê?	За какво?	[za kakvó]
Como?	Как?	[kak]
Qual (~ deles?)	Кой?	[koj]

A quem?	На кого?	[na kogó]
De quem?	За кого?	[za kogó]
Do quê?	За какво?	[za kakvó]
Com quem?	С кого?	[s kogó]

| Quanto, -os, -as? | Колко? | [kólko] |
| De quem? (masc.) | Чий? | [tʃij] |

16. Preposições

com (prep.)	с ...	[s]
sem (prep.)	без	[bez]
a, para (exprime lugar)	в, във	[v], [vəf]
sobre (ex. falar ~)	за	[za]
antes de ...	преди	[predí]
em frente de ...	пред ...	[pret]

debaixo de ...	под	[pot]
sobre (em cima de)	над	[nat]
em ..., sobre ...	връху	[vərhú]
de, do (sou ~ Rio de Janeiro)	от	[ot]
de (feito ~ pedra)	от	[ot]

| em (~ 3 dias) | след | [slet] |
| por cima de ... | през | [pres] |

17. Palavras funcionais. Advérbios. Parte 1

Onde?	Къде?	[kədé]
aqui	тук	[tuk]
lá, ali	там	[tam]

| em algum lugar | някъде | [nʲákəde] |
| em lugar nenhum | никъде | [níkəde] |

| perto de ... | до ... | [do] |
| perto da janela | до прозореца | [do prozóretsa] |

Para onde?	Къде?	[kədé]
aqui	тук	[tuk]
para lá	нататък	[natátək]
daqui	оттук	[ottúk]
de lá, dali	оттам	[ottám]

| perto | близо | [blízo] |
| longe | далече | [dalétʃe] |

perto de ...	до	[do]
à mão, perto	редом	[rédom]
não fica longe	недалече	[nedalétʃe]

esquerdo (adj)	ляв	[lʲav]
à esquerda	отляво	[otlʲávo]
para a esquerda	вляво	[vlʲávo]

| direito (adj) | десен | [désen] |
| à direita | отдясно | [otdʲásno] |

para a direita	вдясно	[vdʲásno]
em frente	отпред	[otprét]
da frente	преден	[préden]
adiante (para a frente)	напред	[naprét]

atrás de ...	отзад	[otzát]
de trás	отзад	[otzát]
para trás	назад	[nazát]

| meio (m), metade (f) | среда (ж) | [sredá] |
| no meio | по средата | [po sredáta] |

do lado	встрани	[fstraní]
em todo lugar	навсякъде	[nafsʲákəde]
por todos os lados	наоколо	[naókolo]

de dentro	отвътре	[otvétre]
para algum lugar	някъде	[nʲákəde]
diretamente	направо	[naprávo]
de volta	обратно	[obrátno]

| de algum lugar | откъдето и да е | [otkədéto i da e] |
| de algum lugar | отнякъде | [otnʲákəde] |

em primeiro lugar	първо	[pérvo]
em segundo lugar	второ	[ftóro]
em terceiro lugar	трето	[tréto]

de repente	изведнъж	[izvednéʃ]
no início	в началото	[f natʃáloto]
pela primeira vez	за пръв път	[za prəv pét]
muito antes de ...	много време преди ...	[mnógo vréme predí]
de novo	наново	[nanóvo]
para sempre	завинаги	[zavínagi]

nunca	никога	[níkoga]
de novo	пак	[pak]
agora	сега	[segá]
frequentemente	често	[tʃésto]
então	тогава	[togáva]
urgentemente	срочно	[srótʃno]
normalmente	обикновено	[obiknovéno]

a propósito, ...	между другото ...	[méʒdu drúgoto]
é possível	възможно	[vəzmóʒno]
provavelmente	вероятно	[verojátno]
talvez	може би	[móʒe bi]
além disso, ...	освен това, ...	[osvén tová]
por isso ...	затова	[zatová]
apesar de ...	въпреки че ...	[vépreki tʃe]
graças a ...	благодарение на ...	[blagodarénie na]

que (pron.)	какво	[kakvó]
que (conj.)	че	[tʃe]
algo	нещо	[néʃto]
alguma coisa	нещо	[néʃto]

nada	нищо	[níʃto]
quem	кой	[koj]
alguém (~ que …)	някой	[nʲákoj]
alguém (com ~)	някой	[nʲákoj]
ninguém	никой	[níkoj]
para lugar nenhum	никъде	[níkəde]
de ninguém	ничий	[nítʃij]
de alguém	нечий	[nétʃij]
tão	така	[taká]
também (gostaria ~ de …)	също така	[séʃto taká]
também (~ eu)	също	[séʃto]

18. Palavras funcionais. Advérbios. Parte 2

Por quê?	Защо?	[zaʃtó]
por alguma razão	кой знае защо	[koj znáe zaʃtó]
porque …	защото …	[zaʃtóto]
por qualquer razão	кой знае защо	[koj znáe zaʃtó]
e (tu ~ eu)	и	[i]
ou (ser ~ não ser)	или	[ilí]
mas (porém)	но	[no]
para (~ a minha mãe)	за	[za]
muito, demais	прекалено	[prekaléno]
só, somente	само	[sámo]
exatamente	точно	[tótʃno]
cerca de (~ 10 kg)	около	[ókolo]
aproximadamente	приблизително	[priblizítelno]
aproximado (adj)	приблизителен	[priblizítelen]
quase	почти	[potʃtí]
resto (m)	остатък (м)	[ostátək]
o outro (segundo)	друг	[druk]
outro (adj)	друг	[druk]
cada (adj)	всеки	[fséki]
qualquer (adj)	всеки	[fséki]
muito, muitos, muitas	много	[mnógo]
muitas pessoas	много	[mnógo]
todos	всички	[fsítʃki]
em troca de …	в обмяна на …	[v obmʲána na]
em troca	в замяна	[v zamʲána]
à mão	ръчно	[rétʃno]
pouco provável	едва ли	[edvá li]
provavelmente	вероятно	[verojátno]
de propósito	специално	[spetsiálno]
por acidente	случайно	[slutʃájno]
muito	много	[mnógo]
por exemplo	например	[naprímer]

entre	между	[meʒdú]
entre (no meio de)	сред	[sret]
tanto	толкова	[tólkova]
especialmente	особено	[osóbeno]

Conceitos básicos. Parte 2

19. Opostos

rico (adj)	богат	[bogát]
pobre (adj)	беден	[béden]
doente (adj)	болен	[bólen]
bem (adj)	здрав	[zdrav]
grande (adj)	голям	[golʲám]
pequeno (adj)	малък	[málək]
rapidamente	бързо	[bérzo]
lentamente	бавно	[bávno]
rápido (adj)	бърз	[bərz]
lento (adj)	бавен	[báven]
alegre (adj)	весел	[vésel]
triste (adj)	тъжен	[téʒen]
juntos (ir ~)	заедно	[záedno]
separadamente	поотделно	[pootdélno]
em voz alta (ler ~)	на глас	[na glás]
para si (em silêncio)	на ум	[na úm]
alto (adj)	висок	[visók]
baixo (adj)	нисък	[nísək]
profundo (adj)	дълбок	[dəlbók]
raso (adj)	плитък	[plítək]
sim	да	[da]
não	не	[ne]
distante (adj)	далечен	[dalétʃen]
próximo (adj)	близък	[blízək]
longe	далече	[dalétʃe]
à mão, perto	близо	[blízo]
longo (adj)	дълг	[délək]
curto (adj)	къс	[kəs]
bom (bondoso)	добър	[dobér]
mal (adj)	зъл	[zəl]
casado (adj)	женен	[ʒénen]

solteiro (adj)	ерген	[ergén]

proibir (vt)	забранявам	[zabranʲávam]
permitir (vt)	разрешавам	[razreʃávam]

fim (m)	край (м)	[kraj]
início (m)	начало (c)	[natʃálo]

esquerdo (adj)	ляв	[lʲav]
direito (adj)	десен	[désen]

primeiro (adj)	първи	[pérvi]
último (adj)	последен	[posléden]

crime (m)	престъпление (c)	[prestəplénie]
castigo (m)	наказание (c)	[nakazánie]

ordenar (vt)	заповядвам	[zapovʲádvam]
obedecer (vt)	подчиня се	[podtʃinʲá se]

reto (adj)	прав	[prav]
curvo (adj)	крив	[kriv]

paraíso (m)	рай (м)	[raj]
inferno (m)	ад (м)	[at]

nascer (vi)	родя се	[rodʲá se]
morrer (vi)	умра	[umrá]

forte (adj)	силен	[sílen]
fraco, débil (adj)	слаб	[slap]

velho, idoso (adj)	стар	[star]
jovem (adj)	млад	[mlat]

velho (adj)	стар	[star]
novo (adj)	нов	[nov]

duro (adj)	твърд	[tvərt]
macio (adj)	мек	[mek]

quente (adj)	топъл	[tópəl]
frio (adj)	студен	[studén]

gordo (adj)	дебел	[debél]
magro (adj)	слаб	[slap]

estreito (adj)	тесен	[tésen]
largo (adj)	широк	[ʃirók]

bom (adj)	добър	[dobér]
mau (adj)	лош	[loʃ]

valente, corajoso (adj)	храбър	[hrábər]
covarde (adj)	страхлив	[strahlíf]

20. Dias da semana

segunda-feira (f)	понеделник (м)	[ponedélnik]
terça-feira (f)	вторник (м)	[ftórnik]
quarta-feira (f)	сряда (ж)	[srʲáda]
quinta-feira (f)	четвъртък (м)	[tʃetvértək]
sexta-feira (f)	петък (м)	[pétək]
sábado (m)	събота (ж)	[sébota]
domingo (m)	неделя (ж)	[nedélʲa]

hoje	днес	[dnes]
amanhã	утре	[útre]
depois de amanhã	вдругиден	[vdrugidén]
ontem	вчера	[vtʃéra]
anteontem	завчера	[závtʃera]

dia (m)	ден (м)	[den]
dia (m) de trabalho	работен ден (м)	[rabóten den]
feriado (m)	празничен ден (м)	[práznitʃen den]
dia (m) de folga	почивен ден (м)	[potʃíven dén]
fim (m) de semana	почивни дни (м мн)	[potʃívni dni]

o dia todo	цял ден	[tsʲal den]
no dia seguinte	на следващия ден	[na slédvaʃtija den]
há dois dias	преди два дена	[predí dva déna]
na véspera	в навечерието	[v navetʃérieto]
diário (adj)	всекидневен	[fsekidnéven]
todos os dias	всекидневно	[fsekidnévno]

semana (f)	седмица (ж)	[sédmitsa]
na semana passada	през миналата седмица	[pres mínalata sédmitsa]
semana que vem	през следващата седмица	[pres slédvaʃtata sédmitsa]
semanal (adj)	седмичен	[sédmitʃen]
toda semana	седмично	[sédmitʃno]
duas vezes por semana	два пъти на седмица	[dva petí na sédmitsa]
toda terça-feira	всеки вторник	[fséki ftórnik]

21. Horas. Dia e noite

manhã (f)	сутрин (ж)	[sútrin]
de manhã	сутринта	[sutrintá]
meio-dia (m)	пладне (c)	[pládne]
à tarde	следобед	[sledóbet]

tardinha (f)	вечер (ж)	[vétʃer]
à tardinha	вечер	[vétʃer]
noite (f)	нощ (ж)	[noʃt]
à noite	нощем	[nóʃtem]
meia-noite (f)	полунощ (ж)	[polunóʃt]

segundo (m)	секунда (ж)	[sekúnda]
minuto (m)	минута (ж)	[minúta]
hora (f)	час (м)	[tʃas]

meia hora (f)	половин час (м)	[polovín tʃas]
quarto (m) de hora	четвърт (ж) час	[tʃétvərt tʃas]
quinze minutos	петнадесет минути	[petnádeset minúti]
vinte e quatro horas	денонощие (с)	[denonóʃtie]

nascer (m) do sol	изгрев слънце (с)	[ízgrev sléntsə]
amanhecer (m)	разсъмване (с)	[rassémvane]
madrugada (f)	ранна сутрин (ж)	[ránna sútrin]
pôr-do-sol (m)	залез (м)	[zález]

de madrugada	рано сутрин	[ráno sútrin]
esta manhã	тази сутрин	[tázi sútrin]
amanhã de manhã	утре сутрин	[útre sútrin]

esta tarde	днес през деня	[dnes pres denʲá]
à tarde	следобед	[sledóbet]
amanhã à tarde	утре следобед	[útre sledóbet]

| esta noite, hoje à noite | довечера | [dovétʃera] |
| amanhã à noite | утре вечер | [útre vétʃer] |

às três horas em ponto	точно в три часа	[tótʃno v tri tʃasá]
por volta das quatro	около четири часа	[ókolo tʃétiri tʃasá]
às doze	към дванадесет часа	[kəm dvanádeset tʃasá]

em vinte minutos	след двадесет минути	[slet dvádeset minúti]
em uma hora	след един час	[slet edín tʃas]
a tempo	навреме	[navréme]

… um quarto para	без четвърт …	[bes tʃétvərt]
dentro de uma hora	в течение на един час	[v tetʃénie na edín tʃas]
a cada quinze minutos	на всеки петнадесет минути	[na fséki petnádeset minúti]
as vinte e quatro horas	цяло денонощие	[tsʲálo denonóʃtie]

22. Meses. Estações

janeiro (m)	януари (м)	[januári]
fevereiro (m)	февруари (м)	[fevruári]
março (m)	март (м)	[mart]
abril (m)	април (м)	[apríl]
maio (m)	май (м)	[maj]
junho (m)	юни (м)	[júni]

julho (m)	юли (м)	[júli]
agosto (m)	август (м)	[ávgust]
setembro (m)	септември (м)	[septémvri]
outubro (m)	октомври (м)	[októmvri]
novembro (m)	ноември (м)	[noémvri]
dezembro (m)	декември (м)	[dekémvri]

primavera (f)	пролет (ж)	[prólet]
na primavera	през пролетта	[prez prolettá]
primaveril (adj)	пролетен	[próleten]

verão (m)	лято (c)	[lʲáto]
no verão	през лятото	[prez lʲátoto]
de verão	летен	[léten]

outono (m)	есен (ж)	[ésen]
no outono	през есента	[prez esentá]
outonal (adj)	есенен	[ésenen]

inverno (m)	зима (ж)	[zíma]
no inverno	през зимата	[prez zímata]
de inverno	зимен	[zímen]

mês (m)	месец (м)	[mésets]
este mês	през този месец	[pres tózi mésets]
mês que vem	през следващия месец	[prez slédvaʃtija mésets]
no mês passado	през миналия месец	[prez mínalija mésets]

um mês atrás	преди един месец	[predí edín mésets]
em um mês	след един месец	[slet edín mésets]
em dois meses	след два месеца	[slet dva mésetsa]
todo o mês	цял месец	[tsʲal mésets]
um mês inteiro	цял месец	[tsʲal mésets]

| mensal (adj) | месечен | [mésetʃen] |
| mensalmente | месечно | [mésetʃno] |

| todo mês | всеки месец | [fséki mésets] |
| duas vezes por mês | два пъти на месец | [dva péti na mésets] |

| ano (m) | година (ж) | [godína] |
| este ano | тази година | [tázi godína] |

| ano que vem | през следващата година | [prez slédvaʃtata godína] |
| no ano passado | през миналата година | [prez mínalata godína] |

há um ano	преди една година	[predí edná godína]
em um ano	след една година	[slet edná godína]
dentro de dois anos	след две години	[slet dve godíni]

| todo o ano | цяла година | [tsʲála godína] |
| um ano inteiro | цяла година | [tsʲála godína] |

| cada ano | всяка година | [fsʲáka godína] |
| anual (adj) | ежегоден | [eʒegóden] |

| anualmente | ежегодно | [eʒegódno] |
| quatro vezes por ano | четири пъти годишно | [tʃétiri péti godíʃno] |

data (~ de hoje)	число (c)	[tʃisló]
data (ex. ~ de nascimento)	дата (ж)	[dáta]
calendário (m)	календар (м)	[kalendár]

meio ano	половин година	[polovín godína]
seis meses	полугодие (c)	[polugódie]
estação (f)	сезон (м)	[sezón]
século (m)	век (м)	[vek]

23. Tempo. Diversos

tempo (m)	време (с)	[vréme]
momento (m)	миг (м)	[mik]
instante (m)	мигновение (с)	[mignovénie]
instantâneo (adj)	мигновен	[mignovén]
lapso (m) de tempo	отрязък (м)	[otrʲázək]
vida (f)	живот (м)	[ʒivót]
eternidade (f)	вечност (ж)	[vétʃnost]
época (f)	епоха (ж)	[epóha]
era (f)	ера (ж)	[éra]
ciclo (m)	цикъл (м)	[tsíkəl]
período (m)	период (м)	[períot]
prazo (m)	срок (м)	[srok]
futuro (m)	бъдеще (с)	[bédeʃte]
futuro (adj)	бъдещ	[bédeʃt]
da próxima vez	следващия път	[slédvaʃtija pət]
passado (m)	минало (с)	[mínalo]
passado (adj)	минал	[mínal]
na última vez	миналия път	[mínalija pət]
mais tarde	по-късно	[po-késno]
depois de ...	след това	[slet tová]
atualmente	сега	[segá]
agora	сега	[segá]
imediatamente	незабавно	[nezabávno]
em breve	скоро	[skóro]
de antemão	предварително	[predvarítelno]
há muito tempo	отдавна	[otdávna]
recentemente	неотдавна	[neotdávna]
destino (m)	съдба (ж)	[sədbá]
recordações (f pl)	памет (ж)	[pámet]
arquivo (m)	архив (м)	[arhív]
durante ...	по времето на ...	[po vrémeto na]
durante muito tempo	дълго	[délgo]
pouco tempo	недълго	[nedélgo]
cedo (levantar-se ~)	рано	[ráno]
tarde (deitar-se ~)	късно	[késno]
para sempre	завинаги	[zavínagi]
começar (vt)	започвам	[zapótʃvam]
adiar (vt)	отложа	[otlóʒa]
ao mesmo tempo	едновременно	[ednovrémenno]
permanentemente	постоянно	[postojánno]
constante (~ ruído, etc.)	постоянен	[postojánen]
temporário (adj)	временен	[vrémenen]
às vezes	понякога	[ponʲákoga]
raras vezes, raramente	рядко	[rʲátko]
frequentemente	често	[tʃésto]

24. Linhas e formas

quadrado (m)	квадрат (м)	[kvadrát]
quadrado (adj)	квадратен	[kvadráten]
círculo (m)	кръг (м)	[krǝk]
redondo (adj)	кръгъл	[krǝ́gǝl]
triângulo (m)	триъгълник (м)	[triǝ́gǝlnik]
triangular (adj)	триъгълен	[triǝ́gǝlen]
oval (f)	овал (м)	[ovál]
oval (adj)	овален	[ser oválen]
retângulo (m)	правоъгълник (м)	[pravoǝ́gǝlnik]
retangular (adj)	правоъгълен	[pravoǝ́gǝlen]
pirâmide (f)	пирамида (ж)	[piramída]
losango (m)	ромб (м)	[romp]
trapézio (m)	трапец (м)	[trapéts]
cubo (m)	куб (м)	[kup]
prisma (m)	призма (ж)	[prízma]
circunferência (f)	окръжност (ж)	[okréʒnost]
esfera (f)	сфера (ж)	[sféra]
globo (m)	кълбо (с)	[kǝlbó]
diâmetro (m)	диаметър (м)	[diámetǝr]
raio (m)	радиус (м)	[rádius]
perímetro (m)	периметър (м)	[perímetǝr]
centro (m)	център (м)	[tséntǝr]
horizontal (adj)	хоризонтален	[horizontálen]
vertical (adj)	вертикален	[vertikálen]
paralela (f)	паралел (м)	[paralél]
paralelo (adj)	паралелно	[paralélno]
linha (f)	линия (ж)	[línija]
traço (m)	черта (ж)	[ʧertá]
reta (f)	права (ж)	[práva]
curva (f)	крива (ж)	[kríva]
fino (linha ~a)	тънък	[tǝ́nǝk]
contorno (m)	контур (м)	[kóntur]
interseção (f)	пресичане (с)	[presíʧane]
ângulo (m) reto	прав ъгъл (м)	[prav ǝ́gǝl]
segmento (m)	сегмент (м)	[segmént]
setor (m)	сектор (м)	[séktor]
lado (de um triângulo, etc.)	страна (ж)	[straná]
ângulo (m)	ъгъл (м)	[ǝ́gǝl]

25. Unidades de medida

peso (m)	тегло (с)	[tegló]
comprimento (m)	дължина (ж)	[dǝɮginá]
largura (f)	широчина (ж)	[ʃirotʃiná]
altura (f)	височина (ж)	[visotʃiná]

profundidade (f)	дълбочина (ж)	[dəlbotʃiná]
volume (m)	обем (м)	[obém]
área (f)	площ (ж)	[ploʃt]
grama (m)	грам (м)	[gram]
miligrama (m)	милиграм (м)	[miligrám]
quilograma (m)	килограм (м)	[kilográm]
tonelada (f)	тон (м)	[ton]
libra (453,6 gramas)	фунт (м)	[funt]
onça (f)	унция (ж)	[úntsija]
metro (m)	метър (м)	[métər]
milímetro (m)	милиметър (м)	[milimétər]
centímetro (m)	сантиметър (м)	[santimétər]
quilômetro (m)	километър (м)	[kilométər]
milha (f)	миля (ж)	[mílʲa]
polegada (f)	дюйм (м)	[dʲujm]
pé (304,74 mm)	фут (м)	[fut]
jarda (914,383 mm)	ярд (м)	[jart]
metro (m) quadrado	квадратен метър (м)	[kvadráten métər]
hectare (m)	хектар (м)	[hektár]
litro (m)	литър (м)	[lítər]
grau (m)	градус (м)	[grádus]
volt (m)	волт (м)	[volt]
ampère (m)	ампер (м)	[ampér]
cavalo (m) de potência	конска сила (ж)	[kónska síla]
quantidade (f)	количество (с)	[kolíʧestvo]
um pouco de …	малко …	[málko]
metade (f)	половина (ж)	[polovína]
dúzia (f)	дузина (ж)	[duzína]
peça (f)	брой (м)	[broj]
tamanho (m), dimensão (f)	размер (м)	[razmér]
escala (f)	мащаб (м)	[maʃtáp]
mínimo (adj)	минимален	[minimálen]
menor, mais pequeno	най-малък	[naj-málək]
médio (adj)	среден	[sréden]
máximo (adj)	максимален	[maksimálen]
maior, mais grande	най-голям	[naj-golʲám]

26. Recipientes

pote (m) de vidro	буркан (м)	[burkán]
lata (~ de cerveja)	тенекия (ж)	[tenekíja]
balde (m)	кофа (ж)	[kófa]
barril (m)	бъчва (ж)	[béʧva]
bacia (~ de plástico)	леген (м)	[legén]
tanque (m)	резервоар (м)	[rezervoár]

cantil (m) de bolso	манерка (ж)	[manérka]
galão (m) de gasolina	туба (ж)	[túba]
cisterna (f)	цистерна (ж)	[tsistérna]
caneca (f)	чаша (ж)	[ʧáʃa]
xícara (f)	чаша (ж)	[ʧáʃa]
pires (m)	чинийка (ж)	[ʧiníjka]
copo (m)	стакан (м)	[stakán]
taça (f) de vinho	чаша (ж) за вино	[ʧáʃa za víno]
panela (f)	тенджера (ж)	[téndʒera]
garrafa (f)	бутилка (ж)	[butílka]
gargalo (m)	гърло (с) на бутилка	[gérlo na butílka]
jarra (f)	гарафа (ж)	[garáfa]
jarro (m)	кана (ж)	[kána]
recipiente (m)	съд (м)	[sət]
pote (m)	гърне (с)	[gərné]
vaso (m)	ваза (ж)	[váza]
frasco (~ de perfume)	шишенце (с)	[ʃiʃéntse]
frasquinho (m)	шишенце (с)	[ʃiʃéntse]
tubo (m)	тубичка (ж)	[túbiʧka]
saco (ex. ~ de açúcar)	чувал (м)	[ʧuvál]
sacola (~ plastica)	плик (м)	[plik]
maço (de cigarros, etc.)	кутия (ж)	[kutíja]
caixa (~ de sapatos, etc.)	кутия (ж)	[kutíja]
caixote (~ de madeira)	щайга (ж)	[ʃtájga]
cesto (m)	кошница (ж)	[kóʃnitsa]

27. Materiais

material (m)	материал (м)	[materiál]
madeira (f)	дърво (с)	[dərvó]
de madeira	дървен	[dérven]
vidro (m)	стъкло (с)	[stəkló]
de vidro	стъклен	[stéklen]
pedra (f)	камък (м)	[kámək]
de pedra	каменен	[kámenen]
plástico (m)	пластмаса (ж)	[plastmása]
plástico (adj)	пластмасов	[plastmásov]
borracha (f)	гума (ж)	[gúma]
de borracha	гумен	[gúmen]
tecido, pano (m)	плат (м)	[plat]
de tecido	от плат	[ot plát]
papel (m)	хартия (ж)	[hartíja]
de papel	хартиен	[hartíen]

| papelão (m) | картон (м) | [kartón] |
| de papelão | картонен | [kartónen] |

polietileno (m)	полиетилен (м)	[polietilén]
celofane (m)	целофан (м)	[tselofán]
madeira (f) compensada	шперплат (м)	[ʃperplát]

porcelana (f)	порцелан (м)	[portselán]
de porcelana	порцеланов	[portselánof]
argila (f), barro (m)	глина (ж)	[glína]
de barro	глинен	[glínen]
cerâmica (f)	керамика (ж)	[kerámika]
de cerâmica	керамичен	[kerámitʃen]

28. Metais

metal (m)	метал (м)	[metál]
metálico (adj)	метален	[metálen]
liga (f)	сплав (м)	[splav]

ouro (m)	злато (с)	[zláto]
de ouro	златен	[zláten]
prata (f)	сребро (с)	[srebró]
de prata	сребърен	[srébəren]

ferro (m)	желязо (с)	[ʒelʲázo]
de ferro	железен	[ʒelézen]
aço (m)	стомана (ж)	[stomána]
de aço (adj)	стоманен	[stománen]
cobre (m)	мед (ж)	[met]
de cobre	меден	[méden]

alumínio (m)	алуминий (м)	[alumínij]
de alumínio	алуминиев	[alumíniev]
bronze (m)	бронз (м)	[bronz]
de bronze	бронзов	[brónzov]

latão (m)	месинг (м)	[mésink]
níquel (m)	никел (м)	[níkel]
platina (f)	платина (ж)	[platína]
mercúrio (m)	живак (м)	[ʒivák]
estanho (m)	калай (м)	[kaláj]
chumbo (m)	олово (с)	[olóvo]
zinco (m)	цинк (м)	[tsink]

O SER HUMANO

O ser humano. O corpo

29. Humanos. Conceitos básicos

ser (m) humano	човек (м)	[tʃovék]
homem (m)	мъж (м)	[məʒ]
mulher (f)	жена (ж)	[ʒená]
criança (f)	дете (с)	[deté]
menina (f)	момиче (с)	[momítʃe]
menino (m)	момче (с)	[momtʃé]
adolescente (m)	тинейджър (м)	[tinéjdʒər]
velho (m)	старец (м)	[stárets]
velha (f)	старица (ж)	[stáritsa]

30. Anatomia humana

organismo (m)	организъм (м)	[organízəm]
coração (m)	сърце (с)	[sərtsé]
sangue (m)	кръв (ж)	[krəv]
artéria (f)	артерия (ж)	[artérija]
veia (f)	вена (ж)	[véna]
cérebro (m)	мозък (м)	[mózək]
nervo (m)	нерв (м)	[nerv]
nervos (m pl)	нерви (м мн)	[nérvi]
vértebra (f)	прешлен (м)	[préʃlen]
coluna (f) vertebral	гръбнак (м)	[grəbnák]
estômago (m)	стомах (м)	[stomáh]
intestinos (m pl)	стомашно-чревен тракт (м)	[stomáʃno-tʃréven trakt]
intestino (m)	черво (с)	[tʃervó]
fígado (m)	черен дроб (м)	[tʃéren drop]
rim (m)	бъбрек (м)	[bébrek]
osso (m)	кост (ж)	[kost]
esqueleto (m)	скелет (м)	[skélet]
costela (f)	ребро (с)	[rebró]
crânio (m)	череп (м)	[tʃérep]
músculo (m)	мускул (м)	[múskul]
bíceps (m)	бицепс (м)	[bítseps]
tríceps (m)	трицепс (м)	[trítseps]
tendão (m)	сухожилие (с)	[suhoʒílie]
articulação (f)	става (ж)	[stáva]

pulmões (m pl)	бели дробове (м мн)	[béli dróbove]
órgãos (m pl) genitais	полови органи (м мн)	[pólovi órgani]
pele (f)	кожа (ж)	[kóʒa]

31. Cabeça

cabeça (f)	глава (ж)	[glavá]
rosto, cara (f)	лице (с)	[litsé]
nariz (m)	нос (м)	[nos]
boca (f)	уста (ж)	[ustá]

olho (m)	око (с)	[okó]
olhos (m pl)	очи (с мн)	[otʃí]
pupila (f)	зеница (ж)	[zénitsa]
sobrancelha (f)	вежда (ж)	[véʒda]
cílio (f)	мигла (ж)	[mígla]
pálpebra (f)	клепач (м)	[klepátʃ]

língua (f)	език (м)	[ezík]
dente (m)	зъб (м)	[zəp]
lábios (m pl)	устни (ж мн)	[ústni]
maçãs (f pl) do rosto	скули (ж мн)	[skúli]
gengiva (f)	венец (м)	[venéts]
palato (m)	небце (с)	[nebtsé]

narinas (f pl)	ноздри (ж мн)	[nózdri]
queixo (m)	брадичка (ж)	[bradítʃka]
mandíbula (f)	челюст (ж)	[tʃélʲust]
bochecha (f)	буза (ж)	[búza]

testa (f)	чело (с)	[tʃeló]
têmpora (f)	слепоочие (с)	[slepoótʃie]
orelha (f)	ухо (с)	[uhó]
costas (f pl) da cabeça	тил (м)	[til]
pescoço (m)	шия (ж)	[ʃíja]
garganta (f)	гърло (с)	[gərlo]

cabelo (m)	коса (ж)	[kosá]
penteado (m)	прическа (ж)	[pritʃéska]
corte (m) de cabelo	подстригване (с)	[potstrígvane]
peruca (f)	перука (ж)	[perúka]

bigode (m)	мустаци (м мн)	[mustátsi]
barba (f)	брада (ж)	[bradá]
ter (~ barba, etc.)	нося	[nósʲa]
trança (f)	коса (ж)	[kosá]
suíças (f pl)	бакенбарди (мн)	[bakenbárdi]

ruivo (adj)	червенокос	[tʃervenokós]
grisalho (adj)	беловлас	[belovlás]
careca (adj)	плешив	[pleʃív]
calva (f)	плешивина (ж)	[pleʃiviná]
rabo-de-cavalo (m)	опашка (ж)	[opáʃka]
franja (f)	бретон (м)	[bretón]

32. Corpo humano

mão (f)	китка (ж)	[kítka]
braço (m)	ръка (ж)	[rəká]

dedo (m)	пръст (м)	[prəst]
dedo (m) do pé	пръст (м) на крак	[prəst na krak]
polegar (m)	палец (м)	[pálets]
dedo (m) mindinho	кутре (с)	[kutré]
unha (f)	нокът (м)	[nókət]

punho (m)	юмрук (м)	[jumrúk]
palma (f)	длан (ж)	[dlan]
pulso (m)	китка (ж)	[kítka]
antebraço (m)	предмишница (ж)	[predmíʃnitsa]
cotovelo (m)	лакът (м)	[lákət]
ombro (m)	рамо (с)	[rámo]

perna (f)	крак (м)	[krak]
pé (m)	ходило (с)	[hodílo]
joelho (m)	коляно (с)	[kolʲáno]
panturrilha (f)	прасец (м)	[praséts]
quadril (m)	бедро (с)	[bedró]
calcanhar (m)	пета (ж)	[petá]

corpo (m)	тяло (с)	[tʲálo]
barriga (f), ventre (m)	корем (м)	[korém]
peito (m)	гръд (ж)	[grəd]
seio (m)	женска гръд (ж)	[ʒénska grəd]
lado (m)	страна (ж)	[straná]
costas (dorso)	гръб (м)	[grəp]
região (f) lombar	кръст (м)	[krəst]
cintura (f)	талия (ж)	[tálija]

umbigo (m)	пъп (м)	[pəp]
nádegas (f pl)	седалище (с)	[sedáliʃte]
traseiro (m)	задник (м)	[zádnik]

sinal (m), pinta (f)	бенка (ж)	[bénka]
sinal (m) de nascença	родилно петно (с)	[rodílno petnó]
tatuagem (f)	татуировка (ж)	[tatuirófka]
cicatriz (f)	белег (м)	[bélek]

Vestuário & Acessórios

33. Roupa exterior. Casacos

roupa (f)	облекло (c)	[oblekló]
roupa (f) exterior	горни дрехи (ж мн)	[górni dréhi]
roupa (f) de inverno	зимни дрехи (ж мн)	[zímni dréhi]
sobretudo (m)	палто (c)	[paltó]
casaco (m) de pele	кожено палто (c)	[kóʒeno paltó]
jaqueta (f) de pele	полушубка (ж)	[poluʃúpka]
casaco (m) acolchoado	пухено яке (c)	[púheno jáke]
casaco (m), jaqueta (f)	яке (c)	[jáke]
impermeável (m)	шлифер (м)	[ʃlífer]
a prova d'água	непромокаем	[nepromokáem]

34. Vestuário de homem & mulher

camisa (f)	риза (ж)	[ríza]
calça (f)	панталон (м)	[pantalón]
jeans (m)	дънки, джинси (мн)	[dénki], [dʒínsi]
paletó, terno (m)	сако (c)	[sakó]
terno (m)	костюм (м)	[kostʲúm]
vestido (ex. ~ de noiva)	рокля (ж)	[róklʲa]
saia (f)	пола (ж)	[polá]
blusa (f)	блуза (ж)	[blúza]
casaco (m) de malha	жилетка (ж)	[ʒilétka]
casaco, blazer (m)	сако (c)	[sakó]
camiseta (f)	тениска (ж)	[téniska]
short (m)	къси панталони (м мн)	[kési pantalóni]
training (m)	анцуг (м)	[ántsuk]
roupão (m) de banho	хавлиен халат (м)	[havlíen halát]
pijama (m)	пижама (ж)	[piʒáma]
suéter (m)	пуловер (м)	[pulóver]
pulôver (m)	пуловер (м)	[pulóver]
colete (m)	елек (м)	[elék]
fraque (m)	фрак (м)	[frak]
smoking (m)	смокинг (м)	[smóking]
uniforme (m)	униформа (ж)	[unifórma]
roupa (f) de trabalho	работно облекло (c)	[rabótno oblekló]
macacão (m)	гащеризон (м)	[gaʃterizón]
jaleco (m), bata (f)	бяла престилка (ж)	[bʲála prestílka]

35. Vestuário. Roupa interior

roupa (f) íntima	бельо (c)	[belʲó]
cueca boxer (f)	боксер (м)	[boksér]
calcinha (f)	прашка (ж)	[práʃka]
camiseta (f)	потник (м)	[pótnik]
meias (f pl)	чорапи (м мн)	[ʧorápi]
camisola (f)	нощница (ж)	[nóʃtnitsa]
sutiã (m)	сутиен (м)	[sutién]
meias longas (f pl)	чорапи три четвърт (м мн)	[ʧorápi tri ʧétvərt]
meias-calças (f pl)	чорапогащник (м)	[ʧorapogáʃtnik]
meias (~ de nylon)	чорапи (м мн)	[ʧorápi]
maiô (m)	бански костюм (м)	[bánski kostʲúm]

36. Adereços de cabeça

chapéu (m), touca (f)	шапка (ж)	[ʃápka]
chapéu (m) de feltro	шапка (ж)	[ʃápka]
boné (m) de beisebol	шапка (ж) с козирка	[ʃápka s kozirká]
boina (~ italiana)	каскет (м)	[kaskét]
boina (ex. ~ basca)	барета (ж)	[baréta]
capuz (m)	качулка (ж)	[katʃúlka]
chapéu panamá (m)	панама (ж)	[panáma]
touca (f)	плетена шапка (ж)	[plétena ʃápka]
lenço (m)	кърпа (ж)	[kérpa]
chapéu (m) feminino	шапка (ж)	[ʃápka]
capacete (m) de proteção	каска (ж)	[káska]
bibico (m)	пилотка (ж)	[pilótka]
capacete (m)	шлем (м)	[ʃlem]
chapéu-coco (m)	бомбе (c)	[bombé]
cartola (f)	цилиндър (м)	[tsilíndər]

37. Calçado

calçado (m)	обувки (ж мн)	[obúfki]
botinas (f pl), sapatos (m pl)	ботинки (мн)	[botínki]
sapatos (de salto alto, etc.)	обувки (ж мн)	[obúfki]
botas (f pl)	ботуши (м мн)	[botúʃi]
pantufas (f pl)	чехли (м мн)	[ʧéhli]
tênis (~ Nike, etc.)	маратонки (ж мн)	[maratónki]
tênis (~ Converse)	кецове (м мн)	[kétsove]
sandálias (f pl)	сандали (мн)	[sandáli]
sapateiro (m)	обущар (м)	[obuʃtár]
salto (m)	ток (м)	[tok]

par (m)	чифт (м)	[ʧift]
cadarço (m)	връзка (ж)	[vréska]
amarrar os cadarços	връзвам	[vrézvam]
calçadeira (f)	обувалка (ж)	[obuválka]
graxa (f) para calçado	крем (м) за обувки	[krem za obúfki]

38. Têxtil. Tecidos

algodão (m)	памук (м)	[pamúk]
de algodão	от памук	[ot pamúk]
linho (m)	лен (м)	[len]
de linho	от лен	[ot len]

seda (f)	коприна (ж)	[koprína]
de seda	коприннен	[koprínen]
lã (f)	вълна (ж)	[vélna]
de lã	вълнен	[vélnen]

veludo (m)	кадифе (с)	[kadifé]
camurça (f)	велур (м)	[velúr]
veludo (m) cotelê	кадифе (с)	[kadifé]

nylon (m)	найлон (м)	[najlón]
de nylon	от найлон	[ot najlón]
poliéster (m)	полиестер (м)	[poliéster]
de poliéster	полиестерен	[poliésteren]

couro (m)	кожа (ж)	[kóʒa]
de couro	кожен	[kóʒen]
pele (f)	кожа (ж)	[kóʒa]
de pele	кожен	[kóʒen]

39. Acessórios pessoais

luva (f)	ръкавици (ж мн)	[rəkavítsi]
mitenes (f pl)	ръкавици (ж мн) с един пръст	[rəkavítsi s edín pərst]
cachecol (m)	шал (м)	[ʃal]

óculos (m pl)	очила (мн)	[oʧilá]
armação (f)	рамка (ж) за очила	[rámka za oʧilá]
guarda-chuva (m)	чадър (м)	[ʧadér]
bengala (f)	бастун (м)	[bastún]
escova (f) para o cabelo	четка (ж) за коса	[ʧétka za kosá]
leque (m)	ветрило (с)	[vetrílo]

gravata (f)	вратовръзка (ж)	[vratovrézka]
gravata-borboleta (f)	папийонка (ж)	[papijónka]
suspensórios (m pl)	тиранти (мн)	[tiránti]
lenço (m)	носна кърпичка (ж)	[nósna kérpiʧka]
pente (m)	гребен (м)	[grében]
fivela (f) para cabelo	шнола (ж)	[ʃnóla]

41

| grampo (m) | фиба (ж) | [fíba] |
| fivela (f) | катарама (ж) | [kataráma] |

| cinto (m) | колан (м) | [kolán] |
| alça (f) de ombro | ремък (м) | [rémək] |

bolsa (f)	чанта (ж)	[tʃánta]
bolsa (feminina)	чантичка (ж)	[tʃántitʃka]
mochila (f)	раница (ж)	[ránitsa]

40. Vestuário. Diversos

moda (f)	мода (ж)	[móda]
na moda (adj)	модерен	[modéren]
estilista (m)	моделиер (м)	[modeliér]

colarinho (m)	яка (ж)	[jaká]
bolso (m)	джоб (м)	[dʒop]
de bolso	джобен	[dʒóben]
manga (f)	ръкав (м)	[rəkáv]
ganchinho (m)	закачалка (ж)	[zakatʃálka]
bragueta (f)	копчелък (м)	[koptʃelók]

zíper (m)	цип (м)	[tsip]
colchete (m)	закопчалка (ж)	[zakoptʃálka]
botão (m)	копче (c)	[kóptʃe]
botoeira (casa de botão)	илик (м)	[ilík]
soltar-se (vr)	откъсна се	[otkésna se]

costurar (vi)	шия	[ʃíja]
bordar (vt)	бродирам	[brodíram]
bordado (m)	бродерия (ж)	[brodérija]
agulha (f)	игла (ж)	[iglá]
fio, linha (f)	конец (м)	[konéts]
costura (f)	тегел (м)	[tegél]

sujar-se (vr)	изцапам се	[istsápam se]
mancha (f)	петно (c)	[petnó]
amarrotar-se (vr)	смачкам се	[smátʃkam se]
rasgar (vt)	скъсам	[skésam]
traça (f)	молец (м)	[moléts]

41. Cuidados pessoais. Cosméticos

pasta (f) de dente	паста (ж) за зъби	[pásta za zébi]
escova (f) de dente	четка (ж) за зъби	[tʃétka za zébi]
escovar os dentes	мия си зъбите	[míja si zébite]

gilete (f)	бръснач (м)	[brəsnátʃ]
creme (m) de barbear	крем (м) за бръснене	[krem za brésnene]
barbear-se (vr)	бръсна се	[brésna se]
sabonete (m)	сапун (м)	[sapún]

xampu (m)	шампоан (м)	[ʃampoán]
tesoura (f)	ножица (ж)	[nóʒitsa]
lixa (f) de unhas	пиличка (ж) за нокти	[píliʧka za nókti]
corta-unhas (m)	ножичка (ж) за нокти	[nóʒiʧka za nókti]
pinça (f)	пинсета (ж)	[pinséta]

cosméticos (m pl)	козметика (ж)	[kozmétika]
máscara (f)	маска (ж)	[máska]
manicure (f)	маникюр (м)	[manikʲúr]
fazer as unhas	правя маникюр	[právʲa manikʲúr]
pedicure (f)	педикюр (м)	[pedikʲúr]

bolsa (f) de maquiagem	козметична чантичка (ж)	[kozmetíʧna ʧántiʧka]
pó (de arroz)	пудра (ж)	[púdra]
pó (m) compacto	пудриера (ж)	[pudriéra]
blush (m)	руж (ж)	[ruʃ]

perfume (m)	парфюм (м)	[parfʲúm]
água-de-colônia (f)	тоалетна вода (ж)	[toalétna vodá]
loção (f)	лосион (м)	[losión]
colônia (f)	одеколон (м)	[odekolón]

sombra (f) de olhos	сенки (ж мн) за очи	[sénki za oʧí]
delineador (m)	молив (м) за очи	[móliv za oʧí]
máscara (f), rímel (m)	спирала (ж)	[spirála]

batom (m)	червило (с)	[ʧervílo]
esmalte (m)	лак (м) за нокти	[lak za nókti]
laquê (m), spray fixador (m)	лак (м) за коса	[lak za kosá]
desodorante (m)	дезодорант (м)	[dezodoránt]

creme (m)	крем (м)	[krem]
creme (m) de rosto	крем (м) за лице	[krem za litsé]
creme (m) de mãos	крем (м) за ръце	[krem za rɘtsé]
creme (m) antirrugas	крем (м) срещу бръчки	[krem sreʃtú bréʧki]
creme (m) de dia	дневен крем (м)	[dnéven krem]
creme (m) de noite	нощен крем (м)	[nóʃten krem]
de dia	дневен	[dnéven]
da noite	нощен	[nóʃten]

absorvente (m) interno	тампон (м)	[tampón]
papel (m) higiênico	тоалетна хартия (ж)	[toalétna hartíja]
secador (m) de cabelo	сешоар (м)	[seʃoár]

42. Joalheria

joias (f pl)	скъпоценности (ж мн)	[skɘpotsénnosti]
precioso (adj)	скъпоценен	[skɘpotsénen]
marca (f) de contraste	проба (ж)	[próba]

anel (m)	пръстен (м)	[présten]
aliança (f)	халка (ж)	[halká]
pulseira (f)	гривна (ж)	[grívna]
brincos (m pl)	обеци (ж мн)	[obetsí]

colar (m)	огърлица (ж)	[ogərlítsa]
coroa (f)	корона (ж)	[koróna]
colar (m) de contas	гердан (м)	[gerdán]

diamante (m)	диамант (м)	[diamánt]
esmeralda (f)	изумруд (м)	[izumrút]
rubi (m)	рубин (м)	[rubín]
safira (f)	сапфир (м)	[sapfír]
pérola (f)	бисер (м)	[bíser]
âmbar (m)	кехлибар (м)	[kehlibár]

43. Relógios de pulso. Relógios

relógio (m) de pulso	часовник (м)	[ʧasóvnik]
mostrador (m)	циферблат (м)	[tsiferblát]
ponteiro (m)	стрелка (ж)	[strelká]
bracelete (em aço)	гривна (ж)	[grívna]
bracelete (em couro)	каишка (ж)	[kaíʃka]

pilha (f)	батерия (ж)	[batérija]
acabar (vi)	батерията се изтощи	[batérijata se istoʃtí]
trocar a pilha	сменям батерия	[snénjam batérija]
estar adiantado	избързвам	[izbérzvam]
estar atrasado	изоставам	[izostávam]

relógio (m) de parede	стенен часовник (м)	[sténen ʧasóvnik]
ampulheta (f)	пясъчен часовник (м)	[pʲásəʧen ʧasóvnik]
relógio (m) de sol	слънчев часовник (м)	[sléntʧev ʧasóvnik]
despertador (m)	будилник (м)	[budílnik]
relojoeiro (m)	часовникар (м)	[ʧasovnikár]
reparar (vt)	поправям	[poprávʲam]

Alimentação. Nutrição

44. Comida

carne (f)	месо (c)	[mesó]
galinha (f)	кокошка (ж)	[kokóʃka]
frango (m)	пиле (c)	[píle]
pato (m)	патица (ж)	[pátitsa]
ganso (m)	гъска (ж)	[géska]
caça (f)	дивеч (ж)	[dívetʃ]
peru (m)	пуйка (ж)	[pújka]
carne (f) de porco	свинско (c)	[svínsko]
carne (f) de vitela	телешко месо (c)	[téleʃko mesó]
carne (f) de carneiro	агнешко (c)	[ágneʃko]
carne (f) de vaca	говеждо (c)	[govéʒdo]
carne (f) de coelho	питомен заек (м)	[pítomen záek]
linguiça (f), salsichão (m)	салам (м)	[salám]
salsicha (f)	кренвирш (м)	[krénvirʃ]
bacon (m)	бекон (м)	[bekón]
presunto (m)	шунка (ж)	[ʃúnka]
pernil (m) de porco	бут (м)	[but]
patê (m)	пастет (м)	[pastét]
fígado (m)	черен дроб (м)	[tʃéren drop]
guisado (m)	кайма (ж)	[kajmá]
língua (f)	език (м)	[ezík]
ovo (m)	яйце (c)	[jajtsé]
ovos (m pl)	яйца (c мн)	[jajtsá]
clara (f) de ovo	белтък (м)	[belték]
gema (f) de ovo	жълтък (м)	[ʒəlték]
peixe (m)	риба (ж)	[ríba]
mariscos (m pl)	морски продукти (м мн)	[mórski prodúkti]
caviar (m)	хайвер (м)	[hajvér]
caranguejo (m)	морски рак (м)	[mórski rak]
camarão (m)	скарида (ж)	[skarída]
ostra (f)	стрида (ж)	[strída]
lagosta (f)	лангуста (ж)	[langústa]
polvo (m)	октопод (м)	[oktopót]
lula (f)	калмар (м)	[kalmár]
esturjão (m)	есетра (ж)	[esétra]
salmão (m)	сьомга (ж)	[sʲómga]
halibute (m)	палтус (м)	[páltus]
bacalhau (m)	треска (ж)	[tréska]
cavala, sarda (f)	скумрия (ж)	[skumríja]

| atum (m) | риба тон (м) | [ríba ton] |
| enguia (f) | змиорка (ж) | [zmiórka] |

truta (f)	пъстърва (ж)	[pəstérva]
sardinha (f)	сардина (ж)	[sardína]
lúcio (m)	щука (ж)	[ʃtúka]
arenque (m)	селда (ж)	[sélda]

pão (m)	хляб (м)	[hlʲap]
queijo (m)	кашкавал (м)	[kaʃkavál]
açúcar (m)	захар (ж)	[záhar]
sal (m)	сол (ж)	[sol]

arroz (m)	ориз (м)	[oríz]
massas (f pl)	макарони (мн)	[makaróni]
talharim, miojo (m)	юфка (ж)	[jufká]

manteiga (f)	краве масло (с)	[kráve masló]
óleo (m) vegetal	олио (с)	[ólio]
óleo (m) de girassol	слънчогледово масло (с)	[slenʧoglédovo máslo]
margarina (f)	маргарин (м)	[margarín]

| azeitonas (f pl) | маслини (ж мн) | [maslíni] |
| azeite (m) | зехтин (м) | [zehtín] |

leite (m)	мляко (с)	[mlʲáko]
leite (m) condensado	сгъстено мляко (с)	[sgəsténo mlʲáko]
iogurte (m)	йогурт (м)	[jógurt]
creme (m) azedo	сметана (ж)	[smetána]
creme (m) de leite	каймак (м)	[kajmák]

| maionese (f) | майонеза (ж) | [majonéza] |
| creme (m) | крем (м) | [krem] |

grãos (m pl) de cereais	грис, булгур (м)	[gris], [bulgúr]
farinha (f)	брашно (с)	[braʃnó]
enlatados (m pl)	консерви (ж мн)	[konsérvi]

flocos (m pl) de milho	царевичен флейкс (м)	[tsárevitʃen flejks]
mel (m)	мед (м)	[met]
geleia (m)	конфитюр (м)	[konfitʲúr]
chiclete (m)	дъвка (ж)	[défka]

45. Bebidas

água (f)	вода (ж)	[vodá]
água (f) potável	питейна вода (ж)	[pitéjna vodá]
água (f) mineral	минерална вода (ж)	[minerálna vodá]

sem gás (adj)	негазирана	[negazíran]
gaseificada (adj)	газирана	[gazíran]
com gás	газирана	[gazíran]
gelo (m)	лед (м)	[let]
com gelo	с лед	[s let]

não alcoólico (adj)	безалкохолен	[bezalkohólen]
refrigerante (m)	безалкохолна напитка (ж)	[bezalkohólna napítka]
refresco (m)	разхладителна напитка (ж)	[rashladítelna napítka]
limonada (f)	лимонада (ж)	[limonáda]

bebidas (f pl) alcoólicas	спиртни напитки (ж мн)	[spírtni napítki]
vinho (m)	вино (с)	[víno]
vinho (m) branco	бяло вино (с)	[bʲálo víno]
vinho (m) tinto	червено вино (с)	[ʧervéno víno]

licor (m)	ликьор (м)	[likʲór]
champanhe (m)	шампанско (с)	[ʃampánsko]
vermute (m)	вермут (м)	[vermút]

uísque (m)	уиски (с)	[wíski]
vodca (f)	водка (ж)	[vótka]
gim (m)	джин (м)	[dʒin]
conhaque (m)	коняк (м)	[konʲák]
rum (m)	ром (м)	[rom]

café (m)	кафе (с)	[kafé]
café (m) preto	черно кафе (с)	[ʧérno kafé]
café (m) com leite	кафе (с) с мляко	[kafé s mlʲáko]
cappuccino (m)	кафе (с) със сметана	[kafé səs smetána]
café (m) solúvel	разтворимо кафе (с)	[rastvorímo kafé]

leite (m)	мляко (с)	[mlʲáko]
coquetel (m)	коктейл (м)	[koktéjl]
batida (f), milkshake (m)	млечен коктейл (м)	[mléʧen koktéjl]

suco (m)	сок (м)	[sok]
suco (m) de tomate	доматен сок (м)	[domáten sok]
suco (m) de laranja	портокалов сок (м)	[portokálov sok]
suco (m) fresco	фреш (м)	[freʃ]

cerveja (f)	бира (ж)	[bíra]
cerveja (f) clara	светла бира (ж)	[svétla bíra]
cerveja (f) preta	тъмна бира (ж)	[témna bíra]

chá (m)	чай (м)	[ʧaj]
chá (m) preto	черен чай (м)	[ʧéren ʧaj]
chá (m) verde	зелен чай (м)	[zelén ʧaj]

46. Vegetais

vegetais (m pl)	зеленчуци (м мн)	[zelenʧútsi]
verdura (f)	зарзават (м)	[zarzavát]

tomate (m)	домат (м)	[domát]
pepino (m)	краставица (ж)	[krástavitsa]
cenoura (f)	морков (м)	[mórkof]
batata (f)	картофи (мн)	[kartófi]
cebola (f)	лук (м)	[luk]
alho (m)	чесън (м)	[ʧésən]

couve (f)	зеле (c)	[zéle]
couve-flor (f)	карфиол (м)	[karfiól]
couve-de-bruxelas (f)	брюкселско зеле (c)	[br'úkselsko zéle]
brócolis (m pl)	броколи (c)	[brókoli]

beterraba (f)	цвекло (c)	[tsveklό]
berinjela (f)	патладжан (м)	[patladʒán]
abobrinha (f)	тиквичка (ж)	[tíkvitʃka]
abóbora (f)	тиква (ж)	[tíkva]
nabo (m)	ряпа (ж)	[r'ápa]

salsa (f)	магданоз (м)	[magdanόz]
endro, aneto (m)	копър (м)	[kόpər]
alface (f)	салата (ж)	[saláta]
aipo (m)	целина (ж)	[tsélina]
aspargo (m)	аспержа (ж)	[aspérʒa]
espinafre (m)	спанак (м)	[spanák]

ervilha (f)	грах (м)	[grah]
feijão (~ soja, etc.)	боб (м)	[bop]
milho (m)	царевица (ж)	[tsárevitsa]
feijão (m) roxo	фасул (м)	[fasúl]

pimentão (m)	пипер (м)	[pipér]
rabanete (m)	репичка (ж)	[répitʃka]
alcachofra (f)	ангинар (м)	[anginár]

47. Frutos. Nozes

fruta (f)	плод (м)	[plot]
maçã (f)	ябълка (ж)	[jábəlka]
pera (f)	круша (ж)	[krúʃa]
limão (m)	лимон (м)	[limόn]
laranja (f)	портокал (м)	[portokál]
morango (m)	ягода (ж)	[jágoda]

tangerina (f)	мандарина (ж)	[mandarína]
ameixa (f)	слива (ж)	[slíva]
pêssego (m)	праскова (ж)	[práskova]
damasco (m)	кайсия (ж)	[kajsíja]
framboesa (f)	малина (ж)	[malína]
abacaxi (m)	ананас (м)	[ananás]

banana (f)	банан (м)	[banán]
melancia (f)	диня (ж)	[dín'a]
uva (f)	грозде (c)	[grόzde]
ginja (f)	вишна (ж)	[víʃna]
cereja (f)	череша (ж)	[tʃeréʃa]
melão (m)	пъпеш (м)	[pépeʃ]

toranja (f)	грейпфрут (м)	[gréjpfrut]
abacate (m)	авокадо (c)	[avokádo]
mamão (m)	папая (ж)	[papája]
manga (f)	манго (c)	[mángo]

romã (f)	нар (м)	[nar]
groselha (f) vermelha	червено френско грозде (c)	[tʃervéno frénsko grózde]
groselha (f) negra	черно френско грозде (c)	[tʃérno frénsko grózde]
groselha (f) espinhosa	цариградско грозде (c)	[tsarigrátsko grózde]
mirtilo (m)	боровинки (ж мн)	[borovínki]
amora (f) silvestre	къпина (ж)	[kəpína]
passa (f)	стафиди (ж мн)	[stafídi]
figo (m)	смокиня (ж)	[smokínʲa]
tâmara (f)	фурма (ж)	[furmá]
amendoim (m)	фъстък (м)	[fəstǝk]
amêndoa (f)	бадем (м)	[badém]
noz (f)	орех (м)	[óreh]
avelã (f)	лешник (м)	[léʃnik]
coco (m)	кокосов орех (м)	[kokósov óreh]
pistaches (m pl)	шамфъстъци (м мн)	[ʃamfəstétsi]

48. Pão. Bolaria

pastelaria (f)	сладкарски изделия (c мн)	[slatkárski izdélija]
pão (m)	хляб (м)	[hlʲap]
biscoito (m), bolacha (f)	бисквити (ж мн)	[biskvíti]
chocolate (m)	шоколад (м)	[ʃokolát]
de chocolate	шоколадов	[ʃokoládov]
bala (f)	бонбон (м)	[bonbón]
doce (bolo pequeno)	паста (ж)	[pásta]
bolo (m) de aniversário	торта (ж)	[tórta]
torta (f)	пирог (м)	[pirók]
recheio (m)	плънка (ж)	[plǝnka]
geleia (m)	сладко (c)	[slátko]
marmelada (f)	мармалад (м)	[marmalát]
wafers (m pl)	вафли (ж мн)	[váfli]
sorvete (m)	сладолед (м)	[sladolét]

49. Pratos cozinhados

prato (m)	ястие (c)	[jástie]
cozinha (~ portuguesa)	кухня (ж)	[kúhnʲa]
receita (f)	рецепта (ж)	[retsépta]
porção (f)	порция (ж)	[pórtsija]
salada (f)	салата (ж)	[saláta]
sopa (f)	супа (ж)	[súpa]
caldo (m)	бульон (м)	[buljón]
sanduíche (m)	сандвич (м)	[sándvitʃ]
ovos (m pl) fritos	пържени яйца (c мн)	[pǝrʒeni jajtsá]

hambúrguer (m)	хамбургер (м)	[hámburger]
bife (m)	бифтек (м)	[bifték]
acompanhamento (m)	гарнитура (ж)	[garnitúra]
espaguete (m)	спагети (мн)	[spagéti]
purê (m) de batata	картофено пюре (с)	[kartófeno pʲuré]
pizza (f)	пица (ж)	[pítsa]
mingau (m)	каша (ж)	[káʃa]
omelete (f)	омлет (м)	[omlét]
fervido (adj)	варен	[varén]
defumado (adj)	пушен	[púʃen]
frito (adj)	пържен	[pérʒen]
seco (adj)	сушен	[suʃén]
congelado (adj)	замразен	[zamrazén]
em conserva (adj)	маринован	[marinóvan]
doce (adj)	сладък	[sládək]
salgado (adj)	солен	[solén]
frio (adj)	студен	[studén]
quente (adj)	горещ	[goréʃt]
amargo (adj)	горчив	[gortʃív]
gostoso (adj)	вкусен	[fkúsen]
cozinhar em água fervente	готвя	[gótvʲa]
preparar (vt)	готвя	[gótvʲa]
fritar (vt)	пържа	[pérʒa]
aquecer (vt)	затоплям	[zatóplʲam]
salgar (vt)	соля	[solʲá]
apimentar (vt)	слагам пипер	[slágam pipér]
ralar (vt)	стъргам	[stérgam]
casca (f)	кожа (ж)	[kóʒa]
descascar (vt)	беля	[bélʲa]

50. Especiarias

sal (m)	сол (ж)	[sol]
salgado (adj)	солен	[solén]
salgar (vt)	соля	[solʲá]
pimenta-do-reino (f)	черен пипер (м)	[tʃéren pipér]
pimenta (f) vermelha	червен пипер (м)	[tʃervén pipér]
mostarda (f)	горчица (ж)	[gortʃítsa]
raiz-forte (f)	хрян (м)	[hrʲan]
condimento (m)	подправка (ж)	[podpráfka]
especiaria (f)	подправка (ж)	[podráfka]
molho (~ inglês)	сос (м)	[sos]
vinagre (m)	оцет (м)	[otsét]
anis estrelado (m)	анасон (м)	[anasón]
manjericão (m)	босилек (м)	[bosílek]
cravo (m)	карамфил (м)	[karamfíl]

gengibre (m)	джинджифил (м)	[dʒindʒifíl]
coentro (m)	кориандър (м)	[koriándər]
canela (f)	канела (ж)	[kanéla]

gergelim (m)	сусам (м)	[susám]
folha (f) de louro	дафинов лист (м)	[dafínov list]
páprica (f)	червен пипер (м)	[tʃervén pipér]
cominho (m)	черен тмин (м)	[tʃéren tmin]
açafrão (m)	шафран (м)	[ʃafrán]

51. Refeições

| comida (f) | храна (ж) | [hraná] |
| comer (vt) | ям | [jam] |

café (m) da manhã	закуска (ж)	[zakúska]
tomar café da manhã	закусвам	[zakúsvam]
almoço (m)	обяд (м)	[obʲát]
almoçar (vi)	обядвам	[obʲádvam]

| jantar (m) | вечеря (ж) | [vetʃérʲa] |
| jantar (vi) | вечерям | [vetʃérʲam] |

| apetite (m) | апетит (м) | [apetít] |
| Bom apetite! | Добър апетит! | [dobér apetít] |

abrir (~ uma lata, etc.)	отварям	[otvárʲam]
derramar (~ líquido)	излея	[izléja]
derramar-se (vr)	излея се	[izléja se]

ferver (vi)	вря	[vrʲa]
ferver (vt)	варя до кипване	[varʲá do kípvane]
fervido (adj)	преварен	[prevarén]

| esfriar (vt) | охладя | [ohladʲá] |
| esfriar-se (vr) | изстудявам се | [isstudʲávam se] |

| sabor, gosto (m) | вкус (м) | [fkus] |
| fim (m) de boca | привкус (м) | [prífkus] |

emagrecer (vi)	отслабвам	[otslábvam]
dieta (f)	диета (ж)	[diéta]
vitamina (f)	витамин (м)	[vitamín]
caloria (f)	калория (ж)	[kalórija]

| vegetariano (m) | вегетарианец (м) | [vegetariánets] |
| vegetariano (adj) | вегетариански | [vegetariánski] |

gorduras (f pl)	мазнини (ж мн)	[mazniní]
proteínas (f pl)	белтъчини (ж мн)	[beltətʃiní]
carboidratos (m pl)	въглехидрати (м мн)	[vəglehidráti]
fatia (~ de limão, etc.)	резенче (с)	[rézentʃe]
pedaço (~ de bolo)	парче (с)	[partʃé]
migalha (f), farelo (m)	троха (ж)	[trohá]

52. Por a mesa

colher (f)	лъжица (ж)	[ləʒítsa]
faca (f)	нож (м)	[noʒ]
garfo (m)	вилица (ж)	[vílitsa]
xícara (f)	чаша (ж)	[tʃáʃa]
prato (m)	чиния (ж)	[tʃiníja]
pires (m)	чинийка (ж)	[tʃiníjka]
guardanapo (m)	салфетка (ж)	[salfétka]
palito (m)	клечка (ж) за зъби	[klétʃka za zébi]

53. Restaurante

restaurante (m)	ресторант (м)	[restoránt]
cafeteria (f)	кафене (с)	[kafené]
bar (m), cervejaria (f)	бар (м)	[bar]
salão (m) de chá	чаен салон (м)	[tʃáen salón]
garçom (m)	сервитьор (м)	[servitʲór]
garçonete (f)	сервитьорка (ж)	[servitʲórka]
barman (m)	барман (м)	[bárman]
cardápio (m)	меню (с)	[menʲú]
lista (f) de vinhos	карта (ж) на виното	[kárta na vínoto]
reservar uma mesa	резервирам масичка	[rezervíram másitʃka]
prato (m)	ядене (с)	[jádene]
pedir (vt)	поръчам	[porétʃam]
fazer o pedido	правя поръчка	[právʲa porétʃka]
aperitivo (m)	аперитив (м)	[aperitív]
entrada (f)	мезе (с)	[mezé]
sobremesa (f)	десерт (м)	[desért]
conta (f)	сметка (ж)	[smétka]
pagar a conta	плащам сметка	[pláʃtam smétka]
dar o troco	връщам ресто	[vréʃtam résto]
gorjeta (f)	бакшиш (м)	[bakʃíʃ]

Família, parentes e amigos

54. Informação pessoal. Formulários

nome (m)	име (c)	[íme]
sobrenome (m)	фамилия (ж)	[famílija]
data (f) de nascimento	дата (ж) на раждане	[dáta na ráʒdane]
local (m) de nascimento	място (c) на раждане	[mʲásto na ráʒdane]
nacionalidade (f)	националност (ж)	[natsionálnost]
lugar (m) de residência	местожителство (c)	[mestoʒítelstvo]
país (m)	страна (ж)	[straná]
profissão (f)	професия (ж)	[profésija]
sexo (m)	пол (м)	[pol]
estatura (f)	ръст (м)	[rəst]
peso (m)	тегло (c)	[tegló]

55. Membros da família. Parentes

mãe (f)	майка (ж)	[májka]
pai (m)	баща (м)	[baʃtá]
filho (m)	син (м)	[sin]
filha (f)	дъщеря (ж)	[dəʃterʲá]
caçula (f)	по-малка дъщеря (ж)	[po-málka dəʃterʲá]
caçula (m)	по-малък син (м)	[po-málək sin]
filha (f) mais velha	по-голяма дъщеря (ж)	[po-golʲáma dəʃterʲá]
filho (m) mais velho	по-голям син (м)	[po-golʲám sin]
irmão (m)	брат (м)	[brat]
irmã (f)	сестра (ж)	[sestrá]
primo (m)	братовчед (м)	[bratovtʃét]
prima (f)	братовчедка (ж)	[bratovtʃétka]
mamãe (f)	мама (ж)	[máma]
papai (m)	татко (м)	[tátko]
pais (pl)	родители (м мн)	[rodíteli]
criança (f)	дете (c)	[deté]
crianças (f pl)	деца (c мн)	[detsá]
avó (f)	баба (ж)	[bába]
avô (m)	дядо (м)	[dʲádo]
neto (m)	внук (м)	[vnuk]
neta (f)	внучка (ж)	[vnútʃka]
netos (pl)	внуци (м мн)	[vnútsi]
tio (m)	вуйчо (м)	[vújʧo]
tia (f)	леля (ж)	[lélʲa]

sobrinho (m)	племенник (м)	[plémennik]
sobrinha (f)	племенница (ж)	[plémennitsa]
sogra (f)	тъща (ж)	[téʃta]
sogro (m)	свекър (м)	[svékər]
genro (m)	зет (м)	[zet]
madrasta (f)	мащеха (ж)	[máʃteha]
padrasto (m)	пастрок (м)	[pástrok]
criança (f) de colo	кърмаче (с)	[kərmátʃe]
bebê (m)	бебе (с)	[bébe]
menino (m)	момченце (с)	[momtʃéntse]
mulher (f)	жена (ж)	[ʒená]
marido (m)	мъж (м)	[məʒ]
esposo (m)	съпруг (м)	[səprúk]
esposa (f)	съпруга (ж)	[səprúga]
casado (adj)	женен	[ʒénen]
casada (adj)	омъжена	[oméʒena]
solteiro (adj)	неженен	[neʒénen]
solteirão (m)	ерген (м)	[ergén]
divorciado (adj)	разведен	[razvéden]
viúva (f)	вдовица (ж)	[vdovítsa]
viúvo (m)	вдовец (м)	[vdovéts]
parente (m)	роднина (м, ж)	[rodnína]
parente (m) próximo	близък роднина (м)	[blízək rodnína]
parente (m) distante	далечен роднина (м)	[dalétʃen rodnína]
parentes (m pl)	роднини (мн)	[rodníni]
órfão (m), órfã (f)	сирак (м)	[sirák]
tutor (m)	опекун (м)	[opekún]
adotar (um filho)	осиновявам	[osinovʲávam]
adotar (uma filha)	осиновявам момиче	[osinovʲávam momítʃe]

56. Amigos. Colegas de trabalho

amigo (m)	приятел (м)	[prijátel]
amiga (f)	приятелка (ж)	[prijátelka]
amizade (f)	приятелство (с)	[prijátelstvo]
ser amigos	дружа	[druʒá]
amigo (m)	приятел (м)	[prijátel]
amiga (f)	приятелка (ж)	[prijátelka]
parceiro (m)	партньор (м)	[partnʲór]
chefe (m)	шеф (м)	[ʃef]
superior (m)	началник (м)	[natʃálnik]
subordinado (m)	подчинен (м)	[podtʃinén]
colega (m, f)	колега (м, ж)	[koléga]
conhecido (m)	познат (м)	[poznát]
companheiro (m) de viagem	спътник (м)	[spétnik]

colega (m) de classe	съученик (м)	[səutʃeník]
vizinho (m)	съсед (м)	[səsét]
vizinha (f)	съседка (ж)	[səsétka]
vizinhos (pl)	съседи (м мн)	[səsédi]

57. Homem. Mulher

mulher (f)	жена (ж)	[ʒená]
menina (f)	девойка (ж)	[devójka]
noiva (f)	годеница (ж)	[godenítsa]

bonita, bela (adj)	хубава	[húbava]
alta (adj)	висока	[visóka]
esbelta (adj)	стройна	[strójna]
baixa (adj)	невисок	[nevisók]

| loira (f) | блондинка (ж) | [blondínka] |
| morena (f) | брюнетка (ж) | [brʲunétka] |

de senhora	дамски	[dámski]
virgem (f)	девственица (ж)	[défstvenitsa]
grávida (adj)	бременна	[brémenna]

homem (m)	мъж (м)	[məʒ]
loiro (m)	блондин (м)	[blondín]
moreno (m)	брюнет (м)	[brʲunét]
alto (adj)	висок	[visók]
baixo (adj)	невисок	[nevisók]

rude (adj)	груб	[grup]
atarracado (adj)	едър	[édər]
robusto (adj)	як	[jak]
forte (adj)	силен	[sílen]
força (f)	сила (ж)	[síla]

gordo (adj)	пълен	[pélen]
moreno (adj)	мургав	[múrgav]
esbelto (adj)	строен	[stróen]
elegante (adj)	елегантен	[elegánten]

58. Idade

idade (f)	възраст (ж)	[vézrast]
juventude (f)	младост (ж)	[mládost]
jovem (adj)	млад	[mlat]

| mais novo (adj) | по-малък | [po-málək] |
| mais velho (adj) | по-голям | [po-golʲám] |

jovem (m)	младеж (м)	[mladéʒ]
adolescente (m)	тийнейджър (м)	[tinéjdʒər]
rapaz (m)	момък (м)	[mómək]

| velho (m) | старец (м) | [stárets] |
| velha (f) | старица (ж) | [stáritsa] |

adulto	възрастен	[vézrasten]
de meia-idade	на средна възраст	[na srédna vézrast]
idoso, de idade (adj)	възрастен	[vézrasten]
velho (adj)	стар	[star]

aposentadoria (f)	пенсия (ж)	[pénsija]
aposentar-se (vr)	пенсионирам се	[pensioníram se]
aposentado (m)	пенсионер (м)	[pensionér]

59. Crianças

criança (f)	дете (с)	[deté]
crianças (f pl)	деца (с мн)	[detsá]
gêmeos (m pl), gêmeas (f pl)	близнаци (м мн)	[bliznátsi]

berço (m)	люлка (ж)	[lʲúlka]
chocalho (m)	дрънкалка (ж)	[drənkálka]
fralda (f)	памперс (м)	[pámpers]

chupeta (f), bico (m)	биберон (м)	[biberón]
carrinho (m) de bebê	детска количка (ж)	[détska kolítʃka]
jardim (m) de infância	детска градина (ж)	[détska gradína]
babysitter, babá (f)	детегледачка (ж)	[detegledátʃka]

infância (f)	детство (с)	[détstvo]
boneca (f)	кукла (ж)	[kúkla]
brinquedo (m)	играчка (ж)	[igrátʃka]
jogo (m) de montar	конструктор (м)	[konstrúktor]

bem-educado (adj)	възпитан	[vəspítan]
malcriado (adj)	невъзпитан	[nevəspítan]
mimado (adj)	разглезен	[razglézen]

ser travesso	палувам	[palúvam]
travesso, traquinas (adj)	палав	[pálav]
travessura (f)	лудория (ж)	[ludoríja]
criança (f) travessa	палавник (м)	[pálavnik]

| obediente (adj) | послушен | [poslúʃen] |
| desobediente (adj) | непослушен | [neposlúʃen] |

dócil (adj)	благоразумен	[blagorazúmen]
inteligente (adj)	умен	[úmen]
prodígio (m)	вундеркинд (м)	[vúnderkint]

60. Casais. Vida de família

| beijar (vt) | целувам | [tselúvam] |
| beijar-se (vr) | целувам се | [tselúvam se] |

família (f)	семейство (c)	[seméjstvo]
familiar (vida ~)	семеен	[seméen]
casal (m)	двойка (ж)	[dvójka]
matrimônio (m)	брак (м)	[brak]
lar (m)	семейно огнище (c)	[seméjno ogníʃte]
dinastia (f)	династия (ж)	[dinástija]

| encontro (m) | среща (ж) | [sréʃta] |
| beijo (m) | целувка (ж) | [tselúfka] |

amor (m)	обич (ж)	[óbitʃ]
amar (pessoa)	обичам	[obítʃam]
amado, querido (adj)	любим	[ʰubím]

ternura (f)	нежност (ж)	[néʒnost]
afetuoso (adj)	нежен	[néʒen]
fidelidade (f)	вярност (ж)	[vʲárnost]
fiel (adj)	верен	[véren]
cuidado (m)	грижа (ж)	[gríʒa]
carinhoso (adj)	грижлив	[griʒlív]

recém-casados (pl)	младоженци (м мн)	[mladoʒéntsi]
lua (f) de mel	меден месец (м)	[méden mésets]
casar-se (com um homem)	омъжа се	[oméʒa se]
casar-se (com uma mulher)	женя се	[ʒénʲa se]

casamento (m)	сватба (ж)	[svátba]
bodas (f pl) de ouro	златна сватба (ж)	[zlátna svádba]
aniversário (m)	годишнина (ж)	[godíʃnina]

| amante (m) | любовник (м) | [ʰubóvnik] |
| amante (f) | любовница (ж) | [ʰubóvnitsa] |

adultério (m), traição (f)	изневяра (ж)	[iznevʲára]
cometer adultério	изневерявам	[izneverʲávam]
ciumento (adj)	ревнив	[revnív]
ser ciumento, -a	ревнувам	[revnúvam]
divórcio (m)	развод (м)	[razvót]
divorciar-se (vr)	развеждам се	[razvéʒdam se]

brigar (discutir)	карам се	[káram se]
fazer as pazes	сдобрявам се	[zdobrʲávam se]
juntos (ir ~)	заедно	[záedno]
sexo (m)	секс (м)	[seks]

felicidade (f)	щастие (c)	[ʃtástie]
feliz (adj)	щастлив	[ʃtastlív]
infelicidade (f)	нещастие (c)	[neʃtástie]
infeliz (adj)	нещастен	[neʃtásten]

Caráter. Sentimentos. Emoções

61. Sentimentos. Emoções

sentimento (m)	чувство (c)	[ʧústvo]
sentimentos (m pl)	чувства (c мн)	[ʧústva]
sentir (vt)	чувствам	[ʧúfstvam]
fome (f)	глад (м)	[glat]
ter fome	искам да ям	[ískam da jam]
sede (f)	жажда (ж)	[ʒáʒda]
ter sede	искам да пия	[ískam da píja]
sonolência (f)	сънливост (ж)	[sənlívost]
estar sonolento	искам да спя	[ískam da spʲa]
cansaço (m)	умора (ж)	[umóra]
cansado (adj)	изморен	[izmorén]
ficar cansado	уморя се	[umorʲá se]
humor (m)	настроение (c)	[nastroénie]
tédio (m)	скука (ж)	[skúka]
entediar-se (vr)	скучая	[skuʧája]
reclusão (isolamento)	самота (ж)	[samotá]
isolar-se (vr)	уединявам се	[uedinʲávam se]
preocupar (vt)	безпокоя	[bespokojá]
estar preocupado	безпокоя се	[bespokojá se]
preocupação (f)	безпокойство (c)	[bespokójstvo]
ansiedade (f)	тревога (ж)	[trevóga]
preocupado (adj)	загрижен	[zagríʒen]
estar nervoso	нервирам се	[nervíram se]
entrar em pânico	паникьосвам се	[panikʲósvam se]
esperança (f)	надежда (ж)	[nadéʒda]
esperar (vt)	надявам се	[nadʲávam se]
certeza (f)	увереност (ж)	[uvérenost]
certo, seguro de …	уверен	[uvéren]
indecisão (f)	неувереност (ж)	[neuvérenost]
indeciso (adj)	неуверен	[neuvéren]
bêbado (adj)	пиян	[piján]
sóbrio (adj)	трезвен	[trézven]
fraco (adj)	слаб	[slap]
feliz (adj)	щастлив	[ʃtastlív]
assustar (vt)	изплаша	[ispláʃa]
fúria (f)	бяс (м)	[bʲas]
ira, raiva (f)	ярост (ж)	[járost]
depressão (f)	депресия (ж)	[deprésija]
desconforto (m)	дискомфорт (м)	[diskomfórt]

conforto (m)	комфорт (м)	[komfórt]
arrepender-se (vr)	съжалявам	[səʒaljávam]
arrependimento (m)	съжаление (с)	[səʒalénie]
azar (m), má sorte (f)	несполука (ж)	[nespolúka]
tristeza (f)	огорчение (с)	[ogortʃénie]

vergonha (f)	срам (м)	[sram]
alegria (f)	веселба (ж)	[veselbá]
entusiasmo (m)	ентусиазъм (м)	[entusiázəm]
entusiasta (m)	ентусиаст (м)	[entusiást]
mostrar entusiasmo	ентусиазирам	[entusiazíram]

62. Caráter. Personalidade

caráter (m)	характер (м)	[harákter]
falha (f) de caráter	недостатък (м)	[nedostátək]
mente (f)	ум (м)	[um]
razão (f)	разум (м)	[rázum]

consciência (f)	съвест (ж)	[sévest]
hábito, costume (m)	навик (м)	[návik]
habilidade (f)	способност (ж)	[sposóbnost]
saber (~ nadar, etc.)	умея	[uméja]

paciente (adj)	търпелив	[tərpelív]
impaciente (adj)	нетърпелив	[netərpelív]
curioso (adj)	любопитен	[ljubopíten]
curiosidade (f)	любопитство (с)	[ljubopítstvo]

modéstia (f)	скромност (ж)	[skrómnost]
modesto (adj)	скромен	[skrómen]
imodesto (adj)	нескромен	[neskrómen]

preguiça (f)	мързел (м)	[mérzel]
preguiçoso (adj)	мързелив	[mərzelív]
preguiçoso (m)	мързеливец (м)	[mərzelívets]

astúcia (f)	хитрост (ж)	[hítrost]
astuto (adj)	хитър	[hítər]
desconfiança (f)	недоверие (с)	[nedovérie]
desconfiado (adj)	недоверчив	[nedovertʃív]

generosidade (f)	щедрост (ж)	[ʃtédrost]
generoso (adj)	щедър	[ʃtédər]
talentoso (adj)	талантлив	[talantlíf]
talento (m)	талант (м)	[talánt]

corajoso (adj)	смел	[smel]
coragem (f)	смелост (м)	[smélost]
honesto (adj)	честен	[tʃésten]
honestidade (f)	честност (ж)	[tʃéstnost]

| prudente, cuidadoso (adj) | предпазлив | [predpazlív] |
| valoroso (adj) | храбър | [hrábər] |

| sério (adj) | сериозен | [seriózen] |
| severo (adj) | строг | [strok] |

decidido (adj)	решителен	[reʃítelen]
indeciso (adj)	нерешителен	[nereʃítelen]
tímido (adj)	свенлив	[svenlív]
timidez (f)	свенливост (ж)	[svenlívost]

confiança (f)	доверие (c)	[dovérie]
confiar (vt)	вярвам	[vʲárvam]
crédulo (adj)	доверчив	[dovertʃív]

sinceramente	искрено	[ískreno]
sincero (adj)	искрен	[ískren]
sinceridade (f)	искреност (ж)	[ískrenost]
aberto (adj)	открит	[otkrít]

calmo (adj)	тих	[tih]
franco (adj)	откровен	[otkrovén]
ingênuo (adj)	наивен	[naíven]
distraído (adj)	разсеян	[rasséjan]
engraçado (adj)	смешен	[sméʃen]

ganância (f)	алчност (ж)	[áltʃnost]
ganancioso (adj)	алчен	[áltʃen]
avarento, sovina (adj)	стиснат	[stísnat]
mal (adj)	зъл	[zəl]
teimoso (adj)	инат	[inát]
desagradável (adj)	неприятен	[neprijáten]

egoísta (m)	егоист (м)	[egoíst]
egoísta (adj)	егоистичен	[egoistítʃen]
covarde (m)	страхливец (м)	[strahlívets]
covarde (adj)	страхлив	[strahlíf]

63. O sono. Sonhos

dormir (vi)	спя	[spʲa]
sono (m)	сън (м)	[sən]
sonho (m)	сън (м)	[sən]
sonhar (ver sonhos)	сънувам	[sənúvam]
sonolento (adj)	сънен	[sénen]

cama (f)	легло (c)	[legló]
colchão (m)	дюшек (м)	[dʲuʃék]
cobertor (m)	одеяло (c)	[odejálo]
travesseiro (m)	възглавница (ж)	[vəzglávnitsa]
lençol (m)	чаршаф (м)	[tʃarʃáf]

insônia (f)	безсъние (c)	[bessénie]
sem sono (adj)	безсънен	[bessénen]
sonífero (m)	приспивателно (c)	[prispivátelno]
tomar um sonífero	взимам приспивателно	[vzímam prispivátelno]
estar sonolento	искам да спя	[ískam da spʲa]

bocejar (vi)	прозявам се	[proz'ávam se]
ir para a cama	отивам да спя	[otívam da sp'a]
fazer a cama	оправям легло	[opráv'am legló]
adormecer (vi)	заспивам	[zaspívam]

pesadelo (m)	кошмар (м)	[koʃmár]
ronco (m)	хъркане (c)	[hérkane]
roncar (vi)	хъркам	[hérkam]

despertador (m)	будилник (м)	[budílnik]
acordar, despertar (vt)	събудя	[sebúd'a]
acordar (vi)	събуждам се	[sebúʒdam se]
levantar-se (vr)	ставам	[stávam]
lavar-se (vr)	измивам се	[izmívam se]

64. Humor. Riso. Alegria

humor (m)	хумор (м)	[húmor]
senso (m) de humor	чувство (ж) за хумор	[ʧústvo za húmor]
divertir-se (vr)	веселя се	[vesel'á se]
alegre (adj)	весел	[vésel]
diversão (f)	веселба (ж)	[veselbá]

sorriso (m)	усмивка (ж)	[usmífka]
sorrir (vi)	усмихвам се	[usmíhvam se]
começar a rir	засмея се	[zasméja se]
rir (vi)	смея се	[sméja se]
riso (m)	смях (м)	[sm'ah]

anedota (f)	виц (м)	[vits]
engraçado (adj)	смешен	[sméʃen]
ridículo, cômico (adj)	смешен	[sméʃen]

brincar (vi)	шегувам се	[ʃegúvam se]
piada (f)	шега (ж)	[ʃegá]
alegria (f)	радост (ж)	[rádost]
regozijar-se (vr)	радвам се	[rádvam se]
alegre (adj)	радостен	[rádosten]

65. Discussão, conversação. Parte 1

| comunicação (f) | общуване (c) | [obʃtúvane] |
| comunicar-se (vr) | общувам | [obʃtúvam] |

conversa (f)	разговор (м)	[rázgovor]
diálogo (m)	диалог (м)	[dialók]
discussão (f)	дискусия (ж)	[diskúsija]
debate (m)	спор (м)	[spor]
debater (vt)	споря	[spór'a]

| interlocutor (m) | събеседник (м) | [sebesédnik] |
| tema (m) | тема (ж) | [téma] |

ponto (m) de vista	гледна точка (ж)	[glédna tótʃka]
opinião (f)	мнение (c)	[mnénie]
discurso (m)	слово (c)	[slóvo]

discussão (f)	обсъждане (c)	[obséʒdane]
discutir (vt)	обсъждам	[obséʒdam]
conversa (f)	беседа (ж)	[beséda]
conversar (vi)	беседвам	[besédvam]
reunião (f)	среща (ж)	[sréʃta]
encontrar-se (vr)	срещам се	[sréʃtam se]

provérbio (m)	пословица (ж)	[poslóvitsa]
ditado, provérbio (m)	поговорка (ж)	[pogovórka]
adivinha (f)	гатанка (ж)	[gátanka]
dizer uma adivinha	задавам гатанка	[zadávam gátanka]
senha (f)	парола (ж)	[paróla]
segredo (m)	секрет (м)	[sekrét]

juramento (m)	клетва (ж)	[klétva]
jurar (vi)	заклевам се	[zaklévam se]
promessa (f)	обещание (c)	[obeʃtánie]
prometer (vt)	обещавам	[obeʃtávam]

conselho (m)	съвет (м)	[səvét]
aconselhar (vt)	съветвам	[səvétvam]
seguir o conselho	слушам	[slúʃam]

novidade, notícia (f)	новина (ж)	[noviná]
sensação (f)	сензация (ж)	[senzátsija]
informação (f)	сведения (c мн)	[svédenija]
conclusão (f)	извод (м)	[ízvot]
voz (f)	глас (м)	[glas]
elogio (m)	комплимент (м)	[komplimént]
amável, querido (adj)	любезен	[lʲubézen]

palavra (f)	дума (ж)	[dúma]
frase (f)	фраза (ж)	[fráza]
resposta (f)	отговор (м)	[ótgovor]

| verdade (f) | истина (ж) | [ístina] |
| mentira (f) | лъжа (ж) | [ləʒá] |

pensamento (m)	мисъл (ж)	[mísəl]
ideia (f)	идея (ж)	[idéja]
fantasia (f)	измислица (ж)	[izmíslitsa]

66. Discussão, conversação. Parte 2

estimado, respeitado (adj)	уважаем	[uvaʒáem]
respeitar (vt)	уважавам	[uvaʒávam]
respeito (m)	уважение (c)	[uvaʒénie]
Estimado ..., Caro ...	Уважаем ...	[uvaʒáem]
apresentar (alguém a alguém)	запозная	[zapoznája]

conhecer (vt)	запознавам се	[zapoznávam se]
intenção (f)	намерение (c)	[namerénie]
tencionar (~ fazer algo)	каня се	[kánʲa se]
desejo (de boa sorte)	пожелание (c)	[poӡelánie]
desejar (ex. ~ boa sorte)	пожелая	[poӡelája]

surpresa (f)	учудване (c)	[utʃúdvane]
surpreender (vt)	удивлявам	[udivlʲávam]
surpreender-se (vr)	удивлявам се	[udivlʲávam se]

dar (vt)	дам	[dam]
pegar (tomar)	взема	[vzéma]
devolver (vt)	върна	[vérna]
retornar (vt)	върна	[vérna]

desculpar-se (vr)	извинявам се	[izvinʲávam se]
desculpa (f)	извинение (c)	[izvinénie]
perdoar (vt)	прощавам	[proʃtávam]

falar (vi)	разговарям	[razgovárʲam]
escutar (vt)	слушам	[slúʃam]
ouvir até o fim	изслушам	[isslúʃam]
entender (compreender)	разбера	[razberá]

mostrar (vt)	покажа	[pokáӡa]
olhar para ...	гледам	[glédam]
chamar (alguém para ...)	повикам	[povíkam]
perturbar, distrair (vt)	отвличам	[otvlítʃam]
perturbar (vt)	преча	[prétʃa]
entregar (~ em mãos)	предам	[predám]

pedido (m)	молба (ж)	[molbá]
pedir (ex. ~ ajuda)	моля	[mólʲa]
exigência (f)	изискване (c)	[izískvane]
exigir (vt)	изисквам	[izískvam]

insultar (chamar nomes)	дразня	[dráznʲa]
zombar (vt)	присмивам се	[prismívam se]
zombaria (f)	подигравка (ж)	[podigráfka]
alcunha (f), apelido (m)	прякор (м)	[prʲákor]

insinuação (f)	намек (м)	[námek]
insinuar (vt)	намеквам	[namékvam]
querer dizer	подразбирам	[podrazbíram]

descrição (f)	описание (c)	[opisánie]
descrever (vt)	опиша	[opíʃa]
elogio (m)	похвала (ж)	[pohvála]
elogiar (vt)	похваля	[pohválʲa]

desapontamento (m)	разочарование (c)	[razotʃarovánie]
desapontar (vt)	разочаровам	[razotʃaróvam]
desapontar-se (vr)	разочаровам се	[razotʃaróvam se]

| suposição (f) | предположение (c) | [predpoloӡénie] |
| supor (vt) | предполагам | [pretpolágam] |

advertência (f)	предпазване (c)	[predpázvane]
advertir (vt)	предпазя	[pretpáz¦a]

67. Discussão, conversação. Parte 3

convencer (vt)	уговоря	[ugovór¦a]
acalmar (vt)	успокоявам	[uspokojávam]

silêncio (o ~ é de ouro)	мълчание (c)	[məltʃánie]
ficar em silêncio	мълча	[məltʃá]
sussurrar (vt)	шепна	[ʃépna]
sussurro (m)	шепот (м)	[ʃépot]

francamente	откровено	[otkrovéno]
na minha opinião ...	според мен ...	[spóret men]

detalhe (~ da história)	подробност (ж)	[podróbnost]
detalhado (adj)	подробен	[podróben]
detalhadamente	подробно	[podróbno]

dica (f)	подсказка (ж)	[potskáska]
dar uma dica	подскажа	[potskáʒa]

olhar (m)	поглед (м)	[póglet]
dar uma olhada	погледна	[poglédna]
fixo (olhada ~a)	неподвижен	[nepodvíʒen]
piscar (vi)	мигам	[mígam]
piscar (vt)	мигна	[mígna]
acenar com a cabeça	кимна	[kímna]

suspiro (m)	въздишка (ж)	[vəzdíʃka]
suspirar (vi)	въздъхна	[vəzdéhna]
estremecer (vi)	стряскам се	[str¦áskam se]
gesto (m)	жест (м)	[ʒest]
tocar (com as mãos)	докосна се	[dokósna se]
agarrar (~ pelo braço)	хващам	[hváʃtam]
bater de leve	тупам	[túpam]

Cuidado!	Внимавай!	[vnimávaj]
Sério?	Нима?	[nimá]
Boa sorte!	Късмет!	[kəsmét]
Entendi!	Ясно!	[jásno]
Que pena!	Жалко!	[ʒálko]

68. Acordo. Recusa

consentimento (~ mútuo)	съгласие (c)	[səglásie]
consentir (vi)	съгласявам се	[səglas¦ávam se]
aprovação (f)	одобрение (c)	[odobrénie]
aprovar (vt)	одобря	[odobr¦á]
recusa (f)	отказ (м)	[ótkaz]
negar-se a ...	отказвам се	[otkázvam se]

Ótimo!	Отлично!	[otlítʃno]
Tudo bem!	Добре!	[dobré]
Está bem! De acordo!	Дадено!	[dádeno]
proibido (adj)	забранен	[zabranén]
é proibido	забранено	[zabranéno]
incorreto (adj)	грешен	[gréʃen]
rejeitar (~ um pedido)	отклоня	[otklonʲá]
apoiar (vt)	подкрепям	[potkrepʲám]
aceitar (desculpas, etc.)	приема	[priéma]
confirmar (vt)	потвърдя	[potverdʲá]
confirmação (f)	потвърждение (c)	[potverʒdénie]
permissão (f)	разрешение (c)	[razreʃénie]
permitir (vt)	разреша	[razreʃá]
decisão (f)	решение (c)	[reʃénie]
não dizer nada	премълча	[premeltʃá]
condição (com uma ~)	условие (c)	[uslóvie]
pretexto (m)	привидна причина (ж)	[privídna pritʃína]
elogio (m)	похвала (ж)	[pohvála]
elogiar (vt)	похваля	[pohválʲa]

69. Sucesso. Boa sorte. Insucesso

êxito, sucesso (m)	успех (м)	[uspéh]
com êxito	успешно	[uspéʃno]
bem sucedido (adj)	успешен	[uspéʃen]
sorte (fortuna)	сполука (ж)	[spolúka]
Boa sorte!	Късмет!	[kesmét]
de sorte	сполучлив	[spolutʃlíf]
sortudo, felizardo (adj)	успешен	[uspéʃen]
fracasso (m)	несполука (ж)	[nespolúka]
pouca sorte (f)	несполука (ж)	[nespolúka]
azar (m), má sorte (f)	нещастие (c)	[neʃtástie]
mal sucedido (adj)	несполучлив	[nespolutʃlív]
catástrofe (f)	катастрофа (ж)	[katastrófa]
orgulho (m)	гордост (ж)	[górdost]
orgulhoso (adj)	горд	[gort]
estar orgulhoso, -a	гордея се	[gordéja se]
vencedor (m)	победител (м)	[pobedítel]
vencer (vi, vt)	победя	[pobedʲá]
perder (vt)	загубя	[zagúbʲa]
tentativa (f)	опит (м)	[ópit]
tentar (vt)	опитвам се	[opítvam se]
chance (m)	шанс (м)	[ʃans]

70. Conflitos. Emoções negativas

grito (m)	вик (м)	[vik]
gritar (vi)	викам	[víkam]
começar a gritar	закрещя	[zakreʃt'á]

discussão (f)	караница (ж)	[káranitsa]
brigar (discutir)	карам се	[káram se]
escândalo (m)	скандал (м)	[skandál]
criar escândalo	правя скандали	[práv'a skandáli]
conflito (m)	конфликт (м)	[konflíkt]
mal-entendido (m)	недоразумение (с)	[nedorazuménie]

insulto (m)	оскърбление (с)	[oskərblénie]
insultar (vt)	оскърбявам	[oskərb'ávam]
insultado (adj)	оскърбен	[oskərbén]
ofensa (f)	обида (ж)	[obída]
ofender (vt)	обидя	[obíd'a]
ofender-se (vr)	обидя се	[obíd'a se]

indignação (f)	възмущение (с)	[vəzmuʃténie]
indignar-se (vr)	възмущавам се	[vəzmuʃtávam se]
queixa (f)	оплакване (с)	[oplákvane]
queixar-se (vr)	оплаквам се	[oplákvam se]

desculpa (f)	извинение (с)	[izvinénie]
desculpar-se (vr)	извинявам се	[izvin'ávam se]
pedir perdão	моля за прошка	[mól'a za próʃka]

crítica (f)	критика (ж)	[krítika]
criticar (vt)	критикувам	[kritikúvam]
acusação (f)	обвинение (с)	[obvinénie]
acusar (vt)	обвинявам	[obvin'ávam]

vingança (f)	отмъщение (с)	[otmeʃténie]
vingar (vt)	отмъщавам	[otmeʃtávam]
vingar-se de	отплатя	[otplat'á]

desprezo (m)	презрение (с)	[prezrénie]
desprezar (vt)	презирам	[prezíram]
ódio (m)	омраза (ж)	[omráza]
odiar (vt)	мразя	[mráz'a]

nervoso (adj)	нервен	[nérven]
estar nervoso	нервирам се	[nervíram se]
zangado (adj)	сърдит	[sərdít]
zangar (vt)	разсърдя	[rassérd'a]

humilhação (f)	унижение (с)	[uniʒénie]
humilhar (vt)	унижавам	[uniʒávam]
humilhar-se (vr)	унижавам се	[uniʒávam se]

choque (m)	шок (м)	[ʃok]
chocar (vt)	шокирам	[ʃokíram]
aborrecimento (m)	неприятност (ж)	[neprijátnost]

desagradável (adj)	неприятен	[neprijáten]
medo (m)	страх (м)	[strah]
terrível (tempestade, etc.)	силен	[sílen]
assustador (ex. história ~a)	страшен	[stráʃen]
horror (m)	ужас (м)	[úʒas]
horrível (crime, etc.)	ужасен	[uʒásen]
começar a tremer	затреперя	[zatrepérʲa]
chorar (vi)	плача	[plátʃa]
começar a chorar	заплача	[zaplátʃa]
lágrima (f)	сълза (ж)	[səlzá]
falta (f)	вина (ж)	[viná]
culpa (f)	вина (ж)	[viná]
desonra (f)	позор (м)	[pozór]
protesto (m)	протест (м)	[protést]
estresse (m)	стрес (м)	[stres]
perturbar (vt)	безпокоя	[bespokojá]
zangar-se com …	ядосвам се	[jadósvam se]
zangado (irritado)	зъл	[zəl]
terminar (vt)	прекъсвам	[prekésvam]
praguejar	карам се	[káram se]
assustar-se	плаша се	[pláʃa se]
golpear (vt)	удеря	[udárʲa]
brigar (na rua, etc.)	бия се	[bíja se]
resolver (o conflito)	урегулирам	[uregulíram]
descontente (adj)	недоволен	[nedovólen]
furioso (adj)	яростен	[járosten]
Não está bem!	Това не е хубаво!	[tová ne e húbavo]
É ruim!	Това е лошо!	[tová e lóʃo]

Medicina

71. Doenças

doença (f)	болест (ж)	[bólest]
estar doente	боледувам	[boledúvam]
saúde (f)	здраве (c)	[zdráve]
nariz (m) escorrendo	хрема (ж)	[hréma]
amigdalite (f)	ангина (ж)	[angína]
resfriado (m)	настинка (ж)	[nastínka]
ficar resfriado	настина	[nastína]
bronquite (f)	бронхит (м)	[bronhít]
pneumonia (f)	пневмония (ж)	[pnevmoníja]
gripe (f)	грип (м)	[grip]
míope (adj)	късоглед	[kəsoglét]
presbita (adj)	далекоглед	[dalekoglét]
estrabismo (m)	кривогледство (c)	[krivoglétstvo]
estrábico, vesgo (adj)	кривоглед	[krivoglét]
catarata (f)	катаракта (ж)	[katarákta]
glaucoma (m)	глаукома (ж)	[glaukóma]
AVC (m), apoplexia (f)	инсулт (м)	[insúlt]
ataque (m) cardíaco	инфаркт (м)	[infárkt]
enfarte (m) do miocárdio	инфаркт (м) на миокарда	[infárkt na miokárda]
paralisia (f)	парализа (ж)	[paráliza]
paralisar (vt)	парализирам	[paralizíram]
alergia (f)	алергия (ж)	[alérgija]
asma (f)	астма (ж)	[ástma]
diabetes (f)	диабет (м)	[diabét]
dor (f) de dente	зъбобол (м)	[zəboból]
cárie (f)	кариес (м)	[káries]
diarreia (f)	диария (ж)	[diárija]
prisão (f) de ventre	запек (м)	[zápek]
desarranjo (m) intestinal	разстройство (c) на стомаха	[rastrójstvo na stomáha]
intoxicação (f) alimentar	отравяне (c)	[otráv'ane]
intoxicar-se	отровя се	[otróv'a se]
artrite (f)	артрит (м)	[artrít]
raquitismo (m)	рахит (м)	[rahít]
reumatismo (m)	ревматизъм (м)	[revmatízəm]
arteriosclerose (f)	атеросклероза (ж)	[ateroskleróza]
gastrite (f)	гастрит (м)	[gastrít]
apendicite (f)	апандисит (м)	[apandisít]

| colecistite (f) | холецистит (м) | [holetsistít] |
| úlcera (f) | язва (ж) | [jázva] |

sarampo (m)	дребна шарка (ж)	[drébna ʃárka]
rubéola (f)	шарка (ж)	[ʃárka]
icterícia (f)	жълтеница (ж)	[ʒəltenítsa]
hepatite (f)	хепатит (м)	[hepatít]

esquizofrenia (f)	шизофрения (ж)	[ʃizofreníja]
raiva (f)	бяс (м)	[bʲas]
neurose (f)	невроза (ж)	[nevróza]
contusão (f) cerebral	сътресение (с) на мозъка	[sətresénie na mózəka]

câncer (m)	рак (м)	[rak]
esclerose (f)	склероза (ж)	[skleróza]
esclerose (f) múltipla	множествена склероза (ж)	[mnóʒestvena skleróza]

alcoolismo (m)	алкохолизъм (м)	[alkoholízəm]
alcoólico (m)	алкохолик (м)	[alkoholík]
sífilis (f)	сифилис (м)	[sífilis]
AIDS (f)	СПИН (м)	[spin]

tumor (m)	тумор (м)	[túmor]
maligno (adj)	злокачествен	[zlokátʃestven]
benigno (adj)	доброкачествен	[dobrokátʃestven]

febre (f)	треска (ж)	[tréska]
malária (f)	малария (ж)	[malárija]
gangrena (f)	гангрена (ж)	[gangréna]
enjoo (m)	морска болест (ж)	[mórska bólest]
epilepsia (f)	епилепсия (ж)	[epilépsija]

epidemia (f)	епидемия (ж)	[epidémija]
tifo (m)	тиф (м)	[tif]
tuberculose (f)	туберкулоза (ж)	[tuberkulóza]
cólera (f)	холера (ж)	[holéra]
peste (f) bubônica	чума (ж)	[ʧúma]

72. Sintomas. Tratamentos. Parte 1

sintoma (m)	симптом (м)	[simptóm]
temperatura (f)	температура (ж)	[temperatúra]
febre (f)	висока температура (ж)	[visóka temperatúra]
pulso (m)	пулс (м)	[puls]

vertigem (f)	световъртеж (м)	[svetovərtéʃ]
quente (testa, etc.)	горещ	[goréʃt]
calafrio (m)	тръпки (ж мн)	[trépki]
pálido (adj)	бледен	[bléden]

tosse (f)	кашлица (ж)	[káʃlitsa]
tossir (vi)	кашлям	[káʃlʲam]
espirrar (vi)	кихам	[kíham]
desmaio (m)	припадък (м)	[pripádək]

desmaiar (vi)	припадна	[pripádna]
mancha (f) preta	синина (ж)	[sininá]
galo (m)	подутина (ж)	[podutiná]
machucar-se (vr)	ударя се	[udárʲa se]
contusão (f)	натъртване (c)	[natértvane]
machucar-se (vr)	ударя се	[udárʲa se]

mancar (vi)	куцам	[kútsam]
deslocamento (f)	изкълчване (c)	[iskéltʃvane]
deslocar (vt)	навехна	[navéhna]
fratura (f)	фрактура (ж)	[fraktúra]
fraturar (vt)	счупя	[stʃúpʲa]

corte (m)	порязване (c)	[porʲázvane]
cortar-se (vr)	порежа се	[poréʒa se]
hemorragia (f)	кръвотечение (c)	[krəvotetʃénie]

| queimadura (f) | изгаряне (c) | [izgárʲane] |
| queimar-se (vr) | опаря се | [opárʲa se] |

picar (vt)	бодна	[bódna]
picar-se (vr)	убода се	[ubodá se]
lesionar (vt)	нараня	[naranʲá]
lesão (m)	рана (ж)	[rána]
ferida (f), ferimento (m)	рана (ж)	[rána]
trauma (m)	травма (ж)	[trávma]

delirar (vi)	бълнувам	[bəlnúvam]
gaguejar (vi)	заеквам	[zaékvam]
insolação (f)	слънчев удар (м)	[slóntʃev údar]

73. Sintomas. Tratamentos. Parte 2

| dor (f) | болка (ж) | [bólka] |
| farpa (no dedo, etc.) | трънче (c) | [tréntʃe] |

suor (m)	пот (ж)	[pot]
suar (vi)	потя се	[potʲá se]
vômito (m)	повръщане (c)	[povréʃtane]
convulsões (f pl)	гърчове (м мн)	[gértʃove]

grávida (adj)	бременна	[brémenna]
nascer (vi)	родя се	[rodʲá se]
parto (m)	раждане (c)	[ráʒdane]
dar à luz	раждам	[ráʒdam]
aborto (m)	аборт (м)	[abórt]

respiração (f)	дишане (c)	[díʃane]
inspiração (f)	вдишване (c)	[vdíʃvane]
expiração (f)	издишване (c)	[izdíʃvane]
expirar (vi)	издишам	[izdíʃam]
inspirar (vi)	направя вдишване	[naprávʲa vdíʃvane]
inválido (m)	инвалид (м)	[invalít]
aleijado (m)	сакат човек (м)	[sakát tʃovék]

drogado (m)	наркоман (м)	[narkomán]
surdo (adj)	глух	[gluh]
mudo (adj)	ням	[nʲam]
surdo-mudo (adj)	глухоням	[gluhonʲám]

louco, insano (adj)	луд	[lut]
louco (m)	луд (м)	[lut]
louca (f)	луда (ж)	[lúda]
ficar louco	полудея	[poludéja]

gene (m)	ген (м)	[gen]
imunidade (f)	имунитет (м)	[imunitét]
hereditário (adj)	наследствен	[naslétstven]
congênito (adj)	вроден	[vrodén]

vírus (m)	вирус (м)	[vírus]
micróbio (m)	микроб (м)	[mikróp]
bactéria (f)	бактерия (ж)	[baktérija]
infecção (f)	инфекция (ж)	[inféktsija]

74. Sintomas. Tratamentos. Parte 3

| hospital (m) | болница (ж) | [bólnitsa] |
| paciente (m) | пациент (м) | [patsiént] |

diagnóstico (m)	диагноза (ж)	[diagnóza]
cura (f)	лекуване (с)	[lekúvane]
tratamento (m) médico	лекуване (с)	[lekúvane]
curar-se (vr)	лекувам се	[lekúvam se]
tratar (vt)	лекувам	[lekúvam]
cuidar (pessoa)	грижа се	[gríʒa se]
cuidado (m)	грижа (ж)	[gríʒa]

operação (f)	операция (ж)	[operátsija]
enfaixar (vt)	превържа	[prevérʒa]
enfaixamento (m)	превързване (с)	[prevérzvane]

vacinação (f)	ваксиниране (с)	[vaksinírane]
vacinar (vt)	ваксинирам	[vaksiníram]
injeção (f)	инжекция (ж)	[inʒéktsija]
dar uma injeção	инжектирам	[inʒektíram]

ataque (~ de asma, etc.)	пристъп, припа́дък (м)	[prístəp], [pripadək]
amputação (f)	ампутация (ж)	[amputátsija]
amputar (vt)	ампутирам	[amputíram]
coma (f)	кома (ж)	[kóma]
estar em coma	намирам се в кома	[namíram se v kóma]
reanimação (f)	реанимация (ж)	[reanimátsija]

recuperar-se (vr)	оздравявам	[ozdravʲávam]
estado (~ de saúde)	състояние (с)	[səstojánie]
consciência (perder a ~)	съзнание (с)	[səznánie]
memória (f)	памет (ж)	[pámet]
tirar (vt)	вадя	[vádʲa]

obturação (f)	пломба (ж)	[plómba]
obturar (vt)	пломбирам	[plombíram]

hipnose (f)	хипноза (ж)	[hipnóza]
hipnotizar (vt)	хипнотизирам	[hipnotizíram]

75. Médicos

médico (m)	лекар (м)	[lékar]
enfermeira (f)	медицинска сестра (ж)	[meditsínska sestrá]
médico (m) pessoal	личен лекар (м)	[lítʃen lékar]

dentista (m)	зъболекар (м)	[zəbolékar]
oculista (m)	очен лекар (м)	[ótʃen lékar]
terapeuta (m)	терапевт (м)	[terapéft]
cirurgião (m)	хирург (м)	[hirúrk]

psiquiatra (m)	психиатър (м)	[psihiátər]
pediatra (m)	педиатър (м)	[pediátər]
psicólogo (m)	психолог (м)	[psiholók]
ginecologista (m)	гинеколог (м)	[ginekolók]
cardiologista (m)	кардиолог (м)	[kardiolók]

76. Medicina. Drogas. Acessórios

medicamento (m)	лекарство (с)	[lekárstvo]
remédio (m)	средство (с)	[srétstvo]
receitar (vt)	предпиша	[pretpíʃa]
receita (f)	рецепта (ж)	[retsépta]

comprimido (m)	таблетка (ж)	[tablétka]
unguento (m)	мехлем (м)	[mehlém]
ampola (f)	ампула (ж)	[ampúla]

solução, preparado (m)	микстура (ж)	[mikstúra]
xarope (m)	сироп (м)	[siróp]
cápsula (f)	хапче (с)	[háptʃe]
pó (m)	прах (м)	[prah]

atadura (f)	бинт (м)	[bint]
algodão (m)	памук (м)	[pamúk]
iodo (m)	йод (м)	[jot]

curativo (m) adesivo	пластир (м)	[plastír]
conta-gotas (m)	капкомер (м)	[kapkomér]
termômetro (m)	термометър (м)	[termométər]
seringa (f)	спринцовка (ж)	[sprintsófka]

cadeira (f) de rodas	инвалидна количка (ж)	[invalídna kolítʃka]
muletas (f pl)	патерици (ж мн)	[páteritsi]
analgésico (m)	обезболяващо средство (с)	[obezbolʲávaʃto srétstvo]

laxante (m)	очистително (c)	[otʃistítelno]
álcool (m)	спирт (м)	[spirt]
ervas (f pl) medicinais	билка (ж)	[bílka]
de ervas (chá ~)	билков	[bílkov]

77. Fumar. Produtos tabágicos

tabaco (m)	тютюн (м)	[tʲutʲún]
cigarro (m)	цигара (ж)	[tsigára]
charuto (m)	пура (ж)	[púra]
cachimbo (m)	лула (ж)	[lulá]
maço (~ de cigarros)	кутия (ж)	[kutíja]
fósforos (m pl)	кибрит (м)	[kibrít]
caixa (f) de fósforos	кибритена кутийка (ж)	[kibrítena kutíjka]
isqueiro (m)	запалка (ж)	[zapálka]
cinzeiro (m)	пепелник (м)	[pepelník]
cigarreira (f)	табакера (ж)	[tabakéra]
piteira (f)	мундщук (м)	[mundʃtúk]
filtro (m)	филтър (м)	[fíltər]
fumar (vi, vt)	пуша	[púʃa]
acender um cigarro	запаля	[zapálʲa]
tabagismo (m)	пушене (c)	[púʃene]
fumante (m)	пушач (м)	[puʃátʃ]
bituca (f)	фас (м)	[fas]
fumaça (f)	пушек (м)	[púʃek]
cinza (f)	пепел (ж)	[pépel]

HABITAT HUMANO

Cidade

78. Cidade. Vida na cidade

cidade (f)	град (м)	[grat]
capital (f)	столица (ж)	[stólitsa]
aldeia (f)	село (с)	[sélo]
mapa (m) da cidade	план (м) на града	[plan na gradá]
centro (m) da cidade	център (м) на града	[tséntər na gradá]
subúrbio (m)	предградие (с)	[predgrádie]
suburbano (adj)	крайградски	[krajgrátski]
periferia (f)	покрайнина (ж)	[pokrajniná]
arredores (m pl)	околности (мн)	[okólnosti]
quarteirão (m)	квартал (м)	[kvartál]
quarteirão (m) residencial	жилищен квартал (м)	[ʒíliʃten kvartál]
tráfego (m)	движение (с)	[dviʒénie]
semáforo (m)	светофар (м)	[svetofár]
transporte (m) público	градски транспорт (м)	[grátski transpórt]
cruzamento (m)	кръстовище (с)	[krəstóviʃte]
faixa (f)	зебра (ж)	[zébra]
túnel (m) subterrâneo	подлез (м)	[pódlez]
cruzar, atravessar (vt)	пресичам	[presítʃam]
pedestre (m)	пешеходец (м)	[peʃehódets]
calçada (f)	тротоар (м)	[trotoár]
ponte (f)	мост (м)	[most]
margem (f) do rio	кей (м)	[kej]
fonte (f)	фонтан (м)	[fontán]
alameda (f)	алея (ж)	[aléja]
parque (m)	парк (м)	[park]
bulevar (m)	булевард (м)	[bulevárt]
praça (f)	площад (м)	[ploʃtát]
avenida (f)	авеню (с)	[avenʲú]
rua (f)	улица (ж)	[úlitsa]
travessa (f)	пресечка (ж)	[presétʃka]
beco (m) sem saída	задънена улица (ж)	[zadénena úlitsa]
casa (f)	къща (ж)	[kéʃta]
edifício, prédio (m)	сграда (ж)	[zgráda]
arranha-céu (m)	небостъргач (м)	[nebostərgátʃ]
fachada (f)	фасада (ж)	[fasáda]
telhado (m)	покрив (м)	[pókriv]

janela (f)	прозорец (м)	[prozórets]
arco (m)	арка (ж)	[árka]
coluna (f)	колона (ж)	[kolóna]
esquina (f)	ъгъл (м)	[égəl]

vitrine (f)	витрина (ж)	[vitrína]
letreiro (m)	табела (ж)	[tabéla]
cartaz (do filme, etc.)	афиш (м)	[afíʃ]
cartaz (m) publicitário	постер (м)	[póster]
painel (m) publicitário	билборд (м)	[bilbórt]

lixo (m)	боклук (м)	[boklúk]
lata (f) de lixo	кошче (с)	[kóʃʧe]
jogar lixo na rua	правя боклук	[práv'a boklúk]
aterro (m) sanitário	сметище (с)	[smétiʃte]

orelhão (m)	телефонна будка (ж)	[telefónna bútka]
poste (m) de luz	стълб (м) с фенер	[stəlp s fenér]
banco (m)	пейка (ж)	[péjka]

polícia (m)	полицай (м)	[politsáj]
polícia (instituição)	полиция (ж)	[polítsija]
mendigo, pedinte (m)	сиромах (м)	[siromáh]
desabrigado (m)	бездомник (м)	[bezdómnik]

79. Instituições urbanas

loja (f)	магазин (м)	[magazín]
drogaria (f)	аптека (ж)	[aptéka]
ótica (f)	оптика (ж)	[óptika]
centro (m) comercial	търговски център (м)	[tərgófski tséntər]
supermercado (m)	супермаркет (м)	[supermárket]

padaria (f)	хлебарница (ж)	[hlebárnitsa]
padeiro (m)	фурнаджия (ж)	[furnadʒíja]
pastelaria (f)	сладкарница (ж)	[slatkárnitsa]
mercearia (f)	бакалия (ж)	[bakalíja]
açougue (m)	месарница (ж)	[mesárnitsa]

| fruteira (f) | магазин (м) за плодове и зеленчуци | [magazín za plodové i zelentʃútsi] |
| mercado (m) | пазар (м) | [pazár] |

cafeteria (f)	кафене (с)	[kafené]
restaurante (m)	ресторант (м)	[restoránt]
bar (m)	бирария (ж)	[birárija]
pizzaria (f)	пицария (ж)	[pitsaríja]

salão (m) de cabeleireiro	фризьорски салон (м)	[friz'órski salón]
agência (f) dos correios	поща (ж)	[póʃta]
lavanderia (f)	химическо чистене (с)	[himíʧesko ʧístene]
estúdio (m) fotográfico	фотостудио (с)	[fotostúdio]
sapataria (f)	магазин (м) за обувки	[magazín za obúfki]
livraria (f)	книжарница (ж)	[kniʒárnitsa]

loja (f) de artigos esportivos	магазин (м) за спортни стоки	[magazín za spórtni stóki]
costureira (m)	поправка (ж) на дрехи	[popráfka na dréhi]
aluguel (m) de roupa	дрехи (ж мн) под наем	[dréhi pot náem]
videolocadora (f)	филми (м мн) под наем	[fílmi pot náem]
circo (m)	цирк (м)	[tsirk]
jardim (m) zoológico	зоологическа градина (ж)	[zoologítʃeska gradína]
cinema (m)	кино (с)	[kíno]
museu (m)	музей (м)	[muzéj]
biblioteca (f)	библиотека (ж)	[bibliotéka]
teatro (m)	театър (м)	[teátər]
ópera (f)	опера (ж)	[ópera]
boate (casa noturna)	нощен клуб (м)	[nóʃten klup]
cassino (m)	казино (с)	[kazíno]
mesquita (f)	джамия (ж)	[dʒamíja]
sinagoga (f)	синагога (ж)	[sinagóga]
catedral (f)	катедрала (ж)	[katedrála]
templo (m)	храм (м)	[hram]
igreja (f)	църква (ж)	[tsérkva]
faculdade (f)	институт (м)	[institút]
universidade (f)	университет (м)	[universitét]
escola (f)	училище (с)	[utʃíliʃte]
prefeitura (f)	префектура (ж)	[prefektúra]
câmara (f) municipal	кметство (с)	[kmétstvo]
hotel (m)	хотел (м)	[hotél]
banco (m)	банка (ж)	[bánka]
embaixada (f)	посолство (с)	[posólstvo]
agência (f) de viagens	туристическа агенция (ж)	[turistítʃeska agéntsija]
agência (f) de informações	справки (м мн)	[spráfki]
casa (f) de câmbio	обменно бюро (с)	[obménno bʲúro]
metrô (m)	метро (с)	[metró]
hospital (m)	болница (ж)	[bólnitsa]
posto (m) de gasolina	бензиностанция (ж)	[benzino·stántsija]
parque (m) de estacionamento	паркинг (м)	[párking]

80. Sinais

letreiro (m)	табела (ж)	[tabéla]
aviso (m)	надпис (м)	[nádpis]
cartaz, pôster (m)	постер (м)	[póster]
placa (f) de direção	указател (м)	[ukazátel]
seta (f)	стрелка (ж)	[strelká]
aviso (advertência)	предпазване (с)	[predpázvane]
sinal (m) de aviso	предупреждение (с)	[predupreʒdénie]
avisar, advertir (vt)	предупредя	[predupredʲá]

dia (m) de folga	почивен ден (м)	[potʃíven dén]
horário (~ dos trens, etc.)	разписание (c)	[raspisánie]
horário (m)	работно време (c)	[rabótno vréme]

BEM-VINDOS!	ДОБРЕ ДОШЛИ!	[dobré doʃlí]
ENTRADA	ВХОД	[vhot]
SAÍDA	ИЗХОД	[íshot]

EMPURRE	БУТНИ	[butní]
PUXE	ДРЪПНИ	[drəpní]
ABERTO	ОТВОРЕНО	[otvóreno]
FECHADO	ЗАТВОРЕНО	[zatvóreno]

| MULHER | ЖЕНИ | [ʒení] |
| HOMEM | МЪЖЕ | [məʒé] |

DESCONTOS	НАМАЛЕНИЕ	[namalénie]
SALDOS, PROMOÇÃO	РАЗПРОДАЖБА	[rasprodáʒba]
NOVIDADE!	НОВА СТОКА	[nóva stóka]
GRÁTIS	БЕЗПЛАТНО	[besplátno]

ATENÇÃO!	ВНИМАНИЕ!	[vnimánie]
NÃO HÁ VAGAS	НЯМА СВОБОДНИ МЕСТА	[nʲáma svobódni mestá]
RESERVADO	РЕЗЕРВИРАНО	[rezervírano]

ADMINISTRAÇÃO	АДМИНИСТРАЦИЯ	[administrátsija]
SOMENTE PESSOAL	ЗАБРАНЕНО	[zabráneno
AUTORIZADO	ЗА ВЪНШНИ ЛИЦА	za venʃni lítsa]

CUIDADO CÃO FEROZ	ЗЛО КУЧЕ	[zlo kútʃe]
PROIBIDO FUMAR!	ПУШЕНЕТО ЗАБРАНЕНО!	[puʃenéto zabráneno]
NÃO TOCAR	НЕ ПИПАЙ!	[ne pípaj]

PERIGOSO	ОПАСНО	[opásno]
PERIGO	ОПАСНОСТ	[opásnost]
ALTA TENSÃO	ВИСОКО НАПРЕЖЕНИЕ	[visóko napreʒénie]
PROIBIDO NADAR	КЪПАНЕТО ЗАБРАНЕНО	[képaneto zabranéno]
COM DEFEITO	НЕ РАБОТИ	[ne rabóti]

INFLAMÁVEL	ОГНЕОПАСНО	[ogneopásno]
PROIBIDO	ЗАБРАНЕНО	[zabranéno]
ENTRADA PROIBIDA	МИНАВАНЕТО ЗАБРАНЕНО	[minávaneto zabranéno]
CUIDADO TINTA FRESCA	ПАЗИ СЕ ОТ БОЯТА	[pazi se ot bojáta]

81. Transportes urbanos

ônibus (m)	автобус (м)	[aftobús]
bonde (m) elétrico	трамвай (м)	[tramváj]
trólebus (m)	тролей (м)	[troléj]
rota (f), itinerário (m)	маршрут (м)	[marʃrút]
número (m)	номер (м)	[nómer]
ir de ... (carro, etc.)	пътувам с ...	[pətúvam s]
entrar no ...	качвам се в ...	[kátʃvam se v]

descer do …	сляза от …	[slʲáza ot]
parada (f)	спирка (ж)	[spírka]
próxima parada (f)	следваща спирка (ж)	[slédvaʃta spírka]
terminal (m)	последна спирка (ж)	[poslédna spírka]
horário (m)	разписание (c)	[raspisánie]
esperar (vt)	чакам	[tʃákam]
passagem (f)	билет (м)	[bilét]
tarifa (f)	цена (ж) на билета	[tsená na biléta]
bilheteiro (m)	касиер (м)	[kasiér]
controle (m) de passagens	контрола (ж)	[kontróla]
revisor (m)	контрольор (м)	[kontrolʲór]
atrasar-se (vr)	закъснявам	[zakəsnʲávam]
perder (o autocarro, etc.)	закъснея за …	[zakəsnéja za]
estar com pressa	бързам	[bérzam]
táxi (m)	такси (c)	[taksí]
taxista (m)	таксиметров шофьор (м)	[taksimétrof ʃofʲór]
de táxi (ir ~)	с такси	[s taksí]
ponto (m) de táxis	пиаца (ж) на такси	[piátsa na taksí]
chamar um táxi	извикам такси	[izvíkam taksí]
pegar um táxi	взема такси	[vzéma taksí]
tráfego (m)	улично движение (c)	[úlitʃno dviʒénie]
engarrafamento (m)	задръстване (c)	[zadréstvane]
horas (f pl) de pico	час пик (м)	[tʃas pík]
estacionar (vi)	паркирам се	[parkíram se]
estacionar (vt)	паркирам	[párkiram]
parque (m) de estacionamento	паркинг (м)	[párking]
metrô (m)	метро (c)	[metró]
estação (f)	станция (ж)	[stántsija]
ir de metrô	пътувам с метро	[pətúvam s metró]
trem (m)	влак (м)	[vlak]
estação (f) de trem	гара (ж)	[gára]

82. Turismo

monumento (m)	паметник (м)	[pámetnik]
fortaleza (f)	крепост (ж)	[krépost]
palácio (m)	дворец (м)	[dvoréts]
castelo (m)	замък (м)	[zámək]
torre (f)	кула (ж)	[kúla]
mausoléu (m)	мавзолей (м)	[mavzoléj]
arquitetura (f)	архитектура (ж)	[arhitektúra]
medieval (adj)	средновековен	[srednovekóven]
antigo (adj)	старинен	[starínen]
nacional (adj)	национален	[natsionálen]
famoso, conhecido (adj)	известен	[izvésten]
turista (m)	турист (м)	[turíst]
guia (pessoa)	гид (м)	[git]

excursão (f)	екскурзия (ж)	[ekskúrzija]
mostrar (vt)	показвам	[pokázvam]
contar (vt)	разказвам	[raskázvam]

encontrar (vt)	намеря	[namérʲa]
perder-se (vr)	загубя се	[zagúbʲa se]
mapa (~ do metrô)	схема (ж)	[shéma]
mapa (~ da cidade)	план (м)	[plan]

lembrança (f), presente (m)	сувенир (м)	[suvenír]
loja (f) de presentes	сувенирен магазин (м)	[suveníren magazín]
tirar fotos, fotografar	снимам	[snímam]
fotografar-se (vr)	снимам се	[snímam se]

83. Compras

comprar (vt)	купувам	[kupúvam]
compra (f)	покупка (ж)	[pokúpka]
fazer compras	пазарувам	[pazarúvam]
compras (f pl)	пазаруване (с)	[pazarúvane]

estar aberta (loja)	работя	[rabótʲa]
estar fechada	затваря се	[zatvárʲa se]

calçado (m)	обувки (ж мн)	[obúfki]
roupa (f)	облекло (с)	[oblekló]
cosméticos (m pl)	козметика (ж)	[kozmétika]
alimentos (m pl)	продукти (м мн)	[prodúkti]
presente (m)	подарък (м)	[podárək]

vendedor (m)	продавач (м)	[prodavátʃ]
vendedora (f)	продавачка (ж)	[prodavátʃka]

caixa (f)	каса (ж)	[kása]
espelho (m)	огледало (с)	[ogledálo]
balcão (m)	щанд (м)	[ʃtant]
provador (m)	пробна (ж)	[próbna]

provar (vt)	пробвам	[próbvam]
servir (roupa, caber)	подхождам	[podhóʒdam]
gostar (apreciar)	харесвам	[harésvam]

preço (m)	цена (ж)	[tsená]
etiqueta (f) de preço	етикет (м)	[etikét]
custar (vt)	струвам	[strúvam]
Quanto?	Колко?	[kólko]
desconto (m)	намаление (с)	[namalénie]

não caro (adj)	нескъп	[neskə́p]
barato (adj)	евтин	[éftin]
caro (adj)	скъп	[skəp]
É caro	Това е скъпо	[tová e sképo]
aluguel (m)	под наем (м)	[pot náem]
alugar (roupas, etc.)	взимам под наем	[vzímam pot náem]

| crédito (m) | кредит (м) | [krédit] |
| a crédito | на кредит | [na krédit] |

84. Dinheiro

dinheiro (m)	пари (мн)	[parí]
câmbio (m)	обмяна (ж)	[obmʲána]
taxa (f) de câmbio	курс (м)	[kurs]
caixa (m) eletrônico	банкомат (м)	[bankomát]
moeda (f)	монета (ж)	[monéta]

| dólar (m) | долар (м) | [dólar] |
| euro (m) | евро (с) | [évro] |

lira (f)	лира (ж)	[líra]
marco (m)	марка (ж)	[márka]
franco (m)	франк (м)	[frank]
libra (f) esterlina	британска лира (ж)	[británska líra]
iene (m)	йена (ж)	[jéna]

dívida (f)	дълг (м)	[dəlk]
devedor (m)	длъжник (м)	[dləʒník]
emprestar (vt)	давам на заем	[dávam na záem]
pedir emprestado	взема на заем	[vzéma na záem]

banco (m)	банка (ж)	[bánka]
conta (f)	сметка (ж)	[smétka]
depositar (vt)	депозирам	[depozíram]
depositar na conta	внеса в сметка	[vnesá v smétka]
sacar (vt)	тегля от сметката	[téglʲa ot smétkata]

cartão (m) de crédito	кредитна карта (ж)	[kréditna kárta]
dinheiro (m) vivo	налични пари (мн)	[nalíʧni parí]
cheque (m)	чек (м)	[ʧek]
passar um cheque	подпиша чек	[potpíʃa ʧek]
talão (m) de cheques	чекова книжка (ж)	[ʧékova kníʃka]

carteira (f)	портфейл (м)	[portféjl]
niqueleira (f)	портмоне (с)	[portmoné]
cofre (m)	сейф (м)	[sejf]

herdeiro (m)	наследник (м)	[naslédnik]
herança (f)	наследство (с)	[naslétstvo]
fortuna (riqueza)	състояние (с)	[səstojánie]

arrendamento (m)	наем (м)	[náem]
aluguel (pagar o ~)	наем (м)	[náem]
alugar (vt)	наемам	[naémam]

preço (m)	цена (ж)	[tsená]
custo (m)	стойност (ж)	[stójnost]
soma (f)	сума (ж)	[súma]
gastar (vt)	харча	[hárʧa]
gastos (m pl)	разходи (м мн)	[ráshodi]

economizar (vi)	пестя	[pestⁱá]
econômico (adj)	пестелив	[pestelíf]
pagar (vt)	плащам	[plájtam]
pagamento (m)	плащане (c)	[plájtane]
troco (m)	ресто (c)	[résto]
imposto (m)	данък (м)	[dánək]
multa (f)	глоба (ж)	[glóba]
multar (vt)	глобявам	[globⁱávam]

85. Correios. Serviço postal

agência (f) dos correios	поща (ж)	[pójta]
correio (m)	поща (ж)	[pójta]
carteiro (m)	пощальон (м)	[pojtalⁱón]
horário (m)	работно време (c)	[rabótno vréme]
carta (f)	писмо (c)	[pismó]
carta (f) registada	препоръчано писмо (c)	[preporétʃano pismó]
cartão (m) postal	картичка (ж)	[kártitʃka]
telegrama (m)	телеграма (ж)	[telegráma]
encomenda (f)	колет (м)	[kolét]
transferência (f) de dinheiro	паричен превод (м)	[parítʃen prévot]
receber (vt)	получа	[polútʃa]
enviar (vt)	изпратя	[isprátⁱa]
envio (m)	изпращане (c)	[ispráʃtane]
endereço (m)	адрес (м)	[adrés]
código (m) postal	пощенски код (м)	[pójtenski kot]
remetente (m)	подател (м)	[podátel]
destinatário (m)	получател (м)	[polutʃátel]
nome (m)	име (c)	[íme]
sobrenome (m)	фамилия (ж)	[famílija]
tarifa (f)	тарифа (ж)	[tarífa]
ordinário (adj)	обикновен	[obiknovén]
econômico (adj)	икономичен	[ikonomítʃen]
peso (m)	тегло (c)	[tegló]
pesar (estabelecer o peso)	претеглям	[pretéglⁱam]
envelope (m)	плик (м)	[plik]
selo (m) postal	марка (ж)	[márka]

Moradia. Casa. Lar

86. Casa. Habitação

casa (f)	къща (ж)	[kéʃta]
em casa	вкъщи	[fkéʃti]
pátio (m), quintal (f)	двор (м)	[dvor]
cerca, grade (f)	ограда (ж)	[ográda]

tijolo (m)	тухла (ж)	[túhla]
de tijolos	тухлен	[túhlen]
pedra (f)	камък (м)	[kámək]
de pedra	каменен	[kámenen]
concreto (m)	бетон (м)	[betón]
concreto (adj)	бетонен	[betónen]

novo (adj)	нов	[nov]
velho (adj)	стар	[star]
decrépito (adj)	вехт	[veht]
moderno (adj)	съвременен	[səvrémenen]
de vários andares	многоетажен	[mnogoetáʒen]
alto (adj)	висок	[visók]

| andar (m) | етаж (м) | [etáʃ] |
| de um andar | едноетажен | [ednoetáʒen] |

| térreo (m) | долен етаж (м) | [dólen etáʃ] |
| andar (m) de cima | горен етаж (м) | [góren etáʃ] |

| telhado (m) | покрив (м) | [pókriv] |
| chaminé (f) | тръба (ж) | [trəbá] |

telha (f)	керемида (ж)	[keremída]
de telha	керемиден	[keremíden]
sótão (m)	таван (м)	[taván]

| janela (f) | прозорец (м) | [prozórets] |
| vidro (m) | стъкло (с) | [stəkló] |

| parapeito (m) | перваз (м) за прозорец | [pervás za prozórets] |
| persianas (f pl) | капаци (м мн) | [kapátsi] |

parede (f)	стена (ж)	[stená]
varanda (f)	балкон (м)	[balkón]
calha (f)	улук (м)	[ulúk]

em cima	горе	[góre]
subir (vi)	качвам се	[kátʃvam se]
descer (vi)	слизам	[slízam]
mudar-se (vr)	премествам се	[preméstvam se]

87. Casa. Entrada. Elevador

entrada (f)	вход (м)	[vhot]
escada (f)	стълба (ж)	[stélba]
degraus (m pl)	стъпала (с мн)	[stəpála]
corrimão (m)	парапет (м)	[parapét]
hall (m) de entrada	хол (м)	[hol]
caixa (f) de correio	пощенска кутия (ж)	[póʃtenska kutíja]
lata (f) do lixo	контейнер (м) за отпадъци	[kontéjner za otpádətsi]
calha (f) de lixo	шахта (ж) за боклук	[ʃáhta za boklúk]
elevador (m)	асансьор (м)	[asansʲór]
elevador (m) de carga	товарен асансьор (м)	[továren asansʲór]
cabine (f)	кабина (ж)	[kabína]
pegar o elevador	возя се в асансьора	[vózʲa se v asansʲóra]
apartamento (m)	апартамент (м)	[apartamént]
residentes (pl)	живущи (м мн)	[ʒivúʃti]
vizinho (m)	съсед (м)	[səsét]
vizinha (f)	съседка (ж)	[səsétka]
vizinhos (pl)	съседи (м мн)	[səsédi]

88. Casa. Eletricidade

eletricidade (f)	електричество (с)	[elektrítʃestvo]
lâmpada (f)	крушка (ж)	[krúʃka]
interruptor (m)	изключвател (м)	[izklʲutʃvátel]
fusível, disjuntor (m)	бушон (м)	[buʃón]
fio, cabo (m)	кабел (м)	[kábel]
instalação (f) elétrica	инсталация (ж)	[instalátsija]
medidor (m) de eletricidade	електромер (м)	[elektromér]
indicação (f), registro (m)	показание (с)	[pokazánie]

89. Casa. Portas. Fechaduras

porta (f)	врата (ж)	[vratá]
portão (m)	порта (ж)	[pórta]
maçaneta (f)	дръжка (ж)	[dréʃka]
destrancar (vt)	отключа	[otklʲútʃa]
abrir (vt)	отварям	[otvárʲam]
fechar (vt)	затварям	[zatvárʲam]
chave (f)	ключ (м)	[klʲutʃ]
molho (m)	връзка (ж)	[vréska]
ranger (vi)	скърцам	[skértsam]
rangido (m)	скърцане (с)	[skértsane]
dobradiça (f)	панта (ж)	[pánta]
capacho (m)	килимче (с)	[kilímtʃe]
fechadura (f)	брава (ж)	[bráva]

buraco (m) da fechadura	ключалка (ж)	[klʲutʃálka]
barra (f)	резе (с)	[rezé]
fecho (ferrolho pequeno)	резе (с)	[rezé]
cadeado (m)	катинар (м)	[katinár]

tocar (vt)	звъня	[zvənʲá]
toque (m)	звънец (м)	[zvənéts]
campainha (f)	звънец (м)	[zvənéts]
botão (m)	бутон (м)	[butón]
batida (f)	чукане (с)	[tʃúkane]
bater (vi)	чукам	[tʃúkam]

código (m)	код (м)	[kot]
fechadura (f) de código	брава (ж) с код	[bráva s kot]
interfone (m)	домофон (м)	[domofón]
número (m)	номер (м)	[nómer]
placa (f) de porta	табелка (ж)	[tabélka]
olho (m) mágico	шпионка (ж)	[ʃpiónka]

90. Casa de campo

aldeia (f)	село (с)	[sélo]
horta (f)	зеленчукова градина (ж)	[zelentʃúkova gradína]
cerca (f)	ограда (ж)	[ográda]
cerca (f) de piquete	плет (м)	[plet]
portão (f) do jardim	вратичка (ж) на ограда	[vratítʃka na ográda]

celeiro (m)	хамбар (м)	[hambár]
adega (f)	мазе (с)	[mazé]
galpão, barracão (m)	плевня (ж)	[plévnʲa]
poço (m)	кладенец (м)	[kládenets]

fogão (m)	печка (ж)	[pétʃka]
atiçar o fogo	паля	[pálʲa]
lenha (carvão ou ~)	дърва (мн)	[dərvá]
acha, lenha (f)	цепеница (ж)	[tsépenitsa]

varanda (f)	веранда (ж)	[veránda]
alpendre (m)	тераса (ж)	[terása]
degraus (m pl) de entrada	стъпала (с мн)	[stəpála]
balanço (m)	люлка (ж)	[lʲúlka]

91. Moradia. Mansão

casa (f) de campo	извънградска къща (ж)	[izvəngrátska kéʃta]
vila (f)	вила (ж)	[víla]
ala (~ do edifício)	крило (с)	[kriló]

jardim (m)	градина (ж)	[gradína]
parque (m)	парк (м)	[park]
estufa (f)	оранжерия (ж)	[oranʒérija]
cuidar de …	грижа се	[gríʒa se]

piscina (f)	басейн (м)	[baséjn]
academia (f) de ginástica	спортна зала (ж)	[spórtna zála]
quadra (f) de tênis	тенис корт (м)	[ténis kort]
cinema (m)	кинотеатър (м)	[kinoteátər]
garagem (f)	гараж (м)	[garáʒ]

| propriedade (f) privada | частна собственост (ж) | [tʃásna sópstvenost] |
| terreno (m) privado | частни владения (с мн) | [tʃásni vladénija] |

| advertência (f) | предупреждение (с) | [predupreʒdénie] |
| sinal (m) de aviso | предупредителен надпис (м) | [predupredítelen nátpis] |

guarda (f)	охрана (ж)	[ohrána]
guarda (m)	охранител (м)	[ohranítel]
alarme (m)	сигнализация (ж)	[signalizátsija]

92. Castelo. Palácio

castelo (m)	замък (м)	[zámək]
palácio (m)	дворец (м)	[dvoréts]
fortaleza (f)	крепост (ж)	[krépost]
muralha (f)	стена (ж)	[stená]
torre (f)	кула (ж)	[kúla]
calabouço (m)	главна кула (ж)	[glávna kúla]

grade (f) levadiça	подемна врата (ж)	[podémna vratá]
passagem (f) subterrânea	подземен проход (м)	[podzémen próhot]
fosso (m)	ров (м)	[rov]
corrente, cadeia (f)	верига (ж)	[veríga]
seteira (f)	бойница (ж)	[bojnítsa]

magnífico (adj)	великолепен	[velikolépen]
majestoso (adj)	величествен	[velítʃestven]
inexpugnável (adj)	непристъпен	[nepristépen]
medieval (adj)	средновековен	[srednovekóven]

93. Apartamento

apartamento (m)	апартамент (м)	[apartamént]
quarto, cômodo (m)	стая (ж)	[stája]
quarto (m) de dormir	спалня (ж)	[spálnia]
sala (f) de jantar	столова (ж)	[stolová]
sala (f) de estar	гостна (ж)	[góstna]
escritório (m)	кабинет (м)	[kabinét]

sala (f) de entrada	антре (с)	[antré]
banheiro (m)	баня (ж)	[bánia]
lavabo (m)	тоалетна (ж)	[toalétna]
teto (m)	таван (м)	[taván]
chão, piso (m)	под (м)	[pot]
canto (m)	ъгъл (м)	[ə́gəl]

94. Apartamento. Limpeza

arrumar, limpar (vt)	подреждам	[podréʒdam]
pó (m)	прах (м)	[prah]
empoeirado (adj)	прашен	[práʃen]
tirar o pó	изтривам прах	[istrívam prah]
aspirador (m)	прахосмукачка (ж)	[praho·smukátʃka]
aspirar (vt)	почиствам	[potʃístvam
	с прахосмукачка	s praho·smukátʃka]

varrer (vt)	мета	[metá]
sujeira (f)	боклук (м)	[boklúk]
arrumação, ordem (f)	ред (м)	[ret]
desordem (f)	безпорядък (м)	[bespor·ádək]

esfregão (m)	четка (ж) за под	[tʃétka za pot]
pano (m), trapo (m)	парцал (м)	[partsál]
vassoura (f)	метла (ж)	[metlá]
pá (f) de lixo	лопатка (ж) за боклук	[lopátka za boklúk]

95. Mobiliário. Interior

mobiliário (m)	мебели (мн)	[mébeli]
mesa (f)	маса (ж)	[mása]
cadeira (f)	стол (м)	[stol]
cama (f)	легло (с)	[legló]
sofá, divã (m)	диван (м)	[diván]
poltrona (f)	фотьойл (м)	[fot·ójl]

estante (f)	книжен шкаф (м)	[kníʒen ʃkaf]
prateleira (f)	рафт (м)	[raft]

guarda-roupas (m)	гардероб (м)	[garderóp]
cabide (m) de parede	закачалка (ж)	[zakatʃálka]
cabideiro (m) de pé	закачалка (ж)	[zakatʃálka]

cômoda (f)	скрин (м)	[skrin]
mesinha (f) de centro	малка масичка (ж)	[málka másitʃka]

espelho (m)	огледало (с)	[ogledálo]
tapete (m)	килим (м)	[kilím]
tapete (m) pequeno	килимче (с)	[kilímtʃe]

lareira (f)	камина (ж)	[kamína]
vela (f)	свещ (м)	[sveʃt]
castiçal (m)	свещник (м)	[svéʃtnik]

cortinas (f pl)	пердета (с мн)	[perdéta]
papel (m) de parede	тапети (м мн)	[tapéti]
persianas (f pl)	щора (ж)	[ʃtóra]

luminária (f) de mesa	лампа (ж) за маса	[lámpa za mása]
luminária (f) de parede	светилник (м)	[svetílnik]

abajur (m) de pé	лампион (м)	[lampión]
lustre (m)	полилей (м)	[poliléj]
pé (de mesa, etc.)	крак (м)	[krak]
braço, descanso (m)	подлакътник (м)	[podlákətnik]
costas (f pl)	облегалка (ж)	[oblegálka]
gaveta (f)	чекмедже (с)	[tʃekmedʒé]

96. Quarto de dormir

roupa (f) de cama	спално бельо (с)	[spálno belʲó]
travesseiro (m)	възглавница (ж)	[vəzglávnitsa]
fronha (f)	калъфка (ж)	[kaléfka]
cobertor (m)	одеяло (с)	[odejálo]
lençol (m)	чаршаф (м)	[tʃarʃáf]
colcha (f)	завивка (ж)	[zavífka]

97. Cozinha

cozinha (f)	кухня (ж)	[kúhnʲa]
gás (m)	газ (м)	[gas]
fogão (m) a gás	газова печка (ж)	[gázova pétʃka]
fogão (m) elétrico	електрическа печка (ж)	[elektrítʃeska pétʃka]
forno (m)	фурна (ж)	[fúrna]
forno (m) de micro-ondas	микровълнова печка (ж)	[mikrovélnova pétʃka]
geladeira (f)	хладилник (м)	[hladílnik]
congelador (m)	фризер (м)	[frízer]
máquina (f) de lavar louça	съдомиялна машина (ж)	[sədomijálna maʃína]
moedor (m) de carne	месомелачка (ж)	[meso·melátʃka]
espremedor (m)	сокоизстисквачка (ж)	[soko·isstiskvátʃka]
torradeira (f)	тостер (м)	[tóster]
batedeira (f)	миксер (м)	[míkser]
máquina (f) de café	кафеварка (ж)	[kafevárka]
cafeteira (f)	кафеник (м)	[kafeník]
moedor (m) de café	кафемелачка (ж)	[kafe·melátʃka]
chaleira (f)	чайник (м)	[tʃájnik]
bule (m)	чайник (м)	[tʃájnik]
tampa (f)	капачка (ж)	[kapátʃka]
coador (m) de chá	цедка (ж)	[tsétka]
colher (f)	лъжица (ж)	[ləʒítsa]
colher (f) de chá	чаена лъжица (ж)	[tʃáena ləʒítsa]
colher (f) de sopa	супена лъжица (ж)	[súpena ləʒítsa]
garfo (m)	вилица (ж)	[vílitsa]
faca (f)	нож (м)	[noʒ]
louça (f)	съдове (м мн)	[sédove]
prato (m)	чиния (ж)	[tʃiníja]

pires (m)	малка чинийка (ж)	[málka tʃiníjka]
cálice (m)	чашка (ж)	[tʃáʃka]
copo (m)	чаша (ж)	[tʃáʃa]
xícara (f)	чаша (ж)	[tʃáʃa]

açucareiro (m)	захарница (ж)	[zaharnítsa]
saleiro (m)	солница (ж)	[solnítsa]
pimenteiro (m)	пиперница (ж)	[pipérnitsa]
manteigueira (f)	съд (м) за краве масло	[sət za kráve masló]

panela (f)	тенджера (ж)	[téndʒera]
frigideira (f)	тиган (м)	[tigán]
concha (f)	черпак (м)	[tʃerpák]
coador (m)	гевгир (м)	[gevgír]
bandeja (f)	табла (ж)	[tábla]

garrafa (f)	бутилка (ж)	[butílka]
pote (m) de vidro	буркан (м)	[burkán]
lata (~ de cerveja)	тенекия (ж)	[tenekíja]

abridor (m) de garrafa	отварачка (ж)	[otvarátʃka]
abridor (m) de latas	отварачка (ж)	[otvarátʃka]
saca-rolhas (m)	тирбушон (м)	[tirbuʃón]
filtro (m)	филтър (м)	[fíltər]
filtrar (vt)	филтрирам	[filtríram]

| lixo (m) | боклук (м) | [boklúk] |
| lixeira (f) | кофа (ж) за боклук | [kófa za boklúk] |

98. Casa de banho

banheiro (m)	баня (ж)	[bánʲa]
água (f)	вода (ж)	[vodá]
torneira (f)	смесител (м)	[smesítel]
água (f) quente	топла вода (ж)	[tópla vodá]
água (f) fria	студена вода (ж)	[studéna vodá]

pasta (f) de dente	паста (ж) за зъби	[pásta za zébi]
escovar os dentes	мия си зъбите	[míja si zébite]
escova (f) de dente	четка (ж) за зъби	[tʃétka za zébi]

barbear-se (vr)	бръсна се	[brésna se]
espuma (f) de barbear	пяна (ж) за бръснене	[pʲána za brésnene]
gilete (f)	бръснач (м)	[brəsnátʃ]

lavar (vt)	мия	[míja]
tomar banho	мия се	[míja se]
chuveiro (m), ducha (f)	душ (м)	[duʃ]
tomar uma ducha	вземам душ	[vzémam duʃ]

banheira (f)	вана (ж)	[vána]
vaso (m) sanitário	тоалетна чиния (ж)	[toalétna tʃiníja]
pia (f)	мивка (ж)	[mífka]
sabonete (m)	сапун (м)	[sapún]

saboneteira (f)	сапуниерка (ж)	[sapuniérka]
esponja (f)	гъба (ж)	[géba]
xampu (m)	шампоан (м)	[ʃampoán]
toalha (f)	кърпа (ж)	[kérpa]
roupão (m) de banho	хавлиен халат (м)	[havlíen halát]
lavagem (f)	пране (с)	[prané]
lavadora (f) de roupas	перална машина (ж)	[perálna maʃína]
lavar a roupa	пера	[perá]
detergente (m)	прах (м) за пране	[prah za prané]

99. Eletrodomésticos

televisor (m)	телевизор (м)	[televízor]
gravador (m)	касетофон (м)	[kasetofón]
videogravador (m)	видео (с)	[vídeo]
rádio (m)	радиоприемник (м)	[radio·priémnik]
leitor (m)	плейър (м)	[pléər]
projetor (m)	прожекционен апарат (м)	[proʒektsiónen aparát]
cinema (m) em casa	домашно кино (с)	[domáʃno kíno]
DVD Player (m)	DVD плейър (м)	[dividí pléər]
amplificador (m)	усилвател (м)	[usilvátel]
console (f) de jogos	игрова приставка (ж)	[igrová pristáfka]
câmera (f) de vídeo	видеокамера (ж)	[video·kámera]
máquina (f) fotográfica	фотоапарат (м)	[fotoaparát]
câmera (f) digital	цифров фотоапарат (м)	[tsífrov fotoaparát]
aspirador (m)	прахосмукачка (ж)	[praho·smukátʃka]
ferro (m) de passar	ютия (ж)	[jutíja]
tábua (f) de passar	дъска (ж) за гладене	[dəská za gládene]
telefone (m)	телефон (м)	[telefón]
celular (m)	мобилен телефон (м)	[mobílen telefón]
máquina (f) de escrever	пишеща машинка (ж)	[píʃeʃta maʃínka]
máquina (f) de costura	шевна машина (ж)	[ʃévna maʃína]
microfone (m)	микрофон (м)	[mikrofón]
fone (m) de ouvido	слушалки (ж мн)	[sluʃálki]
controle remoto (m)	пулт (м)	[pult]
CD (m)	CD диск (м)	[sidí disk]
fita (f) cassete	касета (ж)	[kaséta]
disco (m) de vinil	плоча (ж)	[plótʃa]

100. Reparações. Renovação

renovação (f)	ремонт (м)	[remónt]
renovar (vt), fazer obras	правя ремонт	[právʲa remónt]
reparar (vt)	ремонтирам	[remontíram]
consertar (vt)	подреждам	[podréʒdam]

refazer (vt)	преправям	[prepráviam]
tinta (f)	боя (ж)	[bojá]
pintar (vt)	боядисвам	[bojadísvam]
pintor (m)	бояджия (м)	[bojadʒíja]
pincel (m)	четка (ж)	[t͡ʃétka]
cal (f)	вар (ж)	[var]
caiar (vt)	варосвам	[varósvam]
papel (m) de parede	тапети (м мн)	[tapéti]
colocar papel de parede	слагам тапети	[slágam tapéti]
verniz (m)	лак (м)	[lak]
envernizar (vt)	лакирам	[lakíram]

101. Canalizações

água (f)	вода (ж)	[vodá]
água (f) quente	топла вода (ж)	[tópla vodá]
água (f) fria	студена вода (ж)	[studéna vodá]
torneira (f)	смесител (м)	[smesítel]
gota (f)	капка (ж)	[kápka]
gotejar (vi)	капя	[kápia]
vazar (vt)	тека	[teká]
vazamento (m)	теч (ж)	[tet͡ʃ]
poça (f)	локва (ж)	[lókva]
tubo (m)	тръба (ж)	[trəbá]
válvula (f)	вентил (м)	[véntil]
entupir-se (vr)	запуша се	[zapúʃa se]
ferramentas (f pl)	инструменти (м мн)	[instruménti]
chave (f) inglesa	раздвижен ключ (м)	[razdvíʒen kliut͡ʃ]
desenroscar (vt)	отвъртам	[otvértam]
enroscar (vt)	завъртам	[zavértam]
desentupir (vt)	отпушвам	[otpúʃvam]
encanador (m)	водопроводчик (м)	[vodoprovótt͡ʃik]
porão (m)	мазе (с)	[mazé]
rede (f) de esgotos	канализация (ж)	[kanalizátsija]

102. Fogo. Deflagração

incêndio (m)	огън (м)	[ógən]
chama (f)	пламък (м)	[plámək]
faísca (f)	искра (ж)	[iskrá]
fumaça (f)	пушек (м)	[púʃek]
tocha (f)	факел (м)	[fákel]
fogueira (f)	клада (ж)	[kláda]
gasolina (f)	бензин (м)	[benzín]
querosene (m)	газ (м)	[gas]

inflamável (adj)	горивен	[goríven]
explosivo (adj)	взривоопасен	[vzrivoopásen]
PROIBIDO FUMAR!	ПУШЕНЕТО ЗАБРАНЕНО!	[puʃenéto zabráneno]

segurança (f)	безопасност (ж)	[bezopásnost]
perigo (m)	опасност (ж)	[opásnost]
perigoso (adj)	опасен	[opásen]

incendiar-se (vr)	запаля се	[zapálʲa se]
explosão (f)	експлозия (ж)	[eksplózija]
incendiar (vt)	подпаля	[podpálʲa]
incendiário (m)	подпалвач (м)	[podpalvátʃ]
incêndio (m) criminoso	подпалване (с)	[podpálvane]

flamejar (vi)	пламтя	[plamtʲá]
queimar (vi)	горя	[gorʲá]
queimar tudo (vi)	изгоря	[izgorʲá]

bombeiro (m)	пожарникар (м)	[poʒarnikár]
caminhão (m) de bombeiros	пожарна кола (ж)	[poʒárna kolá]
corpo (m) de bombeiros	пожарен екип (м)	[poʒáren ekíp]
escada (f) extensível	пожарна стълба (ж)	[poʒárna stélba]

mangueira (f)	маркуч (м)	[markútʃ]
extintor (m)	пожарогасител (м)	[poʒarogasítel]
capacete (m)	каска (ж)	[káska]
sirene (f)	сирена (ж)	[siréna]

gritar (vi)	викам	[víkam]
chamar por socorro	викам за помощ	[víkam za pómoʃt]
socorrista (m)	спасител (м)	[spasítel]
salvar, resgatar (vt)	спасявам	[spasʲávam]

chegar (vi)	пристигна	[pristígna]
apagar (vt)	загасявам	[zagasʲávam]
água (f)	вода (ж)	[vodá]
areia (f)	пясък (м)	[pʲásək]

ruínas (f pl)	руини (мн)	[ruiní]
ruir (vi)	рухна	[rúhna]
desmoronar (vi)	срутя се	[srútʲa se]
desabar (vi)	съборя се	[səbórʲa se]

| fragmento (m) | отломка (ж) | [otlómka] |
| cinza (f) | пепел (ж) | [pépel] |

| sufocar (vi) | задуша се | [zaduʃá se] |
| perecer (vi) | загина | [zagína] |

ATIVIDADES HUMANAS

Emprego. Negócios. Parte 1

103. Escritório. O trabalho no escritório

escritório (~ de advogados)	офис (м)	[ófis]
escritório (do diretor, etc.)	кабинет (м)	[kabinét]
recepção (f)	рецепция (ж)	[retséptsija]
secretário (m)	секретар (м)	[sekretár]
diretor (m)	директор (м)	[diréktor]
gerente (m)	мениджър (м)	[ménidʒər]
contador (m)	счетоводител (м)	[stʃetovodítel]
empregado (m)	сътрудник (м)	[sətrúdnik]
mobiliário (m)	мебели (мн)	[mébeli]
mesa (f)	маса (ж)	[mása]
cadeira (f)	фотьойл (м)	[fotʲójl]
gaveteiro (m)	шкафче (с)	[ʃkáftʃe]
cabideiro (m) de pé	закачалка (ж)	[zakatʃálka]
computador (m)	компютър (м)	[kompʲútər]
impressora (f)	принтер (м)	[prínter]
fax (m)	факс (м)	[faks]
fotocopiadora (f)	ксерокс (м)	[kséroks]
papel (m)	хартия (ж)	[hartíja]
artigos (m pl) de escritório	канцеларски материали (ж мн)	[kantselárski materiáli]
tapete (m) para mouse	подложка (ж) за мишка	[podlóʃka za míʃka]
folha (f)	лист (м)	[list]
catálogo (m)	каталог (м)	[katalók]
lista (f) telefônica	справочник (м)	[spravótʃnik]
documentação (f)	документация (ж)	[dokumentátsija]
brochura (f)	брошура (ж)	[broʃúra]
panfleto (m)	листовка (ж)	[listófka]
amostra (f)	образец (м)	[obrazéts]
formação (f)	тренинг (м)	[tréning]
reunião (f)	съвещание (с)	[səveʃtánie]
hora (f) de almoço	обедна почивка (ж)	[óbedna potʃífka]
fazer uma cópia	ксерокопирам	[kserokopíram]
tirar cópias	размножа	[razmnoʒá]
receber um fax	получавам факс	[polutʃávam faks]
enviar um fax	изпращам факс	[ispráʃtam faks]
fazer uma chamada	обаждам се	[obáʒdam se]

| responder (vt) | отговоря | [otgovór¡a] |
| passar (vt) | свържа | [svérʒa] |

marcar (vt)	назначавам	[naznatʃávam]
demonstrar (vt)	демонстрирам	[demonstríram]
estar ausente	отсъствам	[otséstvam]
ausência (f)	отсъствие (c)	[otséstvie]

104. Processos negociais. Parte 1

negócio (m)	дело (c), бизнес (м)	[délo], [bíznes]
firma, empresa (f)	фирма (ж)	[fírma]
companhia (f)	компания (ж)	[kompánija]
corporação (f)	корпорация (ж)	[korporátsija]
empresa (f)	предприятие (c)	[predprijátie]
agência (f)	агенция (ж)	[agéntsija]

acordo (documento)	договор (м)	[dógovor]
contrato (m)	контракт (м)	[kontrákt]
acordo (transação)	сделка (ж)	[sdélka]
pedido (m)	поръчка (ж)	[porétʃka]
termos (m pl)	условие (c)	[uslóvie]

por atacado	на едро	[na édro]
por atacado (adj)	на едро	[na édro]
venda (f) por atacado	продажба (ж) на едро	[prodáʒba na édro]
a varejo	на дребно	[na drébno]
venda (f) a varejo	продажба (ж) на дребно	[prodáʒba na drébno]

concorrente (m)	конкурент (м)	[konkurént]
concorrência (f)	конкуренция (ж)	[konkuréntsija]
competir (vi)	конкурирам	[konkuríram]

| sócio (m) | партньор (м) | [partn¡ór] |
| parceria (f) | партньорство (c) | [partn¡órstvo] |

crise (f)	криза (ж)	[kríza]
falência (f)	фалит (м)	[falít]
entrar em falência	фалирам	[falíram]
dificuldade (f)	трудност (ж)	[trúdnost]
problema (m)	проблем (м)	[problém]
catástrofe (f)	катастрофа (ж)	[katastrófa]

economia (f)	икономика (ж)	[ikonómika]
econômico (adj)	икономически	[ikonomítʃeski]
recessão (f) econômica	икономически спад (м)	[ikonomítʃeski spat]

| objetivo (m) | цел (ж) | [tsel] |
| tarefa (f) | задача (ж) | [zadátʃa] |

comerciar (vi, vt)	търгувам	[tərgúvam]
rede (de distribuição)	мрежа (ж)	[mréʒa]
estoque (m)	склад (м)	[sklat]
sortimento (m)	асортимент (м)	[asortimént]

líder (m)	лидер (м)	[líder]
grande (~ empresa)	голям	[goljám]
monopólio (m)	монопол (м)	[monopól]

teoria (f)	теория (ж)	[teórija]
prática (f)	практика (ж)	[práktika]
experiência (f)	опит (м)	[ópit]
tendência (f)	тенденция (ж)	[tendéntsija]
desenvolvimento (m)	развитие (с)	[razvítie]

105. Processos negociais. Parte 2

| rentabilidade (f) | изгода (ж) | [izgóda] |
| rentável (adj) | изгоден | [izgóden] |

delegação (f)	делегация (ж)	[delegátsija]
salário, ordenado (m)	работна заплата (ж)	[rabótna zapláta]
corrigir (~ um erro)	поправям	[poprávjam]
viagem (f) de negócios	командировка (ж)	[komandirófka]
comissão (f)	комисия (ж)	[komísija]

controlar (vt)	контролирам	[kontролíram]
conferência (f)	конференция (ж)	[konferéntsija]
licença (f)	лиценз (м)	[litsénz]
confiável (adj)	надежден	[nadéʒden]

empreendimento (m)	начинание (с)	[natʃinánie]
norma (f)	норма (ж)	[nórma]
circunstância (f)	обстоятелство (с)	[obstojátelstvo]
dever (do empregado)	задължение (с)	[zadəlʒénie]

empresa (f)	организация (ж)	[organizátsija]
organização (f)	организиране (с)	[organizíranz]
organizado (adj)	организиран	[organizíran]
anulação (f)	отмяна (ж)	[otmjána]
anular, cancelar (vt)	отменя	[otmenjá]
relatório (m)	отчет (м)	[ottʃét]

patente (f)	патент (м)	[patént]
patentear (vt)	патентовам	[patentóvam]
planejar (vt)	планирам	[planíram]

bônus (m)	премия (ж)	[prémija]
profissional (adj)	професионален	[profesionálen]
procedimento (m)	процедура (ж)	[protsedúra]

examinar (~ a questão)	разгледам	[razglédam]
cálculo (m)	изчисляване (с)	[istʃisljávane]
reputação (f)	репутация (ж)	[reputátsija]
risco (m)	риск (м)	[risk]

dirigir (~ uma empresa)	ръководя	[rəkovódja]
informação (f)	сведения (с мн)	[svédenija]
propriedade (f)	собственост (ж)	[sóbstvenost]

união (f)	съюз (м)	[səjúz]
seguro (m) de vida	застраховка (ж) живот	[zastrahófka ʒivót]
fazer um seguro	застраховам	[zastrahóvam]
seguro (m)	застраховка (ж)	[zastrahófka]

leilão (m)	търгове (c)	[tərgove]
notificar (vt)	уведомявам	[uvedomʲávam]
gestão (f)	управление (c)	[upravlénie]
serviço (indústria de ~s)	услуга (ж)	[uslúga]

fórum (m)	форум (м)	[fórum]
funcionar (vi)	функционирам	[funktsioníram]
estágio (m)	етап (м)	[etáp]
jurídico, legal (adj)	юридически	[juridítʃeski]
advogado (m)	юрист (м)	[juríst]

106. Produção. Trabalhos

usina (f)	завод (м)	[zavót]
fábrica (f)	фабрика (ж)	[fábrika]
oficina (f)	цех (м)	[tseh]
local (m) de produção	производство (c)	[proizvótstvo]

indústria (f)	промишленост (ж)	[promíʃlenost]
industrial (adj)	промишлен	[promíʃlen]
indústria (f) pesada	тежка промишленост (ж)	[téʃka promíʃlenost]
indústria (f) ligeira	лека промишленост (ж)	[léka promíʃlenost]

produção (f)	продукция (ж)	[prodúktsija]
produzir (vt)	произвеждам	[proizvéʒdam]
matérias-primas (f pl)	суровини (ж мн)	[surovíní]

chefe (m) de obras	бригадир (м)	[brigadír]
equipe (f)	бригада (ж)	[brigáda]
operário (m)	работник (м)	[rabótnik]

dia (m) de trabalho	работен ден (м)	[rabóten den]
intervalo (m)	почивка (ж)	[potʃífka]
reunião (f)	събрание (c)	[səbránie]
discutir (vt)	обсъждам	[obséʒdam]

plano (m)	план (м)	[plan]
cumprir o plano	изпълнявам план	[ispəlnʲávam plan]
taxa (f) de produção	норма (ж)	[nórma]
qualidade (f)	качество (c)	[kátʃestvo]
controle (m)	контрола (ж)	[kontróla]
controle (m) da qualidade	контрол (м) за качество	[kontról za kátʃestvo]

segurança (f) no trabalho	безопасност (ж) на труда	[bezopásnost na trudá]
disciplina (f)	дисциплина (ж)	[distsiplína]
infração (f)	нарушение (c)	[naruʃénie]
violar (as regras)	нарушавам	[naruʃávam]
greve (f)	стачка (ж)	[státʃka]
grevista (m)	стачник (м)	[státʃnik]

estar em greve	стачкувам	[statʃkúvam]
sindicato (m)	профсъюз (м)	[profsəjúz]
inventar (vt)	изобретявам	[izobretʲávam]
invenção (f)	изобретение (с)	[izobreténie]
pesquisa (f)	изследване (с)	[isslédvane]
melhorar (vt)	подобрявам	[podobrʲávam]
tecnologia (f)	технология (ж)	[tehnológija]
desenho (m) técnico	чертеж (м)	[ʧertéʒ]
carga (f)	товар (м)	[továr]
carregador (m)	хамалин (м)	[hamálin]
carregar (o caminhão, etc.)	натоварвам	[natovárvam]
carregamento (m)	товарене (с)	[továrene]
descarregar (vt)	разтоварвам	[raztovárvam]
descarga (f)	разтоварване (с)	[raztovárvane]
transporte (m)	транспорт (м)	[transpórt]
companhia (f) de transporte	транспортна компания (ж)	[transpórtna kompánija]
transportar (vt)	транспортирам	[transportíram]
vagão (m) de carga	вагон (м)	[vagón]
tanque (m)	цистерна (ж)	[tsistérna]
caminhão (m)	камион (м)	[kamión]
máquina (f) operatriz	машина (ж)	[maʃína]
mecanismo (m)	механизъм (м)	[mehanízəm]
resíduos (m pl) industriais	отпадъци (мн)	[otpádətsi]
embalagem (f)	опаковане (ж)	[opakóvane]
embalar (vt)	опаковам	[opakóvam]

107. Contrato. Acordo

contrato (m)	контракт (м)	[kontrákt]
acordo (m)	съглашение (с)	[səglaʃénie]
adendo, anexo (m)	приложение (с)	[priloʒénie]
assinar o contrato	сключа договор	[sklʲúʧa dógovor]
assinatura (f)	подпис (м)	[pótpis]
assinar (vt)	подпиша	[potpíʃa]
carimbo (m)	печат (м)	[peʧát]
objeto (m) do contrato	предмет (м) на договор	[predmét na dógovor]
cláusula (f)	точка (ж)	[tóʧka]
partes (f pl)	страни (ж мн)	[straní]
domicílio (m) legal	юридически адрес (м)	[juridíʧeski adrés]
violar o contrato	наруша договор	[naruʃá dógovor]
obrigação (f)	задължение (с)	[zadəlʒénie]
responsabilidade (f)	отговорност (с)	[otgovórnost]
força (f) maior	форсмажор (м)	[fors·maʒór]
litígio (m), disputa (f)	спор (м)	[spor]
multas (f pl)	глоба (ж)	[glóba]

108. Importação & Exportação

importação (f)	внос (м)	[vnos]
importador (m)	вносител (м)	[vnosítel]
importar (vt)	внасям	[vnásʲam]
de importação	вносен	[vnósen]
exportação (f)	експорт (м)	[ekspórt]
exportador (m)	износител (м)	[iznosítel]
exportar (vt)	изнасям	[iznásʲam]
de exportação	експортен	[ekspórten]
mercadoria (f)	стока (ж)	[stóka]
lote (de mercadorias)	партида (ж)	[partída]
peso (m)	тегло (c)	[tegló]
volume (m)	обем (м)	[obém]
metro (m) cúbico	кубически метър (м)	[kubítʃeski métər]
produtor (m)	производител (м)	[proizvodítel]
companhia (f) de transporte	транспортна компания (ж)	[transpórtna kompánija]
contêiner (m)	контейнер (м)	[kontéjner]
fronteira (f)	граница (ж)	[gránitsa]
alfândega (f)	митница (ж)	[mítnitsa]
taxa (f) alfandegária	мито (c)	[mitó]
funcionário (m) da alfândega	митничар (м)	[mitnitʃár]
contrabando (atividade)	контрабанда (ж)	[kontrabánda]
contrabando (produtos)	контрабанда (ж)	[kontrabánda]

109. Finanças

ação (f)	акция (ж)	[áktsija]
obrigação (f)	облигация (ж)	[obligátsija]
nota (f) promissória	полица (ж)	[pólitsa]
bolsa (f) de valores	борса (ж)	[bórsa]
cotação (m) das ações	курс (м) на акции	[kurs na áktsii]
tornar-se mais barato	поевтинея	[poeftinéja]
tornar-se mais caro	поскъпнея	[poskəpnéja]
parte (f)	дял (м)	[dʲal]
participação (f) majoritária	контролен пакет (м)	[kontrólen pakét]
investimento (m)	инвестиции (ж мн)	[investítsii]
investir (vt)	инвестирам	[investíram]
porcentagem (f)	лихвен процент (м)	[líhven protsént]
juros (m pl)	проценти (м мн)	[protsénti]
lucro (m)	печалба (ж)	[petʃálba]
lucrativo (adj)	печеливш	[petʃelívʃ]
imposto (m)	данък (м)	[dánək]

divisa (f)	валута (ж)	[valúta]
nacional (adj)	национален	[natsionálen]
câmbio (m)	обмяна (ж)	[obmʲána]
contador (m)	счетоводител (м)	[stʃetovodítel]
contabilidade (f)	счетоводство (с)	[stʃetovótstvo]
falência (f)	фалит (м)	[falít]
falência, quebra (f)	фалит (м)	[falít]
ruína (f)	фалиране (с)	[falírane]
estar quebrado	фалирам	[falíram]
inflação (f)	инфлация (ж)	[inflátsija]
desvalorização (f)	девалвация (ж)	[devalvátsija]
capital (m)	капитал (м)	[kapitál]
rendimento (m)	доход (м)	[dóhot]
volume (m) de negócios	оборот (м)	[oborót]
recursos (m pl)	ресурси (мн)	[resúrsi]
recursos (m pl) financeiros	парични средства (с мн)	[parítʃni srétstva]

110. Marketing

marketing (m)	маркетинг (м)	[markéting]
mercado (m)	пазар (м)	[pazár]
segmento (m) do mercado	пазарен сегмент (м)	[pazáren segmént]
produto (m)	продукт (м)	[prodúkt]
mercadoria (f)	стока (ж)	[stóka]
marca (f) registrada	търговска марка (ж)	[tərgófska márka]
logotipo (m)	фирмена марка (ж)	[fírmena márka]
logo (m)	лого (с)	[lógo]
demanda (f)	търсене (с)	[tə́rsene]
oferta (f)	предложение (с)	[predloʒénie]
necessidade (f)	нужда (ж)	[núʒda]
consumidor (m)	потребител (м)	[potrebítel]
análise (f)	анализ (м)	[análiz]
analisar (vt)	анализирам	[analizíram]
posicionamento (m)	позициониране (с)	[pozistsionírane]
posicionar (vt)	позиционирам	[pozitsioníram]
preço (m)	цена (ж)	[tsená]
política (f) de preços	ценова политика (ж)	[tsenová politíka]
formação (f) de preços	ценообразуване (с)	[tseno·obrazúvane]

111. Publicidade

publicidade (f)	реклама (ж)	[rekláma]
fazer publicidade	рекламирам	[reklamíram]
orçamento (m)	бюджет (м)	[bʲudʒét]
anúncio (m)	реклама (ж)	[rekláma]

publicidade (f) na TV	телевизионна реклама (ж)	[televiziónna rekláma]
publicidade (f) na rádio	радио реклама (ж)	[rádio rekláma]
publicidade (f) exterior	външна реклама (ж)	[vénʃna rekláma]

comunicação (f) de massa	масмедия (ж)	[masmédija]
periódico (m)	периодично издание (с)	[periodítʃno izdánie]
imagem (f)	имидж (м)	[ímidʒ]

| slogan (m) | лозунг (м) | [lózung] |
| mote (m), lema (f) | девиз (м) | [devíz] |

campanha (f)	кампания (ж)	[kampánija]
campanha (f) publicitária	рекламна кампания (ж)	[reklámna kampánija]
grupo (m) alvo	целева аудитория (ж)	[tseléva auditórija]

cartão (m) de visita	визитка (ж)	[vizítka]
panfleto (m)	листовка (ж)	[listófka]
brochura (f)	брошура (ж)	[broʃúra]
folheto (m)	диплянка (ж)	[diplʲánka]
boletim (~ informativo)	бюлетин (с)	[bʲuletín]

letreiro (m)	табела (ж)	[tabéla]
cartaz, pôster (m)	постер (м)	[póster]
painel (m) publicitário	билборд (м)	[bilbórt]

112. Banca

| banco (m) | банка (ж) | [bánka] |
| balcão (f) | клон (м) | [klon] |

| consultor (m) bancário | консултант (м) | [konsultánt] |
| gerente (m) | управител (м) | [uprávitel] |

conta (f)	сметка (ж)	[smétka]
número (m) da conta	номер (м) на сметка	[nómer na smétka]
conta (f) corrente	текуща сметка (ж)	[tekúʃta smétka]
conta (f) poupança	спестовна сметка (ж)	[spestóvna smétka]

abrir uma conta	откривам сметка	[otkrívam smétka]
fechar uma conta	закривам сметка	[zakrívam smétka]
depositar na conta	депозирам в сметка	[depozíram f smétka]
sacar (vt)	тегля от сметката	[téglʲa ot smétkata]

depósito (m)	влог (м)	[vlok]
fazer um depósito	направя влог	[naprávʲa vlok]
transferência (f) bancária	превод (м)	[prévot]
transferir (vt)	направя превод	[naprávʲa prévot]

| soma (f) | сума (ж) | [súma] |
| Quanto? | Колко? | [kólko] |

assinatura (f)	подпис (м)	[pótpis]
assinar (vt)	подпиша	[potpíʃa]
cartão (m) de crédito	кредитна карта (ж)	[kréditna kárta]

senha (f)	код (м)	[kot]
número (m) do cartão de crédito	номер (м) на кредитна карта	[nómer na kréditna kárta]
caixa (m) eletrônico	банкомат (м)	[bankomát]

cheque (m)	чек (м)	[tʃek]
passar um cheque	подпиша чек	[potpíʃa tʃek]
talão (m) de cheques	чекова книжка (ж)	[tʃékova kníʃka]

empréstimo (m)	кредит (м)	[krédit]
pedir um empréstimo	кандидатствам за кредит	[kandidátstvam za krédit]
obter empréstimo	взимам кредит	[vzímam krédit]
dar um empréstimo	предоставям кредит	[predostávʲam krédit]
garantia (f)	гаранция (ж)	[garántsija]

113. Telefone. Conversação telefônica

telefone (m)	телефон (м)	[telefón]
celular (m)	мобилен телефон (м)	[mobílen telefón]
secretária (f) eletrônica	телефонен секретар (м)	[telefónen sekretár]

fazer uma chamada	обаждам се	[obáʒdam se]
chamada (f)	обаждане (с)	[obáʒdane]

discar um número	набирам номер	[nabíram nómer]
Alô!	Ало!	[álo]

perguntar (vt)	питам	[pítam]
responder (vt)	отговарям	[otgovárʲam]

ouvir (vt)	чувам	[tʃúvam]
bem	добре	[dobré]

mal	лошо	[lóʃo]
ruído (m)	шумове (м мн)	[ʃúmove]

fone (m)	слушалка (ж)	[sluʃálka]
pegar o telefone	вдигам слушалката	[vdígam sluʃálkata]
desligar (vi)	затварям телефона	[zatvárʲam telefóna]

ocupado (adj)	заета	[zaéta]
tocar (vi)	звъня	[zvənʲá]
lista (f) telefônica	телефонен справочник (м)	[telefónen spravótʃnik]

local (adj)	селищен	[séliʃten]
chamada (f) local	селищен разговор (м)	[séliʃten rázgovor]

de longa distância	междуградски	[meʒdugrátski]
chamada (f) de longa distância	междуградски разговор (м)	[meʒdugrátski rázgovor]

internacional (adj)	международен	[meʒdunaróden]
chamada (f) internacional	международен разговор (м)	[meʒdunaróden rázgovor]

114. Telefone móvel

celular (m)	мобилен телефон (м)	[mobílen telefón]
tela (f)	дисплей (м)	[displéj]
botão (m)	бутон (м)	[butón]
cartão SIM (m)	SIM-карта (ж)	[sim-kárta]

bateria (f)	батерия (ж)	[batérija]
descarregar-se (vr)	изтощавам	[iztoʃtávam]
carregador (m)	зареждащо устройство (с)	[zaréʒdaʃto ustrójstvo]

menu (m)	меню (с)	[menʲú]
configurações (f pl)	настройки (ж мн)	[nastrójki]
melodia (f)	мелодия (ж)	[melódija]
escolher (vt)	избера	[izberá]

calculadora (f)	калкулатор (м)	[kalkulátor]
correio (m) de voz	телефонен секретар (м)	[telefónen sekretár]
despertador (m)	будилник (м)	[budílnik]
contatos (m pl)	телефонен справочник (м)	[telefónen spravótʃnik]

mensagem (f) de texto	SMS съобщение (с)	[esemés səobʃténie]
assinante (m)	абонат (м)	[abonát]

115. Estacionário

caneta (f)	химикалка (ж)	[himikálka]
caneta (f) tinteiro	перодръжка (ж)	[perodréʒka]

lápis (m)	молив (м)	[móliv]
marcador (m) de texto	маркер (м)	[márker]
caneta (f) hidrográfica	флумастер (м)	[flumáster]

bloco (m) de notas	тефтер (м)	[teftér]
agenda (f)	ежедневник (м)	[eʒednévnik]

régua (f)	линийка (ж)	[línijka]
calculadora (f)	калкулатор (м)	[kalkulátor]
borracha (f)	гума (ж)	[gúma]
alfinete (m)	кабърче (с)	[kábərtʃe]
clipe (m)	кламер (м)	[klámer]

cola (f)	лепило (с)	[lepílo]
grampeador (m)	телбод (м)	[telbót]
furador (m) de papel	перфоратор (м)	[perforátor]
apontador (m)	острилка (ж)	[ostrílka]

116. Vários tipos de documentos

relatório (m)	отчет (м)	[ottʃét]
acordo (m)	съглашение (с)	[səglaʃénie]

ficha (f) de inscrição	заявка (ж)	[zajáfka]
autêntico (adj)	оригинален	[originálen]
crachá (m)	бадж (м)	[badʒ]
cartão (m) de visita	визитка (ж)	[vizítka]
certificado (m)	сертификат (м)	[sertifikát]
cheque (m)	чек (м)	[ʧek]
conta (f)	сметка (ж)	[smétka]
constituição (f)	конституция (ж)	[konstitútsija]
contrato (m)	договор (м)	[dógovor]
cópia (f)	копие (с)	[kópie]
exemplar (~ assinado)	екземпляр (м)	[ekzemplʲár]
declaração (f) alfandegária	декларация (ж)	[deklarátsija]
documento (m)	документ (м)	[dokumént]
carteira (f) de motorista	шофьорска книжка (ж)	[ʃofʲórska kníʃka]
adendo, anexo (m)	приложение (с)	[priloʒénie]
questionário (m)	анкета (ж)	[ankéta]
carteira (f) de identidade	удостоверение (с)	[udostoverénie]
inquérito (m)	запитване (с)	[zapítvane]
convite (m)	покана (ж)	[pokána]
fatura (f)	сметка (ж)	[smétka]
lei (f)	закон (м)	[zakón]
carta (correio)	писмо (с)	[pismó]
papel (m) timbrado	бланка (ж)	[blánka]
lista (f)	списък (м)	[spísək]
manuscrito (m)	ръкопис (м)	[rəkopís]
boletim (~ informativo)	бюлетина (ж)	[bʲuletína]
bilhete (mensagem breve)	записка (ж)	[zápiska]
passe (m)	пропуск (м)	[própusk]
passaporte (m)	паспорт (м)	[paspórt]
permissão (f)	разрешение (с)	[razreʃénie]
currículo (m)	резюме (с)	[rezʲumé]
nota (f) promissória	разписка (ж)	[ráspiska]
recibo (m)	квитанция (ж)	[kvitántsija]
talão (f)	бележка (ж)	[beléʃka]
relatório (m)	рапорт (м)	[ráport]
mostrar (vt)	предявявам	[predʲavʲávam]
assinar (vt)	подпиша	[potpíʃa]
assinatura (f)	подпис (м)	[pótpis]
carimbo (m)	печат (м)	[peʧát]
texto (m)	текст (м)	[tekst]
ingresso (m)	билет (м)	[bilét]
riscar (vt)	задраскам	[zadráskam]
preencher (vt)	попълня	[popélnʲa]
carta (f) de porte	фактура (ж)	[faktúra]
testamento (m)	завещание (с)	[zaveʃtánie]

117. Tipos de negócios

serviços (m pl) de contabilidade	счетоводни услуги (ж мн)	[sʧetovódni uslúgi]
publicidade (f)	реклама (ж)	[reklâma]
agência (f) de publicidade	рекламна агенция (ж)	[reklâmna agéntsija]
ar (m) condicionado	климатици (м мн)	[klimatítsi]
companhia (f) aérea	авиокомпания (ж)	[aviokompánija]
bebidas (f pl) alcoólicas	алкохолни напитки (ж мн)	[alkohólni napítki]
comércio (m) de antiguidades	антиквариат (м)	[antikvariát]
galeria (f) de arte	галерия (ж)	[galérija]
serviços (m pl) de auditoria	одиторски услуги (ж мн)	[odítorski uslúgi]
negócios (m pl) bancários	банков бизнес (м)	[bánkov bíznes]
bar (m)	бар (м)	[bar]
salão (m) de beleza	козметичен салон (м)	[kozmetíʧen salón]
livraria (f)	книжарница (ж)	[kniʒárnitsa]
cervejaria (f)	пивоварна (ж)	[pivovárna]
centro (m) de escritórios	бизнес-център (м)	[bíznes-tséntər]
escola (f) de negócios	бизнес-училище (с)	[bíznes-uʧíliʃte]
cassino (m)	казино (с)	[kazíno]
construção (f)	строителство (с)	[stroítelstvo]
consultoria (f)	консултиране (с)	[konsultírane]
clínica (f) dentária	стоматология (ж)	[stomatológija]
design (m)	дизайн (м)	[dizájn]
drogaria (f)	аптека (ж)	[aptéka]
lavanderia (f)	химическо чистене (с)	[himíʧesko ʧístene]
agência (f) de emprego	агенция (ж) за подбор на персонал	[agéntsija za podbór na personál]
serviços (m pl) financeiros	финансови услуги (ж мн)	[finánsovi uslúgi]
alimentos (m pl)	хранителни стоки (ж мн)	[hranítelni stóki]
funerária (f)	погребални услуги (мн)	[pogrebálni uslúgi]
mobiliário (m)	мебели (мн)	[mébeli]
roupa (f)	облекло (с)	[oblekló]
hotel (m)	хотел (м)	[hotél]
sorvete (m)	сладолед (м)	[sladolét]
indústria (f)	промишленост (ж)	[promíʃlenost]
seguro (~ de vida, etc.)	застраховане (с)	[zastrahóvane]
internet (f)	интернет (м)	[internét]
investimento (m)	инвестиции (ж мн)	[investítsii]
joalheiro (m)	златар (м)	[zlatár]
joias (f pl)	златарски изделия (с мн)	[zlatárski izdélija]
lavanderia (f)	пералня (ж)	[peráln'a]
assessorias (f pl) jurídicas	юридически услуги (ж мн)	[juridíʧeski uslúgi]
indústria (f) ligeira	лека промишленост (ж)	[léka promíʃlenost]
revista (f)	списание (с)	[spisánie]
vendas (f pl) por catálogo	каталожна търговия (ж)	[katalóʒna tərgovíja]
medicina (f)	медицина (ж)	[meditsína]

cinema (m)	кинотеатър (м)	[kinoteátər]
museu (m)	музей (м)	[muzéj]
agência (f) de notícias	информационна агенция (ж)	[informatsiónna agéntsija]
jornal (m)	вестник (м)	[vésnik]
boate (casa noturna)	нощен клуб (м)	[nóʃten klup]
petróleo (m)	нефт (м)	[neft]
serviços (m pl) de remessa	куриерска служба (ж)	[kuriérska slúʒba]
indústria (f) farmacêutica	фармацевтика (ж)	[farmatséftika]
tipografia (f)	полиграфия (ж)	[poligrafíja]
editora (f)	издателство (с)	[izdátelstvo]
rádio (m)	радио (с)	[rádio]
imobiliário (m)	недвижими имоти (мн)	[nedvíʒimi imóti]
restaurante (m)	ресторант (м)	[restoránt]
empresa (f) de segurança	охранителна агенция (ж)	[ohranítelna agéntsija]
esporte (m)	спорт (м)	[sport]
bolsa (f) de valores	борса (ж)	[bórsa]
loja (f)	магазин (м)	[magazín]
supermercado (m)	супермаркет (м)	[supermárket]
piscina (f)	басейн (м)	[baséjn]
alfaiataria (f)	ателие (с)	[atelié]
televisão (f)	телевизия (ж)	[televízija]
teatro (m)	театър (м)	[teátər]
comércio (m)	търговия (ж)	[tərgovíja]
serviços (m pl) de transporte	превоз (м)	[prévos]
viagens (f pl)	туризъм (м)	[turízəm]
veterinário (m)	ветеринар (м)	[veterinár]
armazém (m)	склад (м)	[sklat]
recolha (f) do lixo	извозване (с) на боклук	[izvózvane na boklúk]

Emprego. Negócios. Parte 2

118. Espetáculo. Feira

feira, exposição (f)	изложба (ж)	[izlóӡba]
feira (f) comercial	търговска изложба (ж)	[tərgófska izlóӡba]
participação (f)	участие (c)	[utʃástie]
participar (vi)	участвам	[utʃástvam]
participante (m)	участник (м)	[utʃásnik]
diretor (m)	директор (м)	[diréktor]
direção (f)	дирекция (ж)	[diréktsija]
organizador (m)	организатор (м)	[organizátor]
organizar (vt)	организирам	[organizíram]
ficha (f) de inscrição	заявка (ж) за участие	[zajáfka za utʃástie]
preencher (vt)	попълня	[popélnʲa]
detalhes (m pl)	детайли (м мн)	[detájli]
informação (f)	информация (ж)	[informátsija]
preço (m)	цена (ж)	[tsená]
incluindo	включително	[fklʲutʃítelno]
incluir (vt)	включвам	[fklʲútʃvam]
pagar (vt)	плащам	[pláʃtam]
taxa (f) de inscrição	регистрационна такса (ж)	[registratsiónna táksa]
entrada (f)	вход (м)	[vhot]
pavilhão (m), salão (f)	павилион (м)	[pavilión]
inscrever (vt)	регистрирам	[registríram]
crachá (m)	бадж (м)	[badӡ]
stand (m)	щанд (м)	[ʃtant]
reservar (vt)	резервирам	[rezervíram]
vitrine (f)	витрина (ж)	[vitrína]
lâmpada (f)	светилник (м)	[svetílnik]
design (m)	дизайн (м)	[dizájn]
pôr (posicionar)	нареждам	[naréӡdam]
distribuidor (m)	дистрибутор (м)	[distribútor]
fornecedor (m)	доставчик (м)	[dostávtʃik]
país (m)	страна (ж)	[straná]
estrangeiro (adj)	чуждестранен	[tʃuӡdestránen]
produto (m)	продукт (м)	[prodúkt]
associação (f)	асоциация (ж)	[asotsiátsija]
sala (f) de conferência	конферентна зала (ж)	[konferéntna zála]
congresso (m)	конгрес (м)	[kongrés]

concurso (m)	конкурс (м)	[konkúrs]
visitante (m)	посетител (м)	[posetítel]
visitar (vt)	посещавам	[poseʃtávam]
cliente (m)	клиент (м)	[kliént]

119. Media

jornal (m)	вестник (м)	[vésnik]
revista (f)	списание (c)	[spisánie]
imprensa (f)	преса (ж)	[présa]
rádio (m)	радио (c)	[rádio]
estação (f) de rádio	радиостанция (ж)	[radiostántsija]
televisão (f)	телевизия (ж)	[televízija]
apresentador (m)	водещ (м)	[vódeʃt]
locutor (m)	диктор (м)	[díktor]
comentarista (m)	коментатор (м)	[komentátor]
jornalista (m)	журналист (м)	[ʒurnalíst]
correspondente (m)	кореспондент (м)	[korespondént]
repórter (m) fotográfico	фотокореспондент (м)	[foto·korespondént]
repórter (m)	репортер (м)	[reportér]
redator (m)	редактор (м)	[redáktor]
redator-chefe (m)	главен редактор (м)	[gláven redáktor]
assinar a …	абонирам се	[aboníram se]
assinatura (f)	абониране (c)	[abonírane]
assinante (m)	абонат (м)	[abonát]
ler (vt)	чета	[ʧeta]
leitor (m)	читател (м)	[ʧitátel]
tiragem (f)	тираж (м)	[tiráʒ]
mensal (adj)	месечен	[méseʧen]
semanal (adj)	седмичен	[sédmiʧen]
número (jornal, revista)	брой (м)	[broj]
recente, novo (adj)	последен	[posléden]
manchete (f)	заглавие (c)	[zaglávie]
pequeno artigo (m)	кратка статия (ж)	[krátka státija]
coluna (~ semanal)	рубрика (ж)	[rúbrika]
artigo (m)	статия (ж)	[státija]
página (f)	страница (ж)	[stránitsa]
reportagem (f)	репортаж (м)	[reportáʒ]
evento (festa, etc.)	събитие (c)	[səbítie]
sensação (f)	сензация (ж)	[senzátsija]
escândalo (m)	скандал (м)	[skandál]
escandaloso (adj)	скандален	[skandálen]
grande (adj)	голям (скандал)	[golʲám skandál]
programa (m)	предаване (c)	[predávane]
entrevista (f)	интервю (c)	[intervʲú]
transmissão (f) ao vivo	пряко предаване (c)	[prʲáko predávane]
canal (m)	канал (м)	[kanál]

120. Agricultura

agricultura (f)	селско стопанство (c)	[sélsko stopánstvo]
camponês (m)	селянин (м)	[séljanin]
camponesa (f)	селянка (ж)	[séljanka]
agricultor, fazendeiro (m)	фермер (м)	[férmer]
trator (m)	трактор (м)	[tráktor]
colheitadeira (f)	комбайн (м)	[kombájn]
arado (m)	плуг (м)	[pluk]
arar (vt)	ора	[orá]
campo (m) lavrado	разорана нива (ж)	[razoróna níva]
sulco (m)	бразда (ж)	[brazdá]
semear (vt)	сея	[séja]
plantadeira (f)	сеялка (ж)	[sejálka]
semeadura (f)	сеитба (ж)	[seídba]
foice (m)	коса (ж)	[kosá]
cortar com foice	кося	[kosjá]
pá (f)	лопата (ж)	[lopáta]
cavar (vt)	копая	[kopája]
enxada (f)	мотика (ж)	[motíka]
capinar (vt)	плевя	[plevjá]
erva (f) daninha	плевел (м)	[plével]
regador (m)	лейка (ж)	[léjka]
regar (plantas)	поливам	[polívam]
rega (f)	поливане (c)	[polívane]
forquilha (f)	вила (ж)	[víla]
ancinho (m)	гребло (c)	[grebló]
fertilizante (m)	тор (м)	[tor]
fertilizar (vt)	наторявам	[natorjávam]
estrume, esterco (m)	оборски тор (м)	[obórski tor]
campo (m)	поле (c)	[polé]
prado (m)	ливада (ж)	[liváda]
horta (f)	зеленчукова градина (ж)	[zelentʃúkova gradína]
pomar (m)	градина (ж)	[gradína]
pastar (vt)	паса	[pasá]
pastor (m)	пастир (м)	[pastír]
pastagem (f)	пасище (c)	[pásiʃte]
pecuária (f)	животновъдство (c)	[ʒivotnovétstvo]
criação (f) de ovelhas	овцевъдство (c)	[ovtsevétstvo]
plantação (f)	плантация (ж)	[plantátsija]
canteiro (m)	леха (ж)	[lehá]
estufa (f)	парник (м)	[párnik]

seca (f)	суша (ж)	[súʃa]
seco (verão ~)	сушав	[súʃav]
cereais (m pl)	зърнени култури (мн)	[zérneni kultúri]
colher (vt)	събирам	[səbíram]
moleiro (m)	воденичар (c)	[vodeniʧár]
moinho (m)	воденица (ж)	[vodenítsa]
moer (vt)	меля зърно	[mélʲa zérno]
farinha (f)	брашно (c)	[braʃnó]
palha (f)	слама (ж)	[sláma]

121. Construção. Processo de construção

canteiro (m) de obras	строеж (м)	[stroéʃ]
construir (vt)	строя	[strojá]
construtor (m)	строител (м)	[stroítel]
projeto (m)	проект (м)	[proékt]
arquiteto (m)	архитект (м)	[arhitékt]
operário (m)	работник (м)	[rabótnik]
fundação (f)	фундамент (м)	[fundamént]
telhado (m)	покрив (м)	[pókriv]
estaca (f)	пилот (м)	[pilót]
parede (f)	стена (ж)	[stená]
colunas (f pl) de sustentação	арматура (ж)	[armatúra]
andaime (m)	скеле (c)	[skéle]
concreto (m)	бетон (м)	[betón]
granito (m)	гранит (м)	[granít]
pedra (f)	камък (м)	[kámək]
tijolo (m)	тухла (ж)	[túhla]
areia (f)	пясък (м)	[pʲásək]
cimento (m)	цимент (м)	[tsimént]
emboço, reboco (m)	мазилка (ж)	[mazílka]
emboçar, rebocar (vt)	слагам мазилка	[slágam mazílka]
tinta (f)	боя (ж)	[bojá]
pintar (vt)	боядисвам	[bojadísvam]
barril (m)	бъчва (ж)	[béʧva]
grua (f), guindaste (m)	кран (м)	[kran]
erguer (vt)	вдигам	[vdígam]
baixar (vt)	спускам	[spúskam]
buldózer (m)	булдозер (м)	[buldózer]
escavadora (f)	екскаватор (м)	[ekskavátor]
caçamba (f)	кофа (ж)	[kófa]
escavar (vt)	копая	[kopája]
capacete (m) de proteção	каска (ж)	[káska]

122. Ciência. Investigação. Cientistas

ciência (f)	наука (ж)	[naúka]
científico (adj)	научен	[naútʃen]
cientista (m)	учен (м)	[útʃen]
teoria (f)	теория (ж)	[teórija]
axioma (m)	аксиома (ж)	[aksióma]
análise (f)	анализ (м)	[análiz]
analisar (vt)	анализирам	[analizíram]
argumento (m)	аргумент (м)	[argumént]
substância (f)	вещество (с)	[veʃtestvó]
hipótese (f)	хипотеза (ж)	[hipotéza]
dilema (m)	дилема (ж)	[diléma]
tese (f)	дисертация (ж)	[disertátsija]
dogma (m)	догма (ж)	[dógma]
doutrina (f)	доктрина (ж)	[doktrína]
pesquisa (f)	изследване (с)	[isslédvane]
pesquisar (vt)	изследвам	[isslédvam]
testes (m pl)	контрола (ж)	[kontróla]
laboratório (m)	лаборатория (ж)	[laboratórija]
método (m)	метод (м)	[métot]
molécula (f)	молекула (ж)	[molekúla]
monitoramento (m)	мониторинг (м)	[monitóring]
descoberta (f)	откритие (с)	[otkrítie]
postulado (m)	постулат (м)	[postulát]
princípio (m)	принцип (м)	[príntsip]
prognóstico (previsão)	прогноза (ж)	[prognóza]
prognosticar (vt)	прогнозирам	[prognozíram]
síntese (f)	синтеза (ж)	[sintéza]
tendência (f)	тенденция (ж)	[tendéntsija]
teorema (m)	теорема (ж)	[teoréma]
ensinamentos (m pl)	учение (с)	[utʃénie]
fato (m)	факт (м)	[fakt]
expedição (f)	експедиция (ж)	[ekspedítsija]
experiência (f)	експеримент (м)	[eksperimént]
acadêmico (m)	академик (м)	[akademík]
bacharel (m)	бакалавър (м)	[bakalávər]
doutor (m)	доктор (м)	[dóktor]
professor (m) associado	доцент (м)	[dotsént]
mestrado (m)	магистър (м)	[magístər]
professor (m)	професор (м)	[profésor]

Profissões e ocupações

123. Procura de emprego. Demissão

trabalho (m)	работа (ж)	[rábota]
equipe (f)	щат (м)	[ʃtat]
carreira (f)	кариера (ж)	[kariéra]
perspectivas (f pl)	перспектива (ж)	[perspektíva]
habilidades (f pl)	майсторство (с)	[májstorstvo]
seleção (f)	подбиране (с)	[podbírane]
agência (f) de emprego	агенция (ж) за подбор на персонал	[agéntsija za podbór na personál]
currículo (m)	резюме (с)	[rezʲumé]
entrevista (f) de emprego	интервю (с)	[intervʲú]
vaga (f)	вакантно място (с)	[vakántno mʲásto]
salário (m)	работна заплата (ж)	[rabótna zapláta]
pagamento (m)	плащане (с)	[pláʃtane]
cargo (m)	длъжност (ж)	[dléʒnost]
dever (do empregado)	задължение (с)	[zadəʒénie]
gama (f) de deveres	кръг (м)	[krək]
ocupado (adj)	зает	[zaét]
despedir, demitir (vt)	уволня	[uvolnʲá]
demissão (f)	уволнение (с)	[uvolnénie]
desemprego (m)	безработица (ж)	[bezrabótitsa]
desempregado (m)	безработен човек (м)	[bezrabóten ʧovék]
aposentadoria (f)	пенсия (ж)	[pénsija]
aposentar-se (vr)	пенсионирам се	[pensioníram se]

124. Gente de negócios

diretor (m)	директор (м)	[diréktor]
gerente (m)	управител (м)	[uprávitel]
patrão, chefe (m)	ръководител (м)	[rəkovodítel]
superior (m)	началник (м)	[natʃálnik]
superiores (m pl)	началство (с)	[natʃálstvo]
presidente (m)	президент (м)	[prezidént]
chairman (m)	председател (м)	[pretsedátel]
substituto (m)	заместник (м)	[zamésnik]
assistente (m)	помощник (м)	[pomóʃtnik]
secretário (m)	секретар (м)	[sekretár]

secretário (m) pessoal	личен секретар (м)	[líṯʃen sekretár]
homem (m) de negócios	бизнесмен (м)	[biznesmén]
empreendedor (m)	предприемач (м)	[predpriemáṯʃ]
fundador (m)	основател (м)	[osnovátel]
fundar (vt)	основа	[osnová]
principiador (m)	учредител (м)	[uṯʃredítel]
parceiro, sócio (m)	партньор (м)	[partnʲór]
acionista (m)	акционер (м)	[aktsionér]
milionário (m)	милионер (м)	[milionér]
bilionário (m)	милиардер (м)	[miliardér]
proprietário (m)	собственик (м)	[sóbstvenik]
proprietário (m) de terras	земевладелец (м)	[zemevladélets]
cliente (m)	клиент (м)	[kliént]
cliente (m) habitual	постоянен клиент (м)	[postojánen kliént]
comprador (m)	купувач (м)	[kupuváṯʃ]
visitante (m)	посетител (м)	[posetítel]
profissional (m)	професионалист (м)	[profesionalíst]
perito (m)	експерт (м)	[ekspért]
especialista (m)	специалист (м)	[spetsialíst]
banqueiro (m)	банкер (м)	[bankér]
corretor (m)	брокер (м)	[bróker]
caixa (m, f)	касиер (м)	[kasiér]
contador (m)	счетоводител (м)	[sṯʃetovodítel]
guarda (m)	охранител (м)	[ohranítel]
investidor (m)	инвеститор (м)	[investítor]
devedor (m)	длъжник (м)	[dləʒník]
credor (m)	кредитор (м)	[kredítor]
mutuário (m)	заемател (м)	[zaemátel]
importador (m)	вносител (м)	[vnosítel]
exportador (m)	износител (м)	[iznosítel]
produtor (m)	производител (м)	[proizvodítel]
distribuidor (m)	дистрибутор (м)	[distribútor]
intermediário (m)	посредник (м)	[posrédnik]
consultor (m)	консултант (м)	[konsultánt]
representante comercial	представител (м)	[pretstávitel]
agente (m)	агент (м)	[agént]
agente (m) de seguros	застрахователен агент (м)	[zastrahovátelen agent]

125. Profissões de serviços

cozinheiro (m)	готвач (м)	[gotváṯʃ]
chefe (m) de cozinha	главен готвач (м)	[gláven gotváṯʃ]
padeiro (m)	фурнаджия (ж)	[furnadʒíja]
barman (m)	барман (м)	[bárman]

| garçom (m) | сервитьор (м) | [servitʲór] |
| garçonete (f) | сервитьорка (ж) | [servitʲórka] |

advogado (m)	адвокат (м)	[advokát]
jurista (m)	юрист (м)	[juríst]
notário (m)	нотариус (м)	[notárius]

eletricista (m)	монтьор (м)	[montʲór]
encanador (m)	водопроводчик (м)	[vodoprovóttʃik]
carpinteiro (m)	дърводелец (м)	[dərvodélets]

massagista (m)	масажист (м)	[masaʒíst]
massagista (f)	масажистка (ж)	[masaʒístka]
médico (m)	лекар (м)	[lékar]

taxista (m)	таксиметров шофьор (м)	[taksimétrof ʃofʲór]
condutor (automobilista)	шофьор (м)	[ʃofʲór]
entregador (m)	куриер (м)	[kuriér]

camareira (f)	камериерка (ж)	[kameriérka]
guarda (m)	охранител (м)	[ohranítel]
aeromoça (f)	стюардеса (ж)	[stʲuardésa]

professor (m)	учител (м)	[utʃítel]
bibliotecário (m)	библиотекар (м)	[bibliotekár]
tradutor (m)	преводач (м)	[prevodátʃ]
intérprete (m)	преводач (м)	[prevodátʃ]
guia (m)	гид (м)	[git]

cabeleireiro (m)	фризьор (м)	[frizʲór]
carteiro (m)	пощальон (м)	[poʃtalʲón]
vendedor (m)	продавач (м)	[prodavátʃ]

jardineiro (m)	градинар (м)	[gradinár]
criado (m)	слуга (м)	[slugá]
criada (f)	слугиня (ж)	[slugínʲa]
empregada (f) de limpeza	чистачка (ж)	[tʃistátʃka]

126. Profissões militares e postos

soldado (m) raso	редник (м)	[rédnik]
sargento (m)	сержант (м)	[serʒánt]
tenente (m)	лейтенант (м)	[lejtenánt]
capitão (m)	капитан (м)	[kapitán]

major (m)	майор (м)	[majór]
coronel (m)	полковник (м)	[polkóvnik]
general (m)	генерал (м)	[generál]
marechal (m)	маршал (м)	[márʃal]
almirante (m)	адмирал (м)	[admirál]

militar (m)	военен (м)	[voénen]
soldado (m)	войник (м)	[vojník]
oficial (m)	офицер (м)	[ofitsér]

comandante (m)	командир (м)	[komandír]
guarda (m) de fronteira	митничар (м)	[mitniʧár]
operador (m) de rádio	радист (м)	[radíst]
explorador (m)	разузнавач (м)	[razuznaváʧ]
sapador-mineiro (m)	сапьор (м)	[sapʲór]
atirador (m)	стрелец (м)	[streléts]
navegador (m)	щурман (м)	[ʃtúrman]

127. Oficiais. Padres

rei (m)	крал (м)	[kral]
rainha (f)	кралица (ж)	[kralítsa]
príncipe (m)	принц (м)	[prints]
princesa (f)	принцеса (ж)	[printsésa]
czar (m)	цар (м)	[tsar]
czarina (f)	царица (ж)	[tsarítsa]
presidente (m)	президент (м)	[prezidént]
ministro (m)	министър (м)	[minístər]
primeiro-ministro (m)	министър-председател (м)	[minístər-pretsedátel]
senador (m)	сенатор (м)	[senátor]
diplomata (m)	дипломат (м)	[diplomát]
cônsul (m)	консул (м)	[kónsul]
embaixador (m)	посланик (м)	[poslánik]
conselheiro (m)	съветник (м)	[səvétnik]
funcionário (m)	чиновник (м)	[ʧinóvnik]
prefeito (m)	префект (м)	[prefékt]
Presidente (m) da Câmara	кмет (м)	[kmet]
juiz (m)	съдия (м)	[sədijá]
procurador (m)	прокурор (м)	[prokurór]
missionário (m)	мисионер (м)	[misionér]
monge (m)	монах (м)	[monáh]
abade (m)	абат (м)	[abát]
rabino (m)	равин (м)	[ravín]
vizir (m)	везир (м)	[vezír]
xá (m)	шах (м)	[ʃah]
xeique (m)	шейх (м)	[ʃejh]

128. Profissões agrícolas

abelheiro (m)	пчеловъд (м)	[pʧelovét]
pastor (m)	пастир (м)	[pastír]
agrônomo (m)	агроном (м)	[agronóm]
criador (m) de gado	животновъд (м)	[ʒivotnovét]
veterinário (m)	ветеринар (м)	[veterinár]

agricultor, fazendeiro (m)	фермер (м)	[férmer]
vinicultor (m)	винар (м)	[vinár]
zoólogo (m)	зоолог (м)	[zoolók]
vaqueiro (m)	каубой (м)	[káuboj]

129. Profissões artísticas

ator (m)	актьор (м)	[aktjór]
atriz (f)	актриса (ж)	[aktrísa]
cantor (m)	певец (м)	[pevéts]
cantora (f)	певица (ж)	[pevítsa]
bailarino (m)	танцьор (м)	[tantsʲór]
bailarina (f)	танцьорка (ж)	[tantsʲórka]
artista (m)	артист (м)	[artíst]
artista (f)	артистка (ж)	[artístka]
músico (m)	музикант (м)	[muzikánt]
pianista (m)	пианист (м)	[pianíst]
guitarrista (m)	китарист (м)	[kitaríst]
maestro (m)	диригент (м)	[dirigént]
compositor (m)	композитор (м)	[kompozítor]
empresário (m)	импресарио (м)	[impresário]
diretor (m) de cinema	режисьор (м)	[reʒisʲór]
produtor (m)	продуцент (м)	[produtsént]
roteirista (m)	сценарист (м)	[stsenaríst]
crítico (m)	критик (м)	[kritík]
escritor (m)	писател (м)	[pisátel]
poeta (m)	поет (м)	[poét]
escultor (m)	скулптор (м)	[skúlptor]
pintor (m)	художник (м)	[hudóʒnik]
malabarista (m)	жонгльор (м)	[ʒonglʲór]
palhaço (m)	клоун (м)	[klóun]
acrobata (m)	акробат (м)	[akrobát]
ilusionista (m)	фокусник (м)	[fókusnik]

130. Várias profissões

médico (m)	лекар (м)	[lékar]
enfermeira (f)	медицинска сестра (ж)	[meditsínska sestrá]
psiquiatra (m)	психиатър (м)	[psihiátər]
dentista (m)	стоматолог (м)	[stomatolók]
cirurgião (m)	хирург (м)	[hirúrk]
astronauta (m)	астронавт (м)	[astronáft]
astrônomo (m)	астроном (м)	[astronóm]

motorista (m)	шофьор (м)	[ʃof^jór]
maquinista (m)	машинист (м)	[maʃiníst]
mecânico (m)	механик (м)	[mehánik]
mineiro (m)	миньор (м)	[min^jór]
operário (m)	работник (м)	[rabótnik]
serralheiro (m)	шлосер (м)	[ʃlóser]
marceneiro (m)	дърводелец (м)	[dərvodélets]
torneiro (m)	стругар (м)	[strugár]
construtor (m)	строител (м)	[stroítel]
soldador (m)	заварчик (м)	[zavártʃik]
professor (m)	професор (м)	[profésor]
arquiteto (m)	архитект (м)	[arhitékt]
historiador (m)	историк (м)	[istorík]
cientista (m)	учен (м)	[útʃen]
físico (m)	физик (м)	[fizík]
químico (m)	химик (м)	[himík]
arqueólogo (m)	археолог (м)	[arheolók]
geólogo (m)	геолог (м)	[geolók]
pesquisador (cientista)	изследовател (м)	[issledovátel]
babysitter, babá (f)	детегледачка (ж)	[detegledátʃka]
professor (m)	учител, педагог (м)	[utʃítel], [pedagók]
redator (m)	редактор (м)	[redáktor]
redator-chefe (m)	главен редактор (м)	[gláven redáktor]
correspondente (m)	кореспондент (м)	[korespondént]
datilógrafa (f)	машинописка (ж)	[maʃinopíska]
designer (m)	дизайнер (м)	[dizájner]
especialista (m) em informática	компютърен специалист (м)	[komp^jútəren spetsialíst]
programador (m)	програмист (м)	[programíst]
engenheiro (m)	инженер (м)	[inʒenér]
marujo (m)	моряк (м)	[mor^ják]
marinheiro (m)	матрос (м)	[matrós]
socorrista (m)	спасител (м)	[spasítel]
bombeiro (m)	пожарник (м)	[poʒarnikár]
polícia (m)	полицай (м)	[politsáj]
guarda-noturno (m)	пазач (м)	[pazátʃ]
detetive (m)	детектив (м)	[detektíf]
funcionário (m) da alfândega	митничар (м)	[mitnitʃár]
guarda-costas (m)	телохранител (с)	[telohranítel]
guarda (m) prisional	надзирател (м)	[nadzirátel]
inspetor (m)	инспектор (м)	[inspéktor]
esportista (m)	спортист (м)	[sportíst]
treinador (m)	треньор (м)	[tren^jór]
açougueiro (m)	месар (м)	[mesár]
sapateiro (m)	обущар (м)	[obuʃtár]
comerciante (m)	търговец (м)	[tərgóvets]

carregador (m)	хамалин (м)	[hamálin]
estilista (m)	моделиер (м)	[modeliér]
modelo (f)	модел (м)	[modél]

131. Ocupações. Estatuto social

estudante (~ de escola)	ученик (м)	[utʃeník]
estudante (~ universitária)	студент (м)	[studént]
filósofo (m)	философ (м)	[filosóf]
economista (m)	икономист (м)	[ikonomíst]
inventor (m)	изобретател (м)	[izobretátel]
desempregado (m)	безработен човек (м)	[bezrabóten tʃovék]
aposentado (m)	пенсионер (м)	[pensionér]
espião (m)	шпионин (м)	[ʃpiónin]
preso, prisioneiro (m)	затворник (м)	[zatvórnik]
grevista (m)	стачник (м)	[státʃnik]
burocrata (m)	бюрократ (м)	[bʲurokrát]
viajante (m)	пътешественик (м)	[pəteʃéstvenik]
homossexual (m)	хомосексуалист (м)	[homoseksualíst]
hacker (m)	хакер (м)	[háker]
hippie (m, f)	хипи (м)	[hípi]
bandido (m)	бандит (м)	[bandít]
assassino (m)	наемен убиец (м)	[naémen ubíets]
drogado (m)	наркоман (м)	[narkomán]
traficante (m)	наркотрафикант (м)	[narkotrafikánt]
prostituta (f)	проститутка (ж)	[prostitútka]
cafetão (m)	сутеньор (м)	[sutenʲór]
bruxo (m)	магьосник (м)	[magʲósnik]
bruxa (f)	магьосница (ж)	[magʲósnitsa]
pirata (m)	пират (м)	[pirát]
escravo (m)	роб (м)	[rop]
samurai (m)	самурай (м)	[samuráj]
selvagem (m)	дивак (м)	[divák]

Desportos

132. Tipos de desportos. Desportistas

esportista (m)	спортист (м)	[sportíst]
tipo (m) de esporte	вид (м) спорт	[vit sport]
basquete (m)	баскетбол (м)	[básketbol]
jogador (m) de basquete	баскетболист (м)	[basketbolíst]
beisebol (m)	бейзбол (м)	[bejzból]
jogador (m) de beisebol	бейзболист (м)	[bejzbolíst]
futebol (m)	футбол (м)	[fúdbol]
jogador (m) de futebol	футболист (м)	[fudbolíst]
goleiro (m)	вратар (м)	[vratár]
hóquei (m)	хокей (м)	[hókej]
jogador (m) de hóquei	хокеист (м)	[hokeíst]
vôlei (m)	волейбол (м)	[vólejbol]
jogador (m) de vôlei	волейболист (м)	[volejbolíst]
boxe (m)	бокс (м)	[boks]
boxeador (m)	боксьор (м)	[boksʲór]
luta (f)	борба (ж)	[borbá]
lutador (m)	борец (м)	[boréts]
caratê (m)	карате (с)	[karáte]
carateca (m)	каратист (м)	[karatíst]
judô (m)	джудо (с)	[dʒúdo]
judoca (m)	джудист (м)	[dʒudíst]
tênis (m)	тенис (м)	[ténis]
tenista (m)	тенисист (м)	[tenisíst]
natação (f)	плуване (с)	[plúvane]
nadador (m)	плувец (м)	[pluvéts]
esgrima (f)	фехтовка (ж)	[fehtófka]
esgrimista (m)	фехтувач (м)	[fehtuvátʃ]
xadrez (m)	шахмат (м)	[ʃáhmát]
jogador (m) de xadrez	шахматист (м)	[ʃahmatíst]
alpinismo (m)	алпинизъм (м)	[alpinízəm]
alpinista (m)	алпинист (м)	[alpiníst]
corrida (f)	бягане (с)	[bʲágane]

corredor (m)	бегач (м)	[begátʃ]
atletismo (m)	лека атлетика (ж)	[léka atlétika]
atleta (m)	атлет (м)	[atlét]

| hipismo (m) | конен спорт (м) | [kónen sport] |
| cavaleiro (m) | ездач (м) | [ezdátʃ] |

patinação (f) artística	фигурно пързаляне (с)	[fígurno pərzálʲane]
patinador (m)	фигурист (м)	[figuríst]
patinadora (f)	фигуристка (ж)	[figurístka]

halterofilismo (m)	тежка атлетика (ж)	[téʃka atlétika]
halterofilista (m)	щангист (м)	[ʃtangíst]
corrida (f) de carros	автомобилни състезания (с мн)	[aftomobílni səstezánija]
piloto (m)	автомобилен състезател (м)	[aftomobílen səstezátel]

| ciclismo (m) | колоездене (с) | [koloézdene] |
| ciclista (m) | колоездач (м) | [koloezdátʃ] |

salto (m) em distância	скок (м) на дължина	[skok na dəlʒiná]
salto (m) com vara	овчарски скок (м)	[oftʃárski skok]
atleta (m) de saltos	скачач (м)	[skatʃátʃ]

133. Tipos de desportos. Diversos

futebol (m) americano	американски футбол (м)	[amerikánski fúdbol]
badminton (m)	бадминтон (м)	[bádminton]
biatlo (m)	биатлон (м)	[biatlón]
bilhar (m)	билярд (м)	[bilʲárt]

bobsled (m)	бобслей (м)	[bobsléj]
musculação (f)	културизъм (м)	[kulturízəm]
polo (m) aquático	водна топка (ж)	[vódna tópka]
handebol (m)	хандбал (м)	[hándbal]
golfe (m)	голф (м)	[golf]

remo (m)	гребане (с)	[grébane]
mergulho (m)	дайвинг (м)	[dájving]
corrida (f) de esqui	ски бягане (с мн)	[ski bʲágane]
tênis (m) de mesa	тенис (м) на маса	[ténis na mása]

vela (f)	спорт (м) с платноходки	[sport s platnohótki]
rali (m)	рали (с)	[ráli]
rúgbi (m)	ръгби (с)	[régbi]
snowboard (m)	сноуборд (м)	[snóubort]

134. Ginásio

| barra (f) | щанга (ж) | [ʃtánga] |
| halteres (m pl) | гири (ж мн) | [gíri] |

aparelho (m) de musculação	тренажор (м)	[trenaʒór]
bicicleta (f) ergométrica	велоергометър (м)	[veloergométər]
esteira (f) de corrida	писта (ж) за бягане	[písta za bʲágane]

barra (f) fixa	лост (м)	[lost]
barras (f pl) paralelas	успоредка (ж)	[úsporetka]
cavalo (m)	кон (м)	[kon]
tapete (m) de ginástica	дюшек (м)	[dʲuʃék]

| aeróbica (f) | аеробика (ж) | [aeróbika] |
| ioga, yoga (f) | йога (ж) | [jóga] |

135. Hóquei

hóquei (m)	хокей (м)	[hókej]
jogador (m) de hóquei	хокеист (м)	[hokeíst]
jogar hóquei	играя хокей	[igrája hókej]
gelo (m)	лед (м)	[let]

disco (m)	шайба (ж)	[ʃájba]
taco (m) de hóquei	стик (м)	[stik]
patins (m pl) de gelo	кънки (мн)	[kénki]

| muro (m) | мантинела (ж) | [mantinéla] |
| tiro (m) | удар (м) | [údar] |

goleiro (m)	вратар (м)	[vratár]
gol (m)	гол (м)	[gol]
marcar um gol	вкарам гол	[fkáram gol]

| tempo (m) | третина (ж) | [tretína] |
| banco (m) de reservas | резервна скамейка (ж) | [rezérvna skaméjka] |

136. Futebol

futebol (m)	футбол (м)	[fúdbol]
jogador (m) de futebol	футболист (м)	[fudbolíst]
jogar futebol	играя футбол	[igrája fúdbol]

Time (m) Principal	висша лига (ж)	[vísʃa líga]
time (m) de futebol	футболен клуб (м)	[fúdbolen klup]
treinador (m)	треньор (м)	[trenʲór]
proprietário (m)	собственик (м)	[sóbstvenik]

equipe (f)	отбор (м)	[otbór]
capitão (m)	капитан (м) на отбора	[kapitán na odbóra]
jogador (m)	играч (м)	[igrátʃ]
jogador (m) reserva	резервен играч (м)	[rezérven igrátʃ]

atacante (m)	нападател (м)	[napadátel]
centroavante (m)	централен нападател (м)	[tsentrálen napadátel]
marcador (m)	голмайстор (м)	[golmájstor]

defesa (m)	защитник (м)	[zaʃtítnik]
meio-campo (m)	полузащитник (м)	[poluzaʃtítnik]

jogo (m), partida (f)	мач (м)	[matʃ]
encontrar-se (vr)	срещам се	[sréʃtam se]
final (m)	финал (м)	[finál]
semifinal (f)	полуфинал (м)	[polufinál]
campeonato (m)	шампионат (м)	[ʃampionát]

tempo (m)	полувреме (с)	[poluvréme]
primeiro tempo (m)	първо полувреме (с)	[pérvo poluvréme]
intervalo (m)	почивка (ж)	[potʃífka]

goleira (f)	врата (ж)	[vratá]
goleiro (m)	вратар (м)	[vratár]
trave (f)	странична греда (ж)	[straníʧna gredá]
travessão (m)	напречна греда (ж)	[napréʧna gredá]
rede (f)	мрежа (ж)	[mréʒa]
tomar um gol	пропусна топка	[propúsna tópka]

bola (f)	топка (ж)	[tópka]
passe (m)	пас (м)	[pas]
chute (m)	удар (м)	[údar]
chutar (vt)	бия	[bíja]
pontapé (m)	наказателен удар (м)	[nakazátelen údar]
escanteio (m)	ъглов удар (м)	[églov údar]

ataque (m)	атака (ж)	[atáka]
contra-ataque (m)	контраатака (ж)	[kóntra·atáka]
combinação (f)	комбинация (ж)	[kombinátsija]

árbitro (m)	арбитър (м)	[arbítər]
apitar (vi)	свиря	[svírʲa]
apito (m)	свирка (ж)	[svírka]
falta (f)	нарушение (с)	[naruʃénie]
cometer a falta	наруша	[naruʃá]
expulsar (vt)	отстраня	[otstranʲá]

cartão (m) amarelo	жълт картон (м)	[ʒəlt kartón]
cartão (m) vermelho	червен картон (м)	[ʧervén kartón]
desqualificação (f)	дисквалификация (ж)	[diskvalifikátsija]
desqualificar (vt)	дисквалифицирам	[diskvalifitsíram]

pênalti (m)	дузпа (ж)	[dúspa]
barreira (f)	стена (ж)	[stená]
marcar (vt)	вкарам	[fkáram]
gol (m)	гол (м)	[gol]
marcar um gol	вкарам гол	[fkáram gol]

substituição (f)	смяна (ж)	[smʲána]
substituir (vt)	сменя	[smenʲá]
regras (f pl)	правила (с мн)	[pravilá]
tática (f)	тактика (ж)	[táktika]

estádio (m)	стадион (м)	[stadión]
arquibancadas (f pl)	трибуна (ж)	[tribúna]

| fã, torcedor (m) | запалянко (м) | [zapalʲánko] |
| gritar (vi) | викам | [víkam] |

| placar (m) | табло (с) | [tabló] |
| resultado (m) | резултат (м) | [rezultát] |

derrota (f)	поражение (с)	[poraʒénie]
perder (vt)	загубя	[zagúbʲa]
empate (m)	наравно	[narávno]
empatar (vi)	завърша наравно	[zavérʃa narávno]

| vitória (f) | победа (ж) | [pobéda] |
| vencer (vi, vt) | победя | [pobedʲá] |

campeão (m)	шампион (м)	[ʃampíon]
melhor (adj)	най-добър	[naj-dobér]
felicitar (vt)	поздравявам	[pozdravʲávam]

comentarista (m)	коментатор (м)	[komentátor]
comentar (vt)	коментирам	[komentíram]
transmissão (f)	предаване (с)	[predávane]

137. Esqui alpino

esqui (m)	ски (мн)	[ski]
esquiar (vi)	карам ски	[káram ski]
estação (f) de esqui	планински курорт (м)	[planínski kurórt]
teleférico (m)	лифт (м)	[lift]

bastões (m pl) de esqui	щеки (ж мн)	[ʃtéki]
declive (m)	склон (м)	[sklon]
slalom (m)	слалом (м)	[slálom]

138. Tênis. Golfe

golfe (m)	голф (м)	[golf]
clube (m) de golfe	голф клуб (м)	[golf klúp]
jogador (m) de golfe	играч (м) на голф	[igráʧ na golf]

buraco (m)	дупка (ж)	[dúpka]
taco (m)	стик (м)	[stik]
trolley (m)	количка (ж) за голф	[kolíʧka za golf]

| tênis (m) | тенис (м) | [ténis] |
| quadra (f) de tênis | корт (м) | [kort] |

| saque (m) | сервис (м) | [sérvis] |
| sacar (vi) | сервирам | [servíram] |

raquete (f)	ракета (ж)	[rakéta]
rede (f)	мрежа (ж)	[mréʒa]
bola (f)	топка (ж)	[tópka]

139. Xadrez

xadrez (m)	шахмат (м)	[ʃáhmát]
peças (f pl) de xadrez	шахматни фигури (ж мн)	[ʃáhmátni fíguri]
jogador (m) de xadrez	шахматист (м)	[ʃahmatíst]
tabuleiro (m) de xadrez	шахматна дъска (ж)	[ʃáhmatna dəská]
peça (f)	фигура (ж)	[fígura]
brancas (f pl)	бели (мн)	[béli]
pretas (f pl)	черни (мн)	[ʧérni]
peão (m)	пионка (ж)	[piónka]
bispo (m)	офицер (м)	[ofitsér]
cavalo (m)	кон (м)	[kon]
torre (f)	топ (м)	[top]
dama (f)	царица (ж)	[tsarítsa]
rei (m)	цар (м)	[tsar]
vez (f)	ход (м)	[hot]
mover (vt)	предвижвам	[predvíʒvam]
sacrificar (vt)	жертвам	[ʒértvam]
roque (m)	рокада (ж)	[rokáda]
xeque (m)	шах (м)	[ʃah]
xeque-mate (m)	мат (м)	[mat]
torneio (m) de xadrez	шахматен турнир (м)	[ʃáhmaten turnír]
grão-mestre (m)	гросмайстор (м)	[grosmájstor]
combinação (f)	комбинация (ж)	[kombinátsija]
partida (f)	партия (ж)	[pártija]
jogo (m) de damas	шашки (мн)	[ʃáʃki]

140. Boxe

boxe (m)	бокс (м)	[boks]
combate (m)	бой (м)	[boj]
luta (f) de boxe	двубой (м)	[dvubój]
round (m)	рунд (м)	[runt]
ringue (m)	ринг (м)	[rink]
gongo (m)	гонг (м)	[gonk]
murro, soco (m)	удар (м)	[údar]
derrubada (f)	нокдаун (м)	[nokdáun]
nocaute (m)	нокаут (м)	[nokáut]
nocautear (vt)	нокаутирам	[nokautíram]
luva (f) de boxe	боксьорска ръкавица (ж)	[boksʲórska rəkavítsa]
juiz (m)	рефер (м)	[réfer]
peso-pena (m)	лека категория (ж)	[léka kategórija]
peso-médio (m)	средна категория (ж)	[srédna kategórija]
peso-pesado (m)	тежка категория (ж)	[téʃka kategórija]

141. Desportos. Diversos

Jogos (m pl) Olímpicos	олимпийски игри (ж мн)	[olimpíjski igrí]
vencedor (m)	победител (м)	[pobedítel]
vencer (vi)	побеждавам	[pobeʒdávam]
vencer (vi, vt)	спечеля	[spetʃélʲa]
líder (m)	водач (м)	[vodátʃ]
liderar (vt)	водя	[vódʲa]
primeiro lugar (m)	първо място (c)	[pérvo mʲásto]
segundo lugar (m)	второ място (c)	[ftóro mʲásto]
terceiro lugar (m)	трето място (c)	[tréto mʲásto]
medalha (f)	медал (м)	[medál]
troféu (m)	трофей (м)	[troféj]
taça (f)	купа (ж)	[kupá]
prêmio (m)	награда (ж)	[nagráda]
prêmio (m) principal	първа награда (ж)	[pérva nagráda]
recorde (m)	рекорд (м)	[rekórt]
estabelecer um recorde	поставям рекорд	[postávʲam rekórt]
final (m)	финал (м)	[finál]
final (adj)	финален	[finálen]
campeão (m)	шампион (м)	[ʃampíon]
campeonato (m)	шампионат (м)	[ʃampionát]
estádio (m)	стадион (м)	[stadión]
arquibancadas (f pl)	трибуна (ж)	[tribúna]
fã, torcedor (m)	запалянко (м)	[zapalʲánko]
adversário (m)	съперник (м)	[səpérnik]
partida (f)	старт (м)	[start]
linha (f) de chegada	финиш (м)	[fíniʃ]
derrota (f)	загуба (ж)	[záguba]
perder (vt)	загубя	[zagúbʲa]
árbitro, juiz (m)	съдия (м)	[sədijá]
júri (m)	жури (c)	[ʒúri]
resultado (m)	резултат (м)	[rezultát]
empate (m)	наравно (c)	[narávno]
empatar (vi)	завърша наравно	[zavérʃa narávno]
ponto (m)	точка (ж)	[tótʃka]
resultado (m) final	резултат (м)	[rezultát]
intervalo (m)	почивка (ж)	[potʃífka]
doping (m)	допинг (м)	[dóping]
penalizar (vt)	наказвам	[nakázvam]
desqualificar (vt)	дисквалифицирам	[diskvalifitsíram]
aparelho, aparato (m)	уред (м)	[úret]
dardo (m)	копие (c)	[kópie]

peso (m)	гюлле (с)	[gʲulé]
bola (f)	топка (ж)	[tópka]
alvo, objetivo (m)	цел (ж)	[tsel]
alvo (~ de papel)	мишена (ж)	[miʃéna]
disparar, atirar (vi)	стрелям	[strélʲam]
preciso (tiro ~)	точен	[tótʃen]
treinador (m)	треньор (м)	[trenʲór]
treinar (vt)	тренирам	[treníram]
treinar-se (vr)	тренирам се	[treníram se]
treino (m)	тренировка (ж)	[trenirófka]
academia (f) de ginástica	спортна зала (ж)	[spórtna zála]
exercício (m)	упражнение (с)	[upraʒnénie]
aquecimento (m)	загряване (с)	[zagrʲávane]

Educação

142. Escola

escola (f)	училище (c)	[utʃíliʃte]
diretor (m) de escola	директор (м) на училище	[diréktor na utʃíliʃte]
aluno (m)	ученик (м)	[utʃeník]
aluna (f)	ученичка (ж)	[utʃenítʃka]
estudante (m)	ученик (м)	[utʃeník]
estudante (f)	ученичка (ж)	[utʃenítʃka]
ensinar (vt)	уча	[útʃa]
aprender (vt)	уча	[útʃa]
decorar (vt)	уча наизуст	[útʃa naizúst]
estudar (vi)	уча се	[útʃa se]
estar na escola	ходя на училище	[hódʲa na utʃíliʃte]
ir à escola	отивам на училище	[otívam na utʃíliʃte]
alfabeto (m)	алфавит (м)	[alfavít]
disciplina (f)	предмет (м)	[predmét]
sala (f) de aula	клас (м)	[klas]
lição, aula (f)	час (м)	[tʃas]
recreio (m)	междучасие (c)	[meʒdutʃásie]
toque (m)	звънец (м)	[zvənéts]
classe (f)	чин (м)	[tʃin]
quadro (m) negro	дъска (ж)	[dəská]
nota (f)	бележка (ж)	[beléʃka]
boa nota (f)	добра оценка (ж)	[dobrá otsénka]
nota (f) baixa	лоша оценка (ж)	[lóʃa otsénka]
dar uma nota	пиша оценка (ж)	[píʃa otsénka]
erro (m)	грешка (ж)	[gréʃka]
errar (vi)	правя грешки	[právʲa gréʃki]
corrigir (~ um erro)	поправям	[poprávʲam]
cola (f)	пищов (м)	[piʃtóv]
dever (m) de casa	домашно (c)	[domáʃno]
exercício (m)	упражнение (c)	[upraʒnénie]
estar presente	присъствам	[priséstvam]
estar ausente	отсъствам	[otséstvam]
punir (vt)	наказвам	[nakázvam]
punição (f)	наказание (c)	[nakazánie]
comportamento (m)	поведение (c)	[povedénie]
boletim (m) escolar	дневник (м)	[dnévnik]

lápis (m)	молив (м)	[móliv]
borracha (f)	гума (ж)	[gúma]
giz (m)	тебешир (м)	[tebeʃír]
porta-lápis (m)	несесер (м)	[nesesér]

mala, pasta, mochila (f)	раница (ж)	[ránitsa]
caneta (f)	химикалка (ж)	[himikálka]
caderno (m)	тетрадка (ж)	[tetrátka]
livro (m) didático	учебник (м)	[utʃébnik]
compasso (m)	пергел (м)	[pergél]

traçar (vt)	чертая	[tʃertája]
desenho (m) técnico	чертеж (м)	[tʃertéʒ]

poesia (f)	стихотворение (с)	[stihotvorénie]
de cor	наизуст	[naizúst]
decorar (vt)	уча наизуст	[útʃa naizúst]

férias (f pl)	ваканция (ж)	[vakántsija]
estar de férias	във ваканция съм	[vəf vakántsija səm]
passar as férias	прекарвам ваканция	[prekárvam vakántsija]

teste (m), prova (f)	контролна работа (ж)	[kontrólna rábota]
redação (f)	съчинение (с)	[sətʃinénie]
ditado (m)	диктовка (ж)	[diktófka]

exame (m), prova (f)	изпит (м)	[íspit]
fazer prova	полагам изпити	[polágam íspiti]
experiência (~ química)	опит (м)	[ópit]

143. Colégio. Universidade

academia (f)	академия (ж)	[akadémija]
universidade (f)	университет (м)	[universitét]
faculdade (f)	факултет (м)	[fakultét]

estudante (m)	студент (м)	[studént]
estudante (f)	студентка (ж)	[studéntka]
professor (m)	преподавател (м)	[prepodavátel]

auditório (m)	аудитория (ж)	[auditórija]
graduado (m)	абсолвент (м)	[absolvént]

diploma (m)	диплома (ж)	[díploma]
tese (f)	дисертация (ж)	[disertátsija]

estudo (obra)	изследване (с)	[isslédvane]
laboratório (m)	лаборатория (ж)	[laboratórija]

palestra (f)	лекция (ж)	[léktsija]
colega (m) de curso	състудент (м)	[səstudént]

bolsa (f) de estudos	стипендия (ж)	[stipéndija]
grau (m) acadêmico	научна степен (ж)	[naútʃna stépen]

144. Ciências. Disciplinas

matemática (f)	математика (ж)	[matemátika]
álgebra (f)	алгебра (ж)	[álgebra]
geometria (f)	геометрия (ж)	[geométrija]
astronomia (f)	астрономия (ж)	[astronómija]
biologia (f)	биология (ж)	[biológija]
geografia (f)	география (ж)	[geográfija]
geologia (f)	геология (ж)	[geológija]
história (f)	история (ж)	[istórija]
medicina (f)	медицина (ж)	[meditsína]
pedagogia (f)	педагогика (ж)	[pedagógika]
direito (m)	право (c)	[právo]
física (f)	физика (ж)	[fízika]
química (f)	химия (ж)	[hímija]
filosofia (f)	философия (ж)	[filosófija]
psicologia (f)	психология (ж)	[psihológija]

145. Sistema de escrita. Ortografia

gramática (f)	граматика (ж)	[gramátika]
vocabulário (m)	лексика (ж)	[léksika]
fonética (f)	фонетика (ж)	[fonétika]
substantivo (m)	съществително име (c)	[səʃtestvítelno íme]
adjetivo (m)	прилагателно име (c)	[prilagátelno íme]
verbo (m)	глагол (м)	[glagól]
advérbio (m)	наречие (c)	[narétʃie]
pronome (m)	местоимение (c)	[mestoiménie]
interjeição (f)	междуметие (c)	[meʒdumétie]
preposição (f)	предлог (м)	[predlók]
raiz (f)	корен (м) на думата	[kóren na dúmata]
terminação (f)	окончание (c)	[okontʃánie]
prefixo (m)	представка (ж)	[pretstáfka]
sílaba (f)	сричка (ж)	[srítʃka]
sufixo (m)	наставка (ж)	[nastáfka]
acento (m)	ударение (c)	[udarénie]
apóstrofo (f)	апостроф (м)	[apostróf]
ponto (m)	точка (ж)	[tótʃka]
vírgula (f)	запетая (ж)	[zapetája]
ponto e vírgula (m)	точка (ж) и запетая	[tótʃka i zapetája]
dois pontos (m pl)	двоеточие (c)	[dvoetótʃie]
reticências (f pl)	многоточие (c)	[mnogotótʃie]
ponto (m) de interrogação	въпросителен знак (м)	[vəprosítelen znák]
ponto (m) de exclamação	удивителна (ж)	[udivítelna]

aspas (f pl)	кавички (мн)	[kavítʃki]
entre aspas	в кавички	[v kavítʃki]
parênteses (m pl)	скоби (ж мн)	[skóbi]
entre parênteses	в скоби	[v skóbi]

hífen (m)	дефис (м)	[defís]
travessão (m)	тире (с)	[tiré]
espaço (m)	бяло поле (с)	[bʲálo polé]

letra (f)	буква (ж)	[búkva]
letra (f) maiúscula	главна буква (ж)	[glávna búkva]

vogal (f)	гласен звук (м)	[glásen zvuk]
consoante (f)	съгласен звук (м)	[səglásen zvuk]

frase (f)	изречение (с)	[izretʃénie]
sujeito (m)	подлог (м)	[pódlok]
predicado (m)	сказуемо (с)	[skazúemo]

linha (f)	ред (м)	[ret]
em uma nova linha	от нов ред	[ot nóv ret]
parágrafo (m)	абзац (м)	[abzáts]

palavra (f)	дума (ж)	[dúma]
grupo (m) de palavras	словосъчетание (с)	[slovo·sətʃetánie]
expressão (f)	израз (м)	[ízraz]
sinônimo (m)	синоним (м)	[sinoním]
antônimo (m)	антоним (м)	[antoním]

regra (f)	правило (с)	[právilo]
exceção (f)	изключение (с)	[izklʲutʃénie]
correto (adj)	верен	[véren]

conjugação (f)	спрежение (с)	[spreʒénie]
declinação (f)	склонение (с)	[sklonénie]
caso (m)	падеж (м)	[padéʒ]
pergunta (f)	въпрос (м)	[vəprós]
sublinhar (vt)	подчертая	[podtʃertája]
linha (f) pontilhada	пунктир (м)	[punktír]

146. Línguas estrangeiras

língua (f)	език (м)	[ezík]
estrangeiro (adj)	чужд	[tʃuʒd]
língua (f) estrangeira	чужд език (м)	[tʃuʒd ezík]
estudar (vt)	изучавам	[izutʃávam]
aprender (vt)	уча	[útʃa]

ler (vt)	чета	[tʃeta]
falar (vi)	говоря	[govórʲa]
entender (vt)	разбирам	[razbíram]
escrever (vt)	пиша	[píʃa]
rapidamente	бързо	[bérzo]
devagar, lentamente	бавно	[bávno]

fluentemente	свободно	[svobódno]
regras (f pl)	правила (с мн)	[pravilá]
gramática (f)	граматика (ж)	[gramátika]
vocabulário (m)	лексика (ж)	[léksika]
fonética (f)	фонетика (ж)	[fonétika]

livro (m) didático	учебник (м)	[utʃébnik]
dicionário (m)	речник (м)	[rétʃnik]
manual (m) autodidático	самоучител (м)	[samoutʃítel]
guia (m) de conversação	разговорник (м)	[razgovórnik]

fita (f) cassete	касета (ж)	[kaséta]
videoteipe (m)	видеокасета (ж)	[video·kaséta]
CD (m)	CD диск (м)	[sidí disk]
DVD (m)	DVD (м)	[dividí]

alfabeto (m)	алфавит (м)	[alfavít]
soletrar (vt)	спелувам	[spelúvam]
pronúncia (f)	произношение (с)	[proiznoʃénie]

sotaque (m)	акцент (м)	[aktsént]
com sotaque	с акцент	[s aktsént]
sem sotaque	без акцент	[bez aktsént]

| palavra (f) | дума (ж) | [dúma] |
| sentido (m) | смисъл (м) | [smísəl] |

curso (m)	курсове (м мн)	[kúrsove]
inscrever-se (vr)	запиша се	[zapíʃa se]
professor (m)	преподавател (м)	[prepodavátel]

tradução (processo)	превод (м)	[prévot]
tradução (texto)	превод (м)	[prévot]
tradutor (m)	преводач (м)	[prevodátʃ]
intérprete (m)	преводач (м)	[prevodátʃ]

| poliglota (m) | полиглот (м) | [poliglót] |
| memória (f) | памет (ж) | [pámet] |

147. Personagens de contos de fadas

| Papai Noel (m) | Дядо Коледа | [dʲádo kóleda] |
| sereia (f) | русалка (ж) | [rusálka] |

bruxo, feiticeiro (m)	вълшебник (м)	[vəlʃébnik]
fada (f)	вълшебница (ж)	[vəlʃébnitsa]
mágico (adj)	вълшебен	[vəlʃében]
varinha (f) mágica	вълшебна пръчица (ж)	[vəlʃébna prétʃitsa]

conto (m) de fadas	приказка (ж)	[príkaska]
milagre (m)	чудо (с)	[tʃúdo]
anão (m)	джудже (с)	[dʒudʒé]
transformar-se em ...	превърна се в ...	[prevérna se v]
fantasma (m)	призрак (м)	[prízrak]

fantasma (m)	привидение (c)	[prividénie]
monstro (m)	чудовище (c)	[ʧudóviʃte]
dragão (m)	ламя (ж)	[lamʲá]
gigante (m)	великан (м)	[velikán]

148. Signos do Zodíaco

Áries (f)	Овен (м)	[ovén]
Touro (m)	Телец (м)	[teléts]
Gêmeos (m pl)	Близнаци (м мн)	[bliznátsi]
Câncer (m)	Рак (м)	[rak]
Leão (m)	Лъв (м)	[ləv]
Virgem (f)	Дева (ж)	[déva]

Libra (f)	Везни (ж мн)	[vezní]
Escorpião (m)	Скорпион (м)	[skorpión]
Sagitário (m)	Стрелец (м)	[streléts]
Capricórnio (m)	Козирог (м)	[kózirok]
Aquário (m)	Водолей (м)	[vodoléj]
Peixes (pl)	Риби (ж мн)	[ríbi]

caráter (m)	характер (м)	[harákter]
traços (m pl) do caráter	черти (ж мн) на характера	[ʧertí na haráktera]
comportamento (m)	поведение (c)	[povedénie]
prever a sorte	гледам	[glédam]
adivinha (f)	гледачка (ж)	[gledáʧka]
horóscopo (m)	хороскоп (м)	[horoskóp]

Artes

149. Teatro

teatro (m)	театър (м)	[teátər]
ópera (f)	опера (ж)	[ópera]
opereta (f)	оперета (ж)	[operéta]
balé (m)	балет (м)	[balét]
cartaz (m)	афиш (м)	[afíʃ]
companhia (f) de teatro	трупа (ж)	[trúpa]
turnê (f)	гастроли (м мн)	[gastróli]
estar em turnê	гастролирам	[gastrolíram]
ensaiar (vt)	репетирам	[repetíram]
ensaio (m)	репетиция (ж)	[repetítsija]
repertório (m)	репертоар (м)	[repertuár]
apresentação (f)	представление (с)	[pretstavlénie]
espetáculo (m)	спектакъл (м)	[spektákəl]
peça (f)	пиеса (ж)	[piésa]
entrada (m)	билет (м)	[bilét]
bilheteira (f)	билетна каса (ж)	[bilétna kása]
hall (m)	хол (м)	[hol]
vestiário (m)	гардероб (м)	[garderóp]
senha (f) numerada	номерче (с)	[nómertʃe]
binóculo (m)	бинокъл (м)	[binókəl]
lanterninha (m)	контрольор (м)	[kontrolʲór]
plateia (f)	партер (м)	[párter]
balcão (m)	балкон (м)	[balkón]
primeiro balcão (m)	първи балкон (м)	[pέrvi balkón]
camarote (m)	ложа (ж)	[lóʒa]
fila (f)	ред (м)	[ret]
assento (m)	място (с)	[mʲásto]
público (m)	публика (ж)	[públika]
espectador (m)	зрител (м)	[zrítel]
aplaudir (vt)	аплодирам	[aplodíram]
aplauso (m)	аплодисменти (м мн)	[aplodisménti]
ovação (f)	овации (ж мн)	[ovátsii]
palco (m)	сцена (ж)	[stséna]
cortina (f)	завеса (ж)	[zavésa]
cenário (m)	декорация (ж)	[dekorátsija]
bastidores (m pl)	кулиси (ж мн)	[kulísi]
cena (f)	сцена (ж)	[stséna]
ato (m)	действие (с)	[déjstvie]
intervalo (m)	антракт (м)	[antrákt]

150. Cinema

ator (m)	актьор (м)	[aktjór]
atriz (f)	актриса (ж)	[aktrísa]
cinema (m)	кино (с)	[kíno]
filme (m)	филм (м)	[film]
episódio (m)	серия (ж)	[sérija]
filme (m) policial	детективски филм (м)	[detektífski film]
filme (m) de ação	екшън филм (м)	[ékʃən film]
filme (m) de aventuras	приключенски филм (м)	[priklʲutʃénski film]
filme (m) de ficção científica	фантастичен филм (м)	[fantastítʃen film]
filme (m) de horror	филм (м) на ужаси	[film na úʒasi]
comédia (f)	кинокомедия (ж)	[kinokomédija]
melodrama (m)	мелодрама (ж)	[melodráma]
drama (m)	драма (ж)	[dráma]
filme (m) de ficção	игрален филм (м)	[igrálen film]
documentário (m)	документален филм (м)	[dokumentálen film]
desenho (m) animado	анимационен филм (м)	[animatsiónen film]
cinema (m) mudo	нямо кино (с)	[nʲámo kíno]
papel (m)	роля (ж)	[rólʲa]
papel (m) principal	главна роля (ж)	[glávna rólʲa]
representar (vt)	играя	[igrája]
estrela (f) de cinema	кинозвезда (ж)	[kinozvezdá]
conhecido (adj)	известен	[izvésten]
famoso (adj)	прочут	[protʃút]
popular (adj)	популярен	[populʲáren]
roteiro (m)	сценарий (м)	[stsenárij]
roteirista (m)	сценарист (м)	[stsenaríst]
diretor (m) de cinema	режисьор (м)	[reʒisʲór]
produtor (m)	продуцент (м)	[produtsént]
assistente (m)	асистент (м)	[asistént]
diretor (m) de fotografia	оператор (м)	[operátor]
dublê (m)	каскадьор (м)	[kaskadʲór]
filmar (vt)	снимам филм	[snímam film]
audição (f)	проби (ж мн)	[próbi]
filmagem (f)	снимане (с)	[snímane]
equipe (f) de filmagem	снимачен екип (м)	[snimátʃen ekíp]
set (m) de filmagem	снимачна площадка (ж)	[snimátʃna ploʃtátka]
câmera (f)	кинокамера (ж)	[kinokámera]
cinema (m)	кинотеатър (м)	[kinoteátər]
tela (f)	екран (м)	[ekrán]
exibir um filme	прожектирам филм	[proʒektíram film]
trilha (f) sonora	звукова пътека (ж)	[zvúkova pətéka]
efeitos (m pl) especiais	специални ефекти (м мн)	[spetsiálni efékti]
legendas (f pl)	субтитри (мн)	[suptítri]

| crédito (m) | титри (мн) | [títri] |
| tradução (f) | превод (м) | [prévot] |

151. Pintura

arte (f)	изкуство (с)	[izkústvo]
belas-artes (f pl)	изящни изкуства (с мн)	[iz'áʃtni iskústva]
galeria (f) de arte	галерия (ж)	[galérija]
exibição (f) de arte	изложба (ж) на картини	[izlóʒba na kartíni]

pintura (f)	живопис (м)	[ʒivopís]
arte (f) gráfica	графика (ж)	[gráfika]
arte (f) abstrata	абстракционизъм (м)	[abstraktsionízəm]
impressionismo (m)	импресионизъм (м)	[impresionízəm]

pintura (f), quadro (m)	картина (ж)	[kartína]
desenho (m)	рисунка (ж)	[risúnka]
cartaz, pôster (m)	постер (м)	[póster]

ilustração (f)	илюстрация (ж)	[il'ustrátsija]
miniatura (f)	миниатюра (ж)	[miniat'úra]
cópia (f)	копие (с)	[kópie]
reprodução (f)	репродукция (ж)	[reprodúktsija]

mosaico (m)	мозайка (ж)	[mozájka]
vitral (m)	стъклопис (м)	[stəklopís]
afresco (m)	фреска (ж)	[fréska]
gravura (f)	гравюра (ж)	[grav'úra]

busto (m)	бюст (м)	[b'ust]
escultura (f)	скулптура (ж)	[skulptúra]
estátua (f)	статуя (ж)	[státuja]
gesso (m)	гипс (м)	[gips]
em gesso (adj)	от гипс	[ot gips]

retrato (m)	портрет (м)	[portrét]
autorretrato (m)	автопортрет (м)	[aftoportrét]
paisagem (f)	пейзаж (м)	[pejzáʒ]
natureza (f) morta	натюрморт (м)	[nat'urmórt]
caricatura (f)	карикатура (ж)	[karikatúra]
esboço (m)	скица (ж)	[skítsa]

tinta (f)	боя (ж)	[bojá]
aquarela (f)	акварел (м)	[akvarél]
tinta (f) a óleo	маслени бои (ж мн)	[másleni boí]
lápis (m)	молив (м)	[móliv]
tinta (f) nanquim	туш (м)	[tuʃ]
carvão (m)	въглен (м)	[véglen]

| desenhar (vt) | рисувам | [risúvam] |
| pintar (vt) | рисувам | [risúvam] |

| posar (vi) | позирам | [pozíram] |
| modelo (m) | модел (м) | [modél] |

modelo (f)	модел (м)	[modél]
pintor (m)	художник (м)	[hudóʒnik]
obra (f)	произведение (c)	[proizvedénie]
obra-prima (f)	шедьовър (м)	[ʃedʲóvər]
estúdio (m)	ателие (c)	[atelié]

tela (f)	платно (c)	[platnó]
cavalete (m)	статив (м)	[statíf]
paleta (f)	палитра (ж)	[palítra]

moldura (f)	рамка (ж)	[rámka]
restauração (f)	реставрация (ж)	[restavrátsija]
restaurar (vt)	реставрирам	[restavríram]

152. Literatura & Poesia

literatura (f)	литература (ж)	[literatúra]
autor (m)	автор (м)	[áftor]
pseudônimo (m)	псевдоним (м)	[psevdoním]

livro (m)	книга (ж)	[kníga]
volume (m)	том (м)	[tom]
índice (m)	съдържание (c)	[sədərʒánie]
página (f)	страница (ж)	[stránitsa]
protagonista (m)	главен герой (м)	[gláven gerój]
autógrafo (m)	автограф (м)	[aftográf]

conto (m)	разказ (м)	[rázkaz]
novela (f)	повест (ж)	[póvest]
romance (m)	роман (м)	[román]
obra (f)	съчинение (c)	[səʧinénie]
fábula (m)	басня (ж)	[básnʲa]
romance (m) policial	детективски роман (м)	[detektífski román]

verso (m)	стихотворение (c)	[stihotvorénie]
poesia (f)	поезия (ж)	[poézija]
poema (m)	поема (ж)	[poéma]
poeta (m)	поет (м)	[poét]

ficção (f)	белетристика (ж)	[beletrístika]
ficção (f) científica	научна фантастика (ж)	[naúʧna fantástika]
aventuras (f pl)	приключения (c мн)	[priklʲuʧénija]
literatura (f) didática	учебна литература (ж)	[uʧébna literatúra]
literatura (f) infantil	детска литература (ж)	[détska literatúra]

153. Circo

circo (m)	цирк (м)	[tsirk]
programa (m)	програма (ж)	[prográma]
apresentação (f)	представление (c)	[pretstavlénie]
número (m)	номер (м)	[nómer]
picadeiro (f)	арена (ж)	[aréna]

| pantomima (f) | пантомима (ж) | [pantomíma] |
| palhaço (m) | клоун (м) | [klóun] |

acrobata (m)	акробат (м)	[akrobát]
acrobacia (f)	акробатика (ж)	[akrobátika]
ginasta (m)	гимнастик (м)	[gimnastík]
ginástica (f)	гимнастика (ж)	[gimnástika]
salto (m) mortal	салто (с)	[sálto]

homem (m) forte	атлет (м)	[atlét]
domador (m)	укротител (м)	[ukrotítel]
cavaleiro (m) equilibrista	ездач (м)	[ezdátʃ]
assistente (m)	асистент (м)	[asistént]

truque (m)	трик (м)	[trik]
truque (m) de mágica	фокус (м)	[fókus]
ilusionista (m)	фокусник (м)	[fókusnik]

malabarista (m)	жонгльор (м)	[ʒonglʲór]
fazer malabarismos	жонглирам	[ʒonglíram]
adestrador (m)	дресьор (м)	[dresʲór]
adestramento (m)	дресиране (с)	[dresírane]
adestrar (vt)	дресирам	[dresíram]

154. Música. Música popular

música (f)	музика (ж)	[múzika]
músico (m)	музикант (м)	[muzikánt]
instrumento (m) musical	музикален инструмент (м)	[muzikálen instrumént]
tocar ...	свиря на ...	[svírʲa na]

guitarra (f)	китара (ж)	[kitára]
violino (m)	цигулка (ж)	[tsigúlka]
violoncelo (m)	чело (с)	[tʃélo]
contrabaixo (m)	контрабас (м)	[kontrabás]
harpa (f)	арфа (ж)	[árfa]

piano (m)	пиано (с)	[piáno]
piano (m) de cauda	роял (м)	[rojál]
órgão (m)	орган (м)	[orgán]

instrumentos (m pl) de sopro	духови инструменти (м мн)	[dúhovi instruménti]
oboé (m)	обой (м)	[obój]
saxofone (m)	саксофон (м)	[saksofón]
clarinete (m)	кларнет (м)	[klarnét]
flauta (f)	флейта (ж)	[fléjta]
trompete (m)	тръба (ж)	[trəbá]

| acordeão (m) | акордеон (м) | [akordeón] |
| tambor (m) | барабан (м) | [barabán] |

dueto (m)	дует (м)	[duét]
trio (m)	трио (с)	[trío]
quarteto (m)	квартет (м)	[kvartét]

coro (m)	хор (м)	[hor]
orquestra (f)	оркестър (м)	[orkéstər]
música (f) pop	поп музика (ж)	[pop múzika]
música (f) rock	рок музика (ж)	[rok múzika]
grupo (m) de rock	рок-група (ж)	[rok-grúpa]
jazz (m)	джаз (м)	[dʒaz]
ídolo (m)	кумир (м)	[kumír]
fã, admirador (m)	почитател (м)	[potʃitátel]
concerto (m)	концерт (м)	[kontsért]
sinfonia (f)	симфония (ж)	[simfónija]
composição (f)	съчинение (с)	[sətʃinénie]
compor (vt)	съчинявам	[sətʃinʲávam]
canto (m)	пеене (с)	[péene]
canção (f)	песен (ж)	[pésen]
melodia (f)	мелодия (ж)	[melódija]
ritmo (m)	ритъм (м)	[rítəm]
blues (m)	блус (м)	[blus]
notas (f pl)	ноти (ж мн)	[nóti]
batuta (f)	диригентска палка (ж)	[dirigénska pálka]
arco (m)	лък (м)	[lək]
corda (f)	струна (ж)	[strúna]
estojo (m)	калъф (м)	[kaléf]

Descanso. Entretenimento. Viagens

155. Viagens

turismo (m)	туризъм (м)	[turízəm]
turista (m)	турист (м)	[turíst]
viagem (f)	пътешествие (с)	[pəteʃéstvie]
aventura (f)	приключение (с)	[priklʲutʃénie]
percurso (curta viagem)	пътуване (с)	[pətúvane]
férias (f pl)	отпуска (ж)	[ótpuska]
estar de férias	бъда в отпуска	[bə́da v ótpuska]
descanso (m)	почивка (ж)	[potʃífka]
trem (m)	влак (м)	[vlak]
de trem (chegar ~)	с влак	[s vlak]
avião (m)	самолет (м)	[samolét]
de avião	със самолет	[səs samolét]
de carro	с кола	[s kolá]
de navio	с кораб	[s kórap]
bagagem (f)	багаж (м)	[bagáʃ]
mala (f)	куфар (м)	[kúfar]
carrinho (m)	количка (ж) за багаж	[kolítʃka za bagáʃ]
passaporte (m)	паспорт (м)	[paspórt]
visto (m)	виза (ж)	[víza]
passagem (f)	билет (м)	[bilét]
passagem (f) aérea	самолетен билет (м)	[samoléten bilét]
guia (m) de viagem	пътеводител (м)	[pətevodítel]
mapa (m)	карта (ж)	[kárta]
área (f)	местност (ж)	[méstnost]
lugar (m)	място (с)	[mʲásto]
exotismo (m)	екзотика (ж)	[ekzótika]
exótico (adj)	екзотичен	[ekzotítʃen]
surpreendente (adj)	удивителен	[udivítelen]
grupo (m)	група (ж)	[grúpa]
excursão (f)	екскурзия (ж)	[ekskúrzija]
guia (m)	гид (м)	[git]

156. Hotel

hotel (m)	хотел (м)	[hotél]
motel (m)	мотел (м)	[motél]
três estrelas	три звезди	[tri zvezdí]

cinco estrelas	пет звезди	[pet zvezdí]
ficar (vi, vt)	отсядам	[ots^jádam]

quarto (m)	стая (ж) в хотел	[stája f hotél]
quarto (m) individual	еднинична стая (ж)	[ediníʧna stája]
quarto (m) duplo	двойна стая (ж)	[dvójna stája]
reservar um quarto	резервирам стая	[rezervíram stája]

meia pensão (f)	полупансион (м)	[polupansión]
pensão (f) completa	пълен пансион (м)	[pélen pansión]

com banheira	с баня	[s bán^ja]
com chuveiro	с душ	[s duʃ]
televisão (m) por satélite	сателитна телевизия (ж)	[satelítna televízija]
ar (m) condicionado	климатик (м)	[klimatík]
toalha (f)	кърпа (ж)	[kérpa]
chave (f)	ключ (м)	[kl^juʧ]

administrador (m)	администратор (м)	[administrátor]
camareira (f)	камериерка (ж)	[kameriérka]
bagageiro (m)	носач (м)	[nosáʧ]
porteiro (m)	портиер (м)	[portiér]

restaurante (m)	ресторант (м)	[restoránt]
bar (m)	бар (м)	[bar]
café (m) da manhã	закуска (ж)	[zakúska]
jantar (m)	вечеря (ж)	[veʧér^ja]
bufê (m)	шведска маса (ж)	[ʃvétska mása]

saguão (m)	вестибюл (м)	[vestib^júl]
elevador (m)	асансьор (м)	[asans^jór]

NÃO PERTURBE	НЕ МЕ БЕЗПОКОЙТЕ!	[ne me bespokójte]
PROIBIDO FUMAR!	ПУШЕНЕТО ЗАБРАНЕНО!	[puʃenéto zabráneno]

157. Livros. Leitura

livro (m)	книга (ж)	[kníga]
autor (m)	автор (м)	[áftor]
escritor (m)	писател (м)	[pisátel]
escrever (~ um livro)	напиша	[napíʃa]

leitor (m)	читател (м)	[ʧitátel]
ler (vt)	чета	[ʧeta]
leitura (f)	четене (с)	[ʧétene]

para si	на ум	[na úm]
em voz alta	на глас	[na glás]

publicar (vt)	издавам	[izdávam]
publicação (f)	издание (с)	[izdánie]
editor (m)	издател (м)	[izdátel]
editora (f)	издателство (с)	[izdátelstvo]
sair (vi)	излизам	[izlízam]

lançamento (m)	излизане (c)	[izlízane]
tiragem (f)	тираж (м)	[tiráʒ]
livraria (f)	книжарница (ж)	[kniʒárnitsa]
biblioteca (f)	библиотека (ж)	[bibliotéka]
novela (f)	повест (ж)	[póvest]
conto (m)	разказ (м)	[rázkaz]
romance (m)	роман (м)	[román]
romance (m) policial	детективски роман (м)	[detektífski román]
memórias (f pl)	мемоари (мн)	[memoári]
lenda (f)	легенда (ж)	[legénda]
mito (m)	мит (м)	[mit]
poesia (f)	стихове (м мн)	[stihové]
autobiografia (f)	автобиография (ж)	[aftobiográfija]
obras (f pl) escolhidas	избрани съчинения	[izbráni səʧinénija]
ficção (f) científica	фантастика (ж)	[fantástika]
título (m)	название (c)	[nazvánie]
introdução (f)	въведение (c)	[vəvedénie]
folha (f) de rosto	заглавна страница (ж)	[zaglávna stránitsa]
capítulo (m)	глава (ж)	[glavá]
excerto (m)	откъс (м)	[ótkəs]
episódio (m)	епизод (м)	[epizót]
enredo (m)	сюжет (м)	[sʲuʒét]
conteúdo (m)	съдържание (c)	[sədərʒánie]
protagonista (m)	главен герой (м)	[gláven gerój]
volume (m)	том (м)	[tom]
capa (f)	корица (ж)	[korítsa]
encadernação (f)	подвързия (ж)	[podvərzíja]
marcador (m) de página	маркер (м)	[márker]
página (f)	страница (ж)	[stránitsa]
folhear (vt)	прелиствам	[prelístvam]
margem (f)	полета (c мн)	[poléta]
anotação (f)	бележка (ж)	[beléʃka]
nota (f) de rodapé	забележка (ж)	[zabeléʃka]
texto (m)	текст (м)	[tekst]
fonte (f)	шрифт (м)	[ʃrift]
falha (f) de impressão	печатна грешка (ж)	[peʧátna gréʃka]
tradução (f)	превод (м)	[prévot]
traduzir (vt)	превеждам	[prevéʒdam]
original (m)	оригинал (м)	[originál]
famoso (adj)	прочут	[proʧút]
desconhecido (adj)	неизвестен	[neizvésten]
interessante (adj)	интересен	[interésen]
best-seller (m)	бестселър (м)	[bestsélər]
dicionário (m)	речник (м)	[réʧnik]

| livro (m) didático | учебник (м) | [ut͡ʃébnik] |
| enciclopédia (f) | енциклопедия (ж) | [entsiklopédija] |

158. Caça. Pesca

caça (f)	лов (м)	[lov]
caçar (vi)	ловувам	[lovúvam]
caçador (m)	ловец (м)	[lovéts]

disparar, atirar (vi)	стрелям	[strél'am]
rifle (m)	пушка (ж)	[púʃka]
cartucho (m)	патрон (м)	[patrón]
chumbo (m) de caça	сачма (ж)	[sat͡ʃmá]

armadilha (f)	капан (м)	[kapán]
armadilha (com corda)	примка (ж)	[prímka]
pôr a armadilha	залагам капан	[zalágam kapán]

caçador (m) furtivo	бракониер (м)	[brakoniér]
caça (animais)	дивеч (ж)	[dívet͡ʃ]
cão (m) de caça	ловно куче (с)	[lóvno kút͡ʃe]
safári (m)	сафари (с)	[safári]
animal (m) empalhado	препарирано животно (с)	[preparírano ʒivótno]

pescador (m)	рибар (м)	[ribár]
pesca (f)	риболов (м)	[ribolóv]
pescar (vt)	ловя риба	[lov'á ríba]
vara (f) de pesca	въдица (ж)	[véditsa]
linha (f) de pesca	месина (ж)	[mesína]
anzol (m)	кука (ж)	[kúka]
boia (f), flutuador (m)	плувка (ж)	[plúfka]
isca (f)	стръв (ж)	[strəv]

lançar a linha	хвърлям въдица	[hvérl'am véditsa]
morder (peixe)	кълва	[kəlvá]
pesca (f)	улов (м)	[úlof]
buraco (m) no gelo	дупка (ж) в леда	[dúpka v ledá]

rede (f)	мрежа (ж)	[mréʒa]
barco (m)	лодка (ж)	[lótka]
pescar com rede	ловя с мрежа	[lov'á s mréʒa]
lançar a rede	хвърлям мрежа	[hvérl'am mréʒa]
puxar a rede	изваждам мрежа	[izváʒdam mréʒa]

baleeiro (m)	китоловец (м)	[kitolóvets]
baleeira (f)	китоловен кораб (м)	[kitolóven kórap]
arpão (m)	харпун (м)	[harpún]

159. Jogos. Bilhar

| bilhar (m) | билярд (м) | [bil'árt] |
| sala (f) de bilhar | билярдна зала (ж) | [bil'árdna zála] |

bola (f) de bilhar	билярдна топка (ж)	[biljárdna tópka]
embolsar uma bola	вкарам топка	[fkáram tópka]
taco (m)	щека (ж)	[ʃtéka]
caçapa (f)	дупка (ж)	[dúpka]

160. Jogos. Jogar cartas

ouros (m pl)	каро (c)	[karó]
espadas (f pl)	пики (ж мн)	[píki]
copas (f pl)	купи (ж мн)	[kúpi]
paus (m pl)	спатии (ж мн)	[spatíi]

ás (m)	асо (c)	[asó]
rei (m)	поп (м)	[pop]
dama (f), rainha (f)	дама (ж)	[dáma]
valete (m)	вале (м)	[valé]

carta (f) de jogar	карта (ж)	[kárta]
cartas (f pl)	карти (ж мн)	[kárti]
trunfo (m)	коз (м)	[kos]
baralho (m)	тесте (c)	[testé]

dar, distribuir (vt)	раздавам	[razdávam]
embaralhar (vt)	размесвам	[razmésvam]
vez, jogada (f)	ход (м)	[hot]
trapaceiro (m)	шмекер (м)	[ʃméker]

161. Casino. Roleta

cassino (m)	казино (c)	[kazíno]
roleta (f)	рулетка (ж)	[rulétka]
aposta (f)	залагане (c)	[zalágane]
apostar (vt)	залагам	[zalágam]

vermelho (m)	червено (c)	[tʃervéno]
preto (m)	черно (c)	[tʃérno]
apostar no vermelho	залагам на червено	[zalágam na tʃervéno]
apostar no preto	залагам на черно	[zalágam na tʃérno]

croupier (m, f)	крупие (c)	[krupié]
girar da roleta	въртя барабан	[vertjá barabán]
regras (f pl) do jogo	правила (c мн) на игра	[pravilá na igrá]
ficha (f)	пул (м)	[pul]

| ganhar (vi, vt) | спечеля | [spetʃélja] |
| ganho (m) | печалба (ж) | [petʃálba] |

| perder (dinheiro) | загубя | [zagúbja] |
| perda (f) | загуба (ж) | [záguba] |

| jogador (m) | играч (м) | [igrátʃ] |
| blackjack, vinte-e-um (m) | блекджек (м) | [blekdʒék] |

| jogo (m) de dados | игра (ж) на зарове | [igrá na zárove] |
| caça-níqueis (m) | игрален автомат (м) | [igrálen aftomát] |

162. Descanso. Jogos. Diversos

passear (vi)	разхождам се	[rashóʒdam se]
passeio (m)	разходка (ж)	[rashótka]
viagem (f) de carro	пътуване (с)	[pətúvane]
aventura (f)	приключение (с)	[priklʲutʃénie]
piquenique (m)	пикник (м)	[píknik]

jogo (m)	игра (ж)	[igrá]
jogador (m)	играч (м)	[igrátʃ]
partida (f)	партия (ж)	[pártija]

colecionador (m)	колекционер (м)	[kolektsionér]
colecionar (vt)	колекционирам	[kolektsioníram]
coleção (f)	колекция (ж)	[koléktsija]

palavras (f pl) cruzadas	кръстословица (ж)	[krəstoslóvitsa]
hipódromo (m)	хиподрум (м)	[hipodrúm]
discoteca (f)	дискотека (ж)	[diskotéka]

| sauna (f) | сауна (ж) | [sáuna] |
| loteria (f) | лотария (ж) | [lotárija] |

campismo (m)	поход (м)	[póhot]
acampamento (m)	лагер (м)	[láger]
barraca (f)	палатка (ж)	[palátka]
bússola (f)	компас (м)	[kompás]
campista (m)	турист (м)	[turíst]

ver (vt), assistir à ...	гледам	[glédam]
telespectador (m)	телезрител (м)	[telezrítel]
programa (m) de TV	телевизионно предаване (с)	[televiziónno predávane]

163. Fotografia

| máquina (f) fotográfica | фотоапарат (м) | [fotoaparát] |
| foto, fotografia (f) | снимка (ж) | [snímka] |

fotógrafo (m)	фотограф (м)	[fotográf]
estúdio (m) fotográfico	фотостудио (с)	[fotostúdio]
álbum (m) de fotografias	фотоалбум (м)	[fotoalbúm]

lente (f) fotográfica	обектив (м)	[obektív]
lente (f) teleobjetiva	телеобектив (м)	[teleobektíf]
filtro (m)	филтър (м)	[fíltər]
lente (f)	леща (ж)	[léʃta]
ótica (f)	оптика (ж)	[óptika]
abertura (f)	диафрагма (ж)	[diafrágma]

| exposição (f) | експозиция (ж) | [ekspozítsija] |
| visor (m) | визьор (м) | [vizʲór] |

câmera (f) digital	цифрова камера (ж)	[tsífrova kámera]
tripé (m)	статив (м)	[statíf]
flash (m)	светкавица (ж)	[svetkávitsa]

fotografar (vt)	снимам	[snímam]
tirar fotos	снимам	[snímam]
fotografar-se (vr)	снимам се	[snímam se]

foco (m)	фокус (м)	[fókus]
focar (vt)	нагласявам рязкост	[naglasʲávam rʲáskost]
nítido (adj)	рязък	[rʲázək]
nitidez (f)	рязкост (ж)	[rʲáskost]

| contraste (m) | контраст (м) | [kontrást] |
| contrastante (adj) | контрастен | [kontrásten] |

retrato (m)	снимка (ж)	[snímka]
negativo (m)	негатив (м)	[negatíf]
filme (m)	фотолента (ж)	[fotolénta]
fotograma (m)	кадър (м)	[kádər]
imprimir (vt)	печатам	[peʧátam]

164. Praia. Natação

praia (f)	плаж (м)	[plaʒ]
areia (f)	пясък (м)	[pʲásək]
deserto (adj)	пустинен	[pustínen]

bronzeado (m)	тен (м)	[ten]
bronzear-se (vr)	пека се	[peká se]
bronzeado (adj)	почернял	[poʧernʲál]
protetor (m) solar	крем (м) за тен	[krem za ten]

biquíni (m)	бикини (мн)	[bikíni]
maiô (m)	бански костюм (м)	[bánski kostʲúm]
calção (m) de banho	плувки (мн)	[plúfki]

piscina (f)	басейн (м)	[baséjn]
nadar (vi)	плувам	[plúvam]
chuveiro (m), ducha (f)	душ (м)	[duʃ]
mudar, trocar (vt)	преобличам се	[preoblíʧam se]
toalha (f)	кърпа (ж)	[kérpa]

| barco (m) | лодка (ж) | [lótka] |
| lancha (f) | катер (м) | [káter] |

esqui (m) aquático	водни ски (мн)	[vódni ski]
barco (m) de pedais	водно колело (c)	[vódno koleló]
surf, surfe (m)	сърфинг (м)	[sérfing]
surfista (m)	сърфист (м)	[sərfíst]
equipamento (m) de mergulho	акваланг (м)	[akvaláng]

pé (m pl) de pato	плавници (ж мн)	[plávnitsi]
máscara (f)	маска (ж)	[máska]
mergulhador (m)	гмуркач (м)	[gmurkátʃ]
mergulhar (vi)	гмуркам се	[gmúrkam se]
debaixo d'água	под вода	[pot vodá]

guarda-sol (m)	чадър (м)	[tʃadér]
espreguiçadeira (f)	шезлонг (м)	[ʃezlóng]
óculos (m pl) de sol	очила (мн)	[otʃilá]
colchão (m) de ar	плажен дюшек (м)	[plaʒén dʲuʃék]

| brincar (vi) | играя | [igrája] |
| ir nadar | къпя се | [képʲa se] |

bola (f) de praia	топка (ж)	[tópka]
encher (vt)	надувам	[nadúvam]
inflável (adj)	надуваем	[naduváem]

onda (f)	вълна (ж)	[vəlná]
boia (f)	шамандура (ж)	[ʃamandúra]
afogar-se (vr)	давя се	[dávʲa se]

salvar (vt)	спасявам	[spasʲávam]
colete (m) salva-vidas	спасителна жилетка (ж)	[spasítelna ʒilétka]
observar (vt)	наблюдавам	[nablʲudávam]
salva-vidas (pessoa)	спасител (м)	[spasítel]

EQUIPAMENTO TÉCNICO. TRANSPORTES

Equipamento técnico. Transportes

165. Computador

computador (m)	компютър (м)	[kompʲútər]
computador (m) portátil	лаптоп (м)	[laptóp]
ligar (vt)	включа	[fklʲútʃa]
desligar (vt)	изключа	[isklʲútʃa]
teclado (m)	клавиатура (ж)	[klaviatúra]
tecla (f)	клавиш (м)	[klavíʃ]
mouse (m)	мишка (ж)	[míʃka]
tapete (m) para mouse	подложка (ж) за мишка	[podlóʃka za míʃka]
botão (m)	бутон (м)	[butón]
cursor (m)	курсор (м)	[kursór]
monitor (m)	монитор (м)	[monítor]
tela (f)	екран (м)	[ekrán]
disco (m) rígido	твърд диск (м)	[tvérd dísk]
capacidade (f) do disco rígido	капацитет (м) на твърдия диск	[kapatsitét na tvérdija disk]
memória (f)	памет (ж)	[pámet]
memória RAM (f)	операционна памет (ж)	[operatsiónna pámet]
arquivo (m)	файл (м)	[fajl]
pasta (f)	папка (ж)	[pápka]
abrir (vt)	отворя	[otvórʲa]
fechar (vt)	затворя	[zatvórʲa]
salvar (vt)	съхраня	[səhranʲá]
deletar (vt)	изтрия	[istríja]
copiar (vt)	копирам	[kopíram]
ordenar (vt)	сортирам	[sortíram]
copiar (vt)	копира	[kopíra]
programa (m)	програма (ж)	[prográma]
software (m)	софтуер (м)	[softuér]
programador (m)	програмист (м)	[programíst]
programar (vt)	програмирам	[programíram]
hacker (m)	хакер (м)	[háker]
senha (f)	парола (ж)	[paróla]
vírus (m)	вирус (м)	[vírus]
detectar (vt)	намеря	[namérʲa]

| byte (m) | байт (м) | [bajt] |
| megabyte (m) | мегабайт (м) | [megabájt] |

| dados (m pl) | данни (мн) | [dánni] |
| base (f) de dados | база (ж) данни | [báza dánni] |

cabo (m)	кабел (м)	[kábel]
desconectar (vt)	разединя	[razedinʲá]
conectar (vt)	съединя	[səedinʲá]

166. Internet. E-mail

internet (f)	интернет (м)	[internét]
browser (m)	браузър (м)	[bráuzər]
motor (m) de busca	търсачка (ж)	[tərsátʃka]
provedor (m)	интернет доставчик (м)	[ínternet dostáftʃik]

webmaster (m)	уеб майстор (м)	[web májstor]
website (m)	уеб сайт (м)	[web sajt]
web page (f)	уеб страница (ж)	[web stránitsa]

| endereço (m) | адрес (м) | [adrés] |
| livro (m) de endereços | адресна книга (ж) | [adrésna kníga] |

caixa (f) de correio	пощенска кутия (ж)	[póʃtenska kutíja]
correio (m)	поща (ж)	[póʃta]
cheia (caixa de correio)	препълнен	[prepélnen]

mensagem (f)	съобщение (с)	[səobʃténie]
mensagens (f pl) recebidas	входящи съобщения (с мн)	[fhodʲáʃti səobʃténija]
mensagens (f pl) enviadas	изходящи съобщения (с мн)	[ishodʲáʃti səobʃténija]
remetente (m)	подател (м)	[podátel]
enviar (vt)	изпратя	[isprátʲa]
envio (m)	изпращане (с)	[ispráʃtane]

| destinatário (m) | получател (м) | [polutʃátel] |
| receber (vt) | получа | [polútʃa] |

| correspondência (f) | кореспонденция (ж) | [korespondéntsija] |
| corresponder-se (vr) | кореспондирам | [korespondíram] |

arquivo (m)	файл (м)	[fajl]
fazer download, baixar (vt)	свалям	[sválʲam]
criar (vt)	създам	[səzdám]
deletar (vt)	изтрия	[istríja]
deletado (adj)	изтрит	[istrít]

conexão (f)	връзка (ж)	[vréska]
velocidade (f)	скорост (ж)	[skórost]
modem (m)	модем (м)	[modém]
acesso (m)	достъп (м)	[dóstəp]
porta (f)	порт (м)	[port]
conexão (f)	връзка (ж)	[vréska]
conectar (vi)	се свържа с ...	[se svérʒa s]

| escolher (vt) | избера | [izberá] |
| buscar (vt) | търся | [térsʲa] |

167. Eletricidade

eletricidade (f)	електричество (c)	[elektrítʃestvo]
elétrico (adj)	електрически	[elektrítʃeski]
planta (f) elétrica	електроцентрала (ж)	[elektro·tsentrála]
energia (f)	енергия (ж)	[enérgija]
energia (f) elétrica	електроенергия (ж)	[elektro·enérgija]

lâmpada (f)	крушка (ж)	[krúʃka]
lanterna (f)	фенер (м)	[fenér]
poste (m) de iluminação	фенер (м)	[fenér]

luz (f)	електричество (c)	[elektrítʃestvo]
ligar (vt)	включвам	[fklʲútʃvam]
desligar (vt)	изключвам	[isklʲútʃvam]
apagar a luz	изключвам ток	[isklʲútʃvam tok]

queimar (vi)	прегоря	[pregorʲá]
curto-circuito (m)	късо съединение (c)	[késo səedinénie]
ruptura (f)	прекъсване (c)	[prekésvane]
contato (m)	контакт (м)	[kontákt]

interruptor (m)	изключвател (м)	[izklʲútʃvátel]
tomada (de parede)	контакт (м)	[kontákt]
plugue (m)	щепсел (м)	[ʃtépsel]
extensão (f)	удължител (м)	[udəʒítel]

fusível (m)	предпазител (м)	[predpázitel]
fio, cabo (m)	кабел (м)	[kábel]
instalação (f) elétrica	инсталация (ж)	[instalátsija]

ampère (m)	ампер (м)	[ampér]
amperagem (f)	сила (ж) на тока	[síla na tóka]
volt (m)	волт (м)	[volt]
voltagem (f)	напрежение (c)	[napreʒénie]

| aparelho (m) elétrico | електроуред (м) | [elektroúret] |
| indicador (m) | индикатор (м) | [indikátor] |

eletricista (m)	електротехник (м)	[elektrotehník]
soldar (vt)	запоявам	[zapojávam]
soldador (m)	поялник (м)	[pojálnik]
corrente (f) elétrica	ток (м)	[tok]

168. Ferramentas

ferramenta (f)	инструмент (м)	[instrumént]
ferramentas (f pl)	инструменти (м мн)	[instruménti]
equipamento (m)	оборудване (c)	[oborúdvane]

martelo (m)	чук (м)	[tʃuk]
chave (f) de fenda	отвертка (ж)	[otvértka]
machado (m)	брадва (ж)	[brádva]

serra (f)	трион (м)	[trión]
serrar (vt)	режа с трион	[réʒa s trión]
plaina (f)	ренде (с)	[rendé]
aplainar (vt)	рендосвам	[rendósvam]
soldador (m)	поялник (м)	[pojálnik]
soldar (vt)	запоявам	[zapojávam]

lima (f)	пила (ж)	[pilá]
tenaz (f)	клещи (мн)	[kléʃti]
alicate (m)	плоски клещи (мн)	[plóski kléʃti]
formão (m)	длето (с)	[dletó]

broca (f)	свредел (с)	[svredél]
furadeira (f) elétrica	дрелка (ж)	[drélka]
furar (vt)	пробивам с дрелка	[probívam s drélka]

faca (f)	нож (м)	[noʒ]
canivete (m)	сгъваем нож (м)	[sgəváem noʒ]
lâmina (f)	острие (с)	[ostrié]

afiado (adj)	остър	[óstər]
cego (adj)	тъп	[təp]
embotar-se (vr)	затъпявам се	[zatəpʲávam se]
afiar, amolar (vt)	точа	[tótʃa]

parafuso (m)	болт (м)	[bolt]
porca (f)	гайка (ж)	[gájka]
rosca (f)	резба (ж)	[rezbá]
parafuso (para madeira)	винт (м)	[vint]

prego (m)	пирон (м)	[pirón]
cabeça (f) do prego	глава (ж)	[glavá]

régua (f)	линийка (ж)	[línijka]
fita (f) métrica	рулетка (ж)	[rulétka]
nível (m)	нивелир (с)	[nivelír]
lupa (f)	лупа (ж)	[lúpa]

medidor (m)	измервателен уред (м)	[izmervátelen úret]
medir (vt)	измервам	[izmérvam]
escala (f)	скала (ж)	[skála]
indicação (f), registro (m)	показание (с)	[pokazánie]

compressor (m)	компресор (м)	[komprésor]
microscópio (m)	микроскоп (м)	[mikroskóp]

bomba (f)	помпа (ж)	[pómpa]
robô (m)	робот (м)	[robót]
laser (m)	лазер (м)	[lázer]

chave (f) de boca	гаечен ключ (м)	[gáetʃen klʲutʃ]
fita (f) adesiva	тиксо (с)	[tíkso]

cola (f)	лепило (c)	[lepílo]
lixa (f)	шмиргелова хартия (ж)	[ʃmírgelova hartíja]
mola (f)	пружина (ж)	[pruʒína]
ímã (m)	магнит (м)	[magnít]
luva (f)	ръкавици (ж мн)	[rəkavítsi]

corda (f)	въже (c)	[vəʒé]
cabo (~ de nylon, etc.)	шнур (м)	[ʃnur]
fio (m)	кабел (м)	[kábel]
cabo (~ elétrico)	кабел (м)	[kábel]

marreta (f)	боен чук (м)	[bóen ʧuk]
pé de cabra (m)	лом (м)	[lom]
escada (f) de mão	стълба (ж)	[stélba]
escada (m)	подвижна стълба (ж)	[podvíʒna stélba]

enroscar (vt)	завъртам	[zavértam]
desenroscar (vt)	отвъртам	[otvértam]
apertar (vt)	притискам	[pritískam]
colar (vt)	залепвам	[zalépvam]
cortar (vt)	режа	[réʒa]

falha (f)	неизправност (ж)	[neisprávnost]
conserto (m)	поправка (ж)	[popráfka]
consertar, reparar (vt)	ремонтирам	[remontíram]
regular, ajustar (vt)	регулирам	[regulíram]

verificar (vt)	проверявам	[proverʲávam]
verificação (f)	проверка (ж)	[provérka]
indicação (f), registro (m)	показание (c)	[pokazánie]

seguro (adj)	сигурен	[síguren]
complicado (adj)	сложен	[slóʒen]

enferrujar (vi)	ръждясвам	[rəʒdʲásvam]
enferrujado (adj)	ръждясал	[rəʒdʲásal]
ferrugem (f)	ръжда (ж)	[rəʒdá]

Transportes

169. Avião

avião (m)	самолет (м)	[samolét]
passagem (f) aérea	самолетен билет (м)	[samoléten bilét]
companhia (f) aérea	авиокомпания (ж)	[aviokompánija]
aeroporto (m)	летище (с)	[letíʃte]
supersônico (adj)	свръхзвуков	[svrəh·zvúkov]
comandante (m) do avião	командир (м) на самолет	[komandír na samolét]
tripulação (f)	екипаж (м)	[ekipáʒ]
piloto (m)	пилот (м)	[pilót]
aeromoça (f)	стюардеса (ж)	[stʲuardésa]
copiloto (m)	щурман (м)	[ʃtúrman]
asas (f pl)	крила (мн)	[krilá]
cauda (f)	опашка (ж)	[opáʃka]
cabine (f)	кабина (ж)	[kabína]
motor (m)	двигател (м)	[dvigátel]
trem (m) de pouso	шаси (мн)	[ʃasí]
turbina (f)	турбина (ж)	[turbína]
hélice (f)	перка (ж)	[pérka]
caixa-preta (f)	черна кутия (ж)	[tʃérna kutíja]
coluna (f) de controle	кормило (с)	[kormílo]
combustível (m)	гориво (с)	[gorívo]
instruções (f pl) de segurança	инструкция (ж)	[instrúktsija]
máscara (f) de oxigênio	кислородна маска (ж)	[kisloródna máska]
uniforme (m)	униформа (ж)	[unifórma]
colete (m) salva-vidas	спасителна жилетка (ж)	[spasítelna ʒilétka]
paraquedas (m)	парашут (м)	[paraʃút]
decolagem (f)	излитане (с)	[izlítane]
descolar (vi)	излитам	[izlítam]
pista (f) de decolagem	писта (ж) за излитане	[písta za izlítane]
visibilidade (f)	видимост (ж)	[vídimost]
voo (m)	полет (м)	[pólet]
altura (f)	височина (ж)	[visotʃiná]
poço (m) de ar	въздушна яма (ж)	[vəzdúʃna jáma]
assento (m)	място (с)	[mʲásto]
fone (m) de ouvido	слушалки (ж мн)	[sluʃálki]
mesa (f) retrátil	прибираща се масичка (ж)	[pribíraʃta se másitʃka]
janela (f)	илюминатор (м)	[ilʲuminátor]
corredor (m)	проход (м)	[próhot]

170. Comboio

trem (m)	влак (м)	[vlak]
trem (m) elétrico	електрически влак (м)	[elektrítʃeski vlak]
trem (m)	бърз влак (м)	[bérz vlak]
locomotiva (f) diesel	дизелов локомотив (м)	[dízelof lokomotíf]
locomotiva (f) a vapor	парен локомотив (м)	[páren lokomotíf]
vagão (f) de passageiros	вагон (м)	[vagón]
vagão-restaurante (m)	вагон-ресторант (м)	[vagón-restoránt]
carris (m pl)	релси (ж мн)	[rélsi]
estrada (f) de ferro	железница (ж)	[ʒeléznitsa]
travessa (f)	траверса (ж)	[travérsa]
plataforma (f)	платформа (ж)	[platfórma]
linha (f)	коловоз (м)	[kolovós]
semáforo (m)	семафор (м)	[semafór]
estação (f)	гара (ж)	[gára]
maquinista (m)	машинист (м)	[maʃiníst]
bagageiro (m)	носач (м)	[nosátʃ]
hospedeiro, -a (m, f)	стюард (м)	[stʲuárt]
passageiro (m)	пътник (м)	[pétnik]
revisor (m)	контрольор (м)	[kontrolʲór]
corredor (m)	коридор (м)	[koridór]
freio (m) de emergência	аварийна спирачка (ж)	[avaríjna spirátʃka]
compartimento (m)	купе (с)	[kupé]
cama (f)	легло (с)	[legló]
cama (f) de cima	горно легло (с)	[górno legló]
cama (f) de baixo	долно легло (с)	[dólno legló]
roupa (f) de cama	спално бельо (с)	[spálno belʲó]
passagem (f)	билет (м)	[bilét]
horário (m)	разписание (с)	[raspisánie]
painel (m) de informação	табло (с)	[tabló]
partir (vt)	заминавам	[zaminávam]
partida (f)	заминаване (с)	[zaminávane]
chegar (vi)	пристигам	[pristígam]
chegada (f)	пристигане (с)	[pristígane]
chegar de trem	пристигна с влак	[pristígna s vlak]
pegar o trem	качвам се във влак	[kátʃvam se vəf vlak]
descer de trem	слизам от влак	[slízam ot vlak]
acidente (m) ferroviário	катастрофа (ж)	[katastrófa]
descarrilar (vi)	дерайлирам	[derajlíram]
locomotiva (f) a vapor	парен локомотив (м)	[páren lokomotíf]
foguista (m)	огняр (м)	[ognʲár]
fornalha (f)	пещ (м) на локомотив	[peʃt na lokomotíf]
carvão (m)	въглища (ж)	[végliʃta]

171. Barco

navio (m)	кораб (м)	[kórap]
embarcação (f)	плавателен съд (м)	[plavátelen sət]
barco (m) a vapor	параход (м)	[parahót]
barco (m) fluvial	моторен кораб (м)	[motóren kórap]
transatlântico (m)	рейсов кораб (м)	[réjsov kórap]
cruzeiro (m)	крайцер (м)	[krájtser]
iate (m)	яхта (ж)	[jáhta]
rebocador (m)	влекач (м)	[vlekátʃ]
barcaça (f)	шлеп (м)	[ʃlep]
ferry (m)	сал (м)	[sal]
veleiro (m)	платноходка (ж)	[platnohótka]
bergantim (m)	бригантина (ж)	[brigantína]
quebra-gelo (m)	ледоразбивач (м)	[ledo·razbivátʃ]
submarino (m)	подводница (ж)	[podvódnitsa]
bote, barco (m)	лодка (ж)	[lótka]
baleeira (bote salva-vidas)	лодка (ж)	[lótka]
bote (m) salva-vidas	спасителна лодка (ж)	[spasítelna lótka]
lancha (f)	катер (м)	[káter]
capitão (m)	капитан (м)	[kapitán]
marinheiro (m)	матрос (м)	[matrós]
marujo (m)	моряк (м)	[morʲák]
tripulação (f)	екипаж (м)	[ekipáʒ]
contramestre (m)	боцман (м)	[bótsman]
grumete (m)	юнга (м)	[júnga]
cozinheiro (m) de bordo	корабен готвач (м)	[kóraben gotvátʃ]
médico (m) de bordo	корабен лекар (м)	[kóraben lékar]
convés (m)	палуба (ж)	[páluba]
mastro (m)	мачта (ж)	[mátʃta]
vela (f)	корабно платно (с)	[kórabno platnó]
porão (m)	трюм (м)	[trʲum]
proa (f)	нос (м)	[nos]
popa (f)	кърма (ж)	[kərmá]
remo (m)	гребло (с)	[grebló]
hélice (f)	витло (с)	[vitló]
cabine (m)	каюта (ж)	[kajúta]
sala (f) dos oficiais	каюткомпания (ж)	[kajut kompánija]
sala (f) das máquinas	машинно отделение (с)	[maʃínno otdelénie]
ponte (m) de comando	капитански мостик (м)	[kapitánski móstik]
sala (f) de comunicações	радиобудка (ж)	[rádiobútka]
onda (f)	вълна (ж)	[vəlná]
diário (m) de bordo	корабен дневник (м)	[kóraben dnévnik]
luneta (f)	далекоглед (м)	[dalekoglét]
sino (m)	камбана (ж)	[kambána]

bandeira (f)	знаме (c)	[známe]
cabo (m)	дебело въже (c)	[debélo vəʒé]
nó (m)	възел (м)	[vézel]

| corrimão (m) | дръжка (ж) | [dréʃka] |
| prancha (f) de embarque | трап (м) | [trap] |

âncora (f)	котва (ж)	[kótva]
recolher a âncora	вдигна котва	[vdígna kótva]
jogar a âncora	хвърля котва	[hvárlʲa kótva]
amarra (corrente de âncora)	котвена верига (ж)	[kótvena veríga]

porto (m)	пристанище (c)	[pristániʃte]
cais, amarradouro (m)	кей (м)	[kej]
atracar (vi)	акостирам	[akostíram]
desatracar (vi)	отплувам	[otplúvam]

viagem (f)	пътешествие (c)	[pəteʃéstvie]
cruzeiro (m)	морско пътешествие (c)	[mórsko pəteʃéstvie]
rumo (m)	курс (м)	[kurs]
itinerário (m)	маршрут (м)	[marʃrút]

canal (m) de navegação	фарватер (м)	[farváter]
banco (m) de areia	плитчина (ж)	[plitʧiná]
encalhar (vt)	заседна на плитчина	[zasédna na plitʧiná]

tempestade (f)	буря (ж)	[búrʲa]
sinal (m)	сигнал (м)	[signál]
afundar-se (vr)	потъвам	[potévam]
SOS	SOS	[sos]
boia (f) salva-vidas	спасителен пояс (м)	[spasítilen pójas]

172. Aeroporto

aeroporto (m)	летище (c)	[letíʃte]
avião (m)	самолет (м)	[samolét]
companhia (f) aérea	авиокомпания (ж)	[aviokompánija]
controlador (m) de tráfego aéreo	авиодиспечер (м)	[aviodispéʧer]

partida (f)	излитане (c)	[izlítane]
chegada (f)	кацане (c)	[kátsane]
chegar (vi)	кацна	[kátsna]

| hora (f) de partida | време (c) на излитане | [vréme na izlítane] |
| hora (f) de chegada | време (c) на кацане | [vréme na kátsane] |

| estar atrasado | закъснявам | [zakəsnʲávam] |
| atraso (m) de voo | закъснение (c) на излитане | [zakəsnénie na izlítane] |

painel (m) de informação	информационно табло (c)	[informatsiónno tabló]
informação (f)	информация (ж)	[informátsija]
anunciar (vt)	обявявам	[oblavlávam]
voo (m)	рейс (м)	[rejs]

| alfândega (f) | митница (ж) | [mítnitsa] |
| funcionário (m) da alfândega | митничар (м) | [mitniʧár] |

declaração (f) alfandegária	декларация (ж)	[deklarátsija]
preencher (vt)	попълня	[popélnʲa]
preencher a declaração	попълня декларация	[popélnʲa deklarátsija]
controle (m) de passaporte	паспортен контрол (м)	[paspórten kontról]

bagagem (f)	багаж (м)	[bagáʃ]
bagagem (f) de mão	ръчен багаж (м)	[réʧen bagáʃ]
carrinho (m)	количка (ж)	[kolíʧka]

pouso (m)	кацане (c)	[kátsane]
pista (f) de pouso	писта (ж) за кацане	[písta za kátsane]
aterrissar (vi)	кацам	[kátsam]
escada (f) de avião	стълба (ж)	[stélba]

check-in (m)	регистрация (ж)	[registrátsija]
balcão (m) do check-in	гише (c) за регистрация	[giʃé za registrátsija]
fazer o check-in	регистрирам се	[registríram se]
cartão (m) de embarque	бордна карта (ж)	[bórdna kárta]
portão (m) de embarque	излизане (c)	[izlízane]

trânsito (m)	транзит (м)	[tranzít]
esperar (vi, vt)	чакам	[ʧákam]
sala (f) de espera	чакалня (ж)	[ʧakálnʲa]
despedir-se (acompanhar)	изпращам	[ispráʃtam]
despedir-se (dizer adeus)	сбогувам се	[sbogúvam se]

173. Bicicleta. Motocicleta

bicicleta (f)	колело (c)	[koleló]
lambreta (f)	моторолер (м)	[motoróler]
moto (f)	мотоциклет (м)	[mototsiklét]

ir de bicicleta	карам колело	[káram koleló]
guidão (m)	волан (м)	[volán]
pedal (m)	педал (м)	[pedál]
freios (m pl)	спирачки (ж мн)	[spiráʧki]
banco, selim (m)	седло (c)	[sedló]

bomba (f)	помпа (ж)	[pómpa]
bagageiro (m) de teto	багажник (м)	[bagáʒnik]
lanterna (f)	фенер (м)	[fenér]
capacete (m)	шлем (м)	[ʃlem]

roda (f)	колело (c)	[koleló]
para-choque (m)	калник (c)	[kálnik]
aro (m)	джанта (ж)	[dʒánta]
raio (m)	спица (ж)	[spítsa]

Carros

174. Tipos de carros

carro, automóvel (m)	автомобил (м)	[aftomobíl]
carro (m) esportivo	спортен автомобил (м)	[spórten aftomobíl]
limusine (f)	лимузина (ж)	[limuzína]
todo o terreno (m)	джип (м)	[dʒip]
conversível (m)	кабриолет (м)	[kabriolét]
minibus (m)	микробус (м)	[mikrobús]
ambulância (f)	бърза помощ (ж)	[bérza pómoʃt]
limpa-neve (m)	снегорин (м)	[snegorín]
caminhão (m)	камион (м)	[kamión]
caminhão-tanque (m)	автоцистерна (ж)	[aftotsistérna]
perua, van (f)	фургон (м)	[furgón]
caminhão-trator (m)	влекач (м)	[vlekátʃ]
reboque (m)	ремарке (с)	[remarké]
confortável (adj)	комфортен	[komfórten]
usado (adj)	употребяван	[upotrebʲávan]

175. Carros. Carroçaria

capô (m)	капак (м)	[kapák]
para-choque (m)	калник (м)	[kálnik]
teto (m)	покрив (м)	[pókriv]
para-brisa (m)	предно стъкло (с)	[prédno stəkló]
retrovisor (m)	огледало (с) за задно виждане	[ogledálo za zádno víʒdane]
esguicho (m)	стъкломиячка (ж)	[stəklomijátʃka]
limpadores (m) de para-brisas	чистачки (ж мн)	[tʃistátʃki]
vidro (m) lateral	странично стъкло (с)	[stranítʃno stəkló]
elevador (m) do vidro	стъклоповдигач (м)	[stəklo·povdigátʃ]
antena (f)	антена (ж)	[anténa]
teto (m) solar	шибидах (м)	[ʃibidáh]
para-choque (m)	броня (ж)	[brónʲa]
porta-malas (f)	багажник (м)	[bagáʒnik]
bagageira (f)	багажник (м) на покрива	[bagáʒnik na pókriva]
porta (f)	врата (ж)	[vratá]
maçaneta (f)	дръжка (ж)	[dréʃka]
fechadura (f)	ключалка (ж)	[klʲutʃálka]
placa (f)	номер (м)	[nómer]

silenciador (m)	гърне (c)	[gərné]
tanque (m) de gasolina	резервоар (м) за бензин	[rezervoár za benzín]
tubo (m) de exaustão	ауспух (м)	[áuspuh]

acelerador (m)	газ (м)	[gas]
pedal (m)	педал (м)	[pedál]
pedal (m) do acelerador	газ (м)	[gas]

freio (m)	спирачки (ж мн)	[spirátʃki]
pedal (m) do freio	спирачка (ж)	[spirátʃka]
frear (vt)	удрям спирачка	[údrʲam spirátʃka]
freio (m) de mão	ръчна спирачка (ж)	[rétʃna spirátʃka]

embreagem (f)	съединител (м)	[səedinítel]
pedal (m) da embreagem	педал (м) на съединител	[pedál na səedinítel]
disco (m) de embreagem	диск (м) на съединител	[disk na səedinítel]
amortecedor (m)	амортизатор (м)	[amortizátor]

roda (f)	колело (c)	[koleló]
pneu (m) estepe	резервна гума (ж)	[rezérvna gúma]
pneu (m)	гума (ж)	[gúma]
calota (f)	капак (м)	[kapák]

rodas (f pl) motrizes	водещи колела (мн)	[vódeʃti kolelá]
de tração dianteira	с предно задвижване	[s prédno zadvízvane]
de tração traseira	със задно задвижване	[səs zádno zadvízvane]
de tração às 4 rodas	с пълно задвижване	[s pélno zadvízvane]

caixa (f) de mudanças	скоростна кутия (ж)	[skórostna kutíja]
automático (adj)	автоматичен	[aftomatítʃen]
mecânico (adj)	механически	[mehanítʃeski]
alavanca (f) de câmbio	лост (м) на скоростна кутия	[lost na skórostna kutíja]

| farol (m) | фар (м) | [far] |
| faróis (m pl) | фарове (м мн) | [fárove] |

farol (m) baixo	къси светлини (ж мн)	[kési svetliní]
farol (m) alto	дълги светлини (ж мн)	[délgi svetliní]
luzes (f pl) de parada	сигнал (м) стоп	[signál stop]

luzes (f pl) de posição	габаритни светлини (ж мн)	[gabarítni svetliní]
luzes (f pl) de emergência	аварийни светлини (ж мн)	[avaríjni svetliní]
faróis (m pl) de neblina	фарове (м мн) за мъгла	[fárove za məglá]
pisca-pisca (m)	мигач (м)	[migátʃ]
luz (f) de marcha ré	заден ход (м)	[záden hot]

176. Carros. Habitáculo

interior (do carro)	салон (м)	[salón]
de couro	кожен	[kóʒen]
de veludo	велурен	[velúren]
estofamento (m)	тапицерия (ж)	[tapitsérija]
indicador (m)	уред (м)	[úret]

painel (m)	бордово табло (c)	[bórdovo tabló]
velocímetro (m)	скоростомер (м)	[skorostomér]
ponteiro (m)	стрелка (ж)	[strelká]

hodômetro, odômetro (m)	километраж (м)	[kilometráʃ]
indicador (m)	датчик (м)	[dáttʃik]
nível (m)	ниво (c)	[nivó]
luz (f) de aviso	крушка (ж)	[krúʃka]

volante (m)	волан (м)	[volán]
buzina (f)	сигнал (м)	[signál]
botão (m)	бутон (м)	[butón]
interruptor (m)	превключвател (м)	[prefklʲutʃvátel]

assento (m)	седалка (ж)	[sedálka]
costas (f pl) do assento	облегалка (ж)	[oblegálka]
cabeceira (f)	подглавник (м)	[podglávnik]
cinto (m) de segurança	предпазен колан (м)	[predpázen kolán]
apertar o cinto	слагам колан	[slágam kolán]
ajuste (m)	регулиране (c)	[regulírane]

| airbag (m) | въздушна възглавница (ж) | [vəzdúʃna vəzglávnitsa] |
| ar (m) condicionado | климатик (м) | [klimatík] |

rádio (m)	радио (c)	[rádio]
leitor (m) de CD	CD плейър (м)	[sidí pléər]
ligar (vt)	включа	[fklʲútʃa]
antena (f)	антена (ж)	[anténa]
porta-luvas (m)	жабка (ж)	[ʒábka]
cinzeiro (m)	пепелник (м)	[pepelník]

177. Carros. Motor

motor (m)	двигател (м)	[dvigátel]
motor (m)	мотор (м)	[motór]
a diesel	дизелов	[dízelof]
a gasolina	бензинов	[benzínov]

cilindrada (f)	обем (м) на двигателя	[obém na dvigátelʲa]
potência (f)	мощност (ж)	[móʃtnost]
cavalo (m) de potência	конска сила (ж)	[kónska síla]
pistão (m)	бутало (c)	[butálo]
cilindro (m)	цилиндър (м)	[tsilíndər]
válvula (f)	клапа (ж)	[klápa]

injetor (m)	инжектор (м)	[inʒéktor]
gerador (m)	генератор (м)	[generátor]
carburador (m)	карбуратор (м)	[karburátor]
óleo (m) de motor	моторно масло (c)	[motórno masló]

radiador (m)	радиатор (м)	[radiátor]
líquido (m) de arrefecimento	охлаждаща течност (ж)	[ohláʒdaʃta tétʃnost]
ventilador (m)	вентилатор (м)	[ventilátor]
bateria (f)	акумулатор (м)	[akumulátor]

dispositivo (m) de arranque	стартер (м)	[stárter]
ignição (f)	запалване (c)	[zapálvane]
vela (f) de ignição	запалителна свещ (ж)	[zapalítelna sveʃt]

terminal (m)	клема (ж)	[kléma]
terminal (m) positivo	плюс (м)	[plʲus]
terminal (m) negativo	минус (м)	[mínus]
fusível (m)	предпазител (м)	[predpázitel]

filtro (m) de ar	въздушен филтър (м)	[vəzdúʃen fíltər]
filtro (m) de óleo	маслен филтър (м)	[máslen fíltər]
filtro (m) de combustível	филтър (м) за гориво	[fíltər za gorívo]

178. Carros. Batidas. Reparação

acidente (m) de carro	катастрофа (ж)	[katastrófa]
acidente (m) rodoviário	пътно-транспортно произшествие (c)	[pétno-transpórtno proisʃéstvie]
bater (~ num muro)	блъсна се в ...	[blésna se v]
sofrer um acidente	катастрофирам	[katastrofíram]
dano (m)	повреда (ж)	[povréda]
intato	цял	[tsʲal]

pane (f)	счупване (c)	[stʃúpvane]
avariar (vi)	счупя се	[stʃúpʲa se]
cabo (m) de reboque	автомобилно въже (c)	[aftomobílno vəʒé]

furo (m)	спукване (c)	[spúkvane]
estar furado	спусна	[spúsna]
encher (vt)	напомпвам	[napómpvam]
pressão (f)	налягане (c)	[nalʲágane]
verificar (vt)	проверя	[proverʲá]

reparo (m)	ремонт (м)	[remónt]
oficina (f) automotiva	автосервиз (м)	[aftoservís]
peça (f) de reposição	резервна част (ж)	[rezérvna tʃast]
peça (f)	детайл (м)	[detájl]

parafuso (com porca)	болт (м)	[bolt]
parafuso (m)	винт (м)	[vint]
porca (f)	гайка (ж)	[gájka]
arruela (f)	шайба (ж)	[ʃájba]
rolamento (m)	лагер (м)	[láger]

tubo (m)	тръба (ж)	[trəbá]
junta, gaxeta (f)	уплътнение (c)	[uplətnénie]
fio, cabo (m)	кабел (м)	[kábel]

macaco (m)	крик (м)	[krik]
chave (f) de boca	гаечен ключ (м)	[gáetʃen klʲutʃ]
martelo (m)	чук (м)	[tʃuk]
bomba (f)	помпа (ж)	[pómpa]
chave (f) de fenda	отвертка (ж)	[otvértka]
extintor (m)	пожарогасител (м)	[poʒarogasítel]

triângulo (m) de emergência	авариен триъгълник (м)	[avaríen triégəlnik]
morrer (motor)	заглъхвам	[zagléhvam]
paragem, "morte" (f)	спиране (c)	[spírane]
estar quebrado	счупен съм	[stʃúpen səm]

superaquecer-se (vr)	прегря се	[pregrʲá se]
entupir-se (vr)	запуша се	[zapúʃa se]
congelar-se (vr)	замръзна	[zamrézna]
rebentar (vi)	спука се	[spúka se]

pressão (f)	налягане (c)	[nalʲágane]
nível (m)	ниво (c)	[nivó]
frouxo (adj)	слаб	[slap]

batida (f)	вдлъбнатина (ж)	[vdləbnatiná]
ruído (m)	тракане (c)	[trákane]
fissura (f)	пукнатина (ж)	[puknatiná]
arranhão (m)	драскотина (ж)	[draskotína]

179. Carros. Estrada

estrada (f)	път (м)	[pət]
autoestrada (f)	автомагистрала (ж)	[aftomagistrála]
rodovia (f)	шосе (c)	[ʃosé]
direção (f)	посока (ж)	[posóka]
distância (f)	разстояние (c)	[rastojánie]

ponte (f)	мост (м)	[most]
parque (m) de estacionamento	паркинг (м)	[párking]
praça (f)	площад (м)	[ploʃtát]
nó (m) rodoviário	кръстовище (c)	[krəstóviʃte]
túnel (m)	тунел (м)	[tunél]

posto (m) de gasolina	бензиностанция (ж)	[benzino·stántsija]
parque (m) de estacionamento	паркинг (м)	[párking]
bomba (f) de gasolina	колонка (ж)	[kolónka]
oficina (f) automotiva	автосервиз (м)	[aftoservís]
abastecer (vt)	зaредя	[zaredʲá]
combustível (m)	гориво (c)	[gorívo]
galão (m) de gasolina	туба (ж)	[túba]

asfalto (m)	асфалт (м)	[asfált]
marcação (f) de estradas	маркировка (ж)	[markirófka]
meio-fio (m)	бордюр (м)	[bordʲúr]
guard-rail (m)	мантинела (ж)	[mantinéla]
valeta (f)	канавка (ж)	[kanáfka]
acostamento (m)	банкет (м)	[bankét]
poste (m) de luz	стълб (м)	[stəlp]

dirigir (vt)	карам	[káram]
virar (~ para a direita)	завивам	[zavívam]
dar retorno	обръщам се	[obréʃtam se]
ré (f)	заден ход (м)	[záden hot]
buzinar (vi)	сигнализирам	[signalizíram]

buzina (f)	звуков сигнал (м)	[zvúkof signál]
atolar-se (vr)	заседна	[zasédna]
patinar (na lama)	буксувам	[buksúvam]
desligar (vt)	гася	[gasʲá]

velocidade (f)	скорост (ж)	[skórost]
exceder a velocidade	превиша скорост	[previʃá skórost]
multar (vt)	глобявам	[globʲávam]
semáforo (m)	светофар (м)	[svetofár]
carteira (f) de motorista	шофьорска книжка (ж)	[ʃofʲórska kníʃka]

passagem (f) de nível	прелез (м)	[prélez]
cruzamento (m)	кръстовище (с)	[krəstóviʃte]
faixa (f)	пешеходна пътека (ж)	[peʃehódna pətéka]
curva (f)	завой (м)	[zavój]
zona (f) de pedestres	пешеходна зона (ж)	[peʃehódna zóna]

180. Sinais de trânsito

código (m) de trânsito	правила (с мн) за улично движение	[pravilá za úlitʃno dviʒénie]
sinal (m) de trânsito	пътен знак (м)	[péten znak]
ultrapassagem (f)	изпреварване (с)	[isprevárvane]
curva (f)	завой (м)	[zavój]
retorno (m)	обръщане (с)	[obréʃtane]
rotatória (f)	кръгово движение (с)	[krégovo dviʒénie]

sentido proibido	влизането забранено	[vlízaneto zabranéno]
trânsito proibido	движението забранено	[dviʒénieto zabranéno]
proibido de ultrapassar	изпреварването забранено	[isprevárvaneto zabranéno]
estacionamento proibido	паркирането забранено	[parkíraneto zabranéno]
paragem proibida	спирането забранено	[spíraneto zabranéno]

curva (f) perigosa	остър завой (м)	[óstər zavój]
descida (f) perigosa	стръмно спускане (с)	[strémno spúskane]
trânsito de sentido único	еднопосочно движение (с)	[ednoposótʃno dviʒénie]
faixa (f)	пешеходна пътека (ж)	[peʃehódna pətéka]
pavimento (m) escorregadio	хлъзгав път (м)	[hlézgaf pət]
conceder passagem	дай път	[daj pət]

PESSOAS. EVENTOS

Eventos

181. Férias. Evento

festa (f)	празник (м)	[práznik]
feriado (m) nacional	национален празник (м)	[natsionálen práznik]
feriado (m)	празничен ден (м)	[práznitʃen den]
festejar (vt)	празнувам	[praznúvam]
evento (festa, etc.)	събитие (с)	[səbítie]
evento (banquete, etc.)	мероприятие (с)	[meroprijátie]
banquete (m)	банкет (м)	[bankét]
recepção (f)	прием (м)	[príem]
festim (m)	пир (м)	[pir]
aniversário (m)	годишнина (ж)	[godíʃnina]
jubileu (m)	юбилей (м)	[jubiléj]
celebrar (vt)	отбележа	[otbeléʒa]
Ano (m) Novo	Нова година (ж)	[nóva godína]
Feliz Ano Novo!	Честита нова година!	[tʃestíta nóva godína]
Natal (m)	Коледа	[kóleda]
Feliz Natal!	Весела Коледа!	[vésela kóleda]
árvore (f) de Natal	коледна елха (ж)	[kóledna elhá]
fogos (m pl) de artifício	заря (ж)	[zarʲá]
casamento (m)	сватба (ж)	[svátba]
noivo (m)	годеник (м)	[godeník]
noiva (f)	годеница (ж)	[godenítsa]
convidar (vt)	каня	[kánʲa]
convite (m)	покана (ж)	[pokána]
convidado (m)	гост (м)	[gost]
visitar (vt)	отивам на гости	[otívam na gósti]
receber os convidados	посрещам гости	[posréʃtam gósti]
presente (m)	подарък (м)	[podárək]
oferecer, dar (vt)	подарявам	[podarʲávam]
receber presentes	получавам подаръци	[polutʃávam podárətsi]
buquê (m) de flores	букет (м)	[bukét]
felicitações (f pl)	поздравление (с)	[pozdravlénie]
felicitar (vt)	поздравявам	[pozdravʲávam]
cartão (m) de parabéns	поздравителна картичка (ж)	[pozdravítelna kártitʃka]

enviar um cartão postal	изпратя картичка	[isprátʲa kártitʃka]
receber um cartão postal	получа картичка	[polútʃa kártitʃka]
brinde (m)	тост (м)	[tost]
oferecer (vt)	черпя	[tʃérpʲa]
champanhe (m)	шампанско (с)	[ʃampánsko]
divertir-se (vr)	веселя се	[veselʲá se]
diversão (f)	веселба (ж)	[veselbá]
alegria (f)	радост (ж)	[rádost]
dança (f)	танц (м)	[tants]
dançar (vi)	танцувам	[tantsúvam]
valsa (f)	валс (м)	[vals]
tango (m)	танго (с)	[tangó]

182. Funerais. Enterro

cemitério (m)	гробища (мн)	[gróbiʃta]
sepultura (f), túmulo (m)	гроб (м)	[grop]
cruz (f)	кръст (м)	[krəst]
lápide (f)	надгробен паметник (м)	[nadgróben pámetnik]
cerca (f)	ограда (ж)	[ográda]
capela (f)	параклис (м)	[paráklis]
morte (f)	смърт (ж)	[smərt]
morrer (vi)	умра	[umrá]
defunto (m)	покойник (м)	[pokójnik]
luto (m)	траур (м)	[tráur]
enterrar, sepultar (vt)	погребвам	[pogrébvam]
funerária (f)	погребални услуги (мн)	[pogrebálni uslúgi]
funeral (m)	погребение (с)	[pogrebénie]
coroa (f) de flores	венец (м)	[venéts]
caixão (m)	ковчег (м)	[koftʃék]
carro (m) funerário	катафалка (ж)	[katafálka]
mortalha (f)	саван (м)	[saván]
procissão (f) funerária	погребално шествие (с)	[pogrebálno ʃéstvie]
urna (f) funerária	урна (ж)	[úrna]
crematório (m)	крематориум (м)	[krematórium]
obituário (m), necrologia (f)	некролог (м)	[nekrolók]
chorar (vi)	плача	[plátʃa]
soluçar (vi)	ридая	[ridája]

183. Guerra. Soldados

pelotão (m)	взвод (м)	[vzvot]
companhia (f)	рота (ж)	[róta]

regimento (m)	полк (м)	[polk]
exército (m)	армия (ж)	[ármija]
divisão (f)	дивизия (ж)	[divízija]
esquadrão (m)	отряд (м)	[otrʲát]
hoste (f)	войска (ж)	[vojská]
soldado (m)	войник (м)	[vojník]
oficial (m)	офицер (м)	[ofitsér]
soldado (m) raso	редник (м)	[rédnik]
sargento (m)	сержант (м)	[serʒánt]
tenente (m)	лейтенант (м)	[lejtenánt]
capitão (m)	капитан (м)	[kapitán]
major (m)	майор (м)	[majór]
coronel (m)	полковник (м)	[polkóvnik]
general (m)	генерал (м)	[generál]
marujo (m)	моряк (м)	[morʲák]
capitão (m)	капитан (м)	[kapitán]
contramestre (m)	боцман (м)	[bótsman]
artilheiro (m)	артилерист (м)	[artileríst]
soldado (m) paraquedista	десантчик (м)	[desánttʃik]
piloto (m)	летец (м)	[letéts]
navegador (m)	щурман (м)	[ʃtúrman]
mecânico (m)	механик (м)	[mehánik]
sapador-mineiro (m)	сапьор (м)	[sapʲór]
paraquedista (m)	парашутист (м)	[paraʃutíst]
explorador (m)	разузнавач (м)	[razuznavátʃ]
atirador (m) de tocaia	снайперист (м)	[snajperíst]
patrulha (f)	патрул (м)	[patrúl]
patrulhar (vt)	патрулирам	[patrulíram]
sentinela (f)	часови (м)	[tʃasoví]
guerreiro (m)	войник (м)	[vojník]
patriota (m)	патриот (м)	[patriót]
herói (m)	герой (м)	[gerój]
heroína (f)	героиня (ж)	[geroínʲa]
traidor (m)	предател (м)	[predátel]
trair (vt)	предавам	[predávam]
desertor (m)	дезертьор (м)	[dezertʲór]
desertar (vt)	дезертирам	[dezertíram]
mercenário (m)	наемник (м)	[naémnik]
recruta (m)	новобранец (м)	[novobránets]
voluntário (m)	доброволец (м)	[dobrovólets]
morto (m)	убит (м)	[ubít]
ferido (m)	ранен (м)	[ranén]
prisioneiro (m) de guerra	пленник (м)	[plénnik]

184. Guerra. Ações militares. Parte 1

guerra (f)	война (ж)	[vojná]
guerrear (vt)	воювам	[vojúvam]
guerra (f) civil	гражданска война (ж)	[gráʒdanska vojná]
perfidamente	вероломно	[verolómno]
declaração (f) de guerra	обявяване (c)	[objavjávane]
declarar guerra	обявя	[objavjá]
agressão (f)	агресия (ж)	[agrésija]
atacar (vt)	нападам	[napádam]
invadir (vt)	завземам	[zavzémam]
invasor (m)	окупатор (м)	[okupátor]
conquistador (m)	завоевател (м)	[zavoevátel]
defesa (f)	отбрана (ж)	[otbrána]
defender (vt)	отбранявам	[otbranjávam]
defender-se (vr)	отбранявам се	[otbranjávam se]
inimigo (m)	враг (м)	[vrak]
adversário (m)	противник (м)	[protívnik]
inimigo (adj)	вражески	[vráʒeski]
estratégia (f)	стратегия (ж)	[stratégija]
tática (f)	тактика (ж)	[táktika]
ordem (f)	заповед (ж)	[zápovet]
comando (m)	команда (ж)	[kománda]
ordenar (vt)	заповядвам	[zapovjádvam]
missão (f)	задача (ж)	[zadátʃa]
secreto (adj)	секретен	[sekréten]
batalha (f)	сражение (c)	[sraʒénie]
combate (m)	бой (м)	[boj]
ataque (m)	атака (ж)	[atáka]
assalto (m)	щурм (м)	[ʃturm]
assaltar (vt)	щурмувам	[ʃturmúvam]
assédio, sítio (m)	обсада (ж)	[obsáda]
ofensiva (f)	настъпление (c)	[nastəplénie]
tomar à ofensiva	настъпвам	[nastə́pvam]
retirada (f)	отстъпление (c)	[otstəplénie]
retirar-se (vr)	отстъпвам	[otstə́pvam]
cerco (m)	обкръжение (c)	[opkrəʒénie]
cercar (vt)	обкръжавам	[opkrəʒávam]
bombardeio (m)	бомбардиране (c)	[bombardírane]
lançar uma bomba	хвърлям бомба	[hvérljam bómba]
bombardear (vt)	бомбардирам	[bombardíram]
explosão (f)	експлозия (ж)	[eksplózija]
tiro (m)	изстрел (м)	[ísstrel]

| dar um tiro | изстрелям | [isstrél^jam] |
| tiroteio (m) | стрелба (ж) | [strelbá] |

apontar para ...	целя се	[tsél^ja se]
apontar (vt)	насоча	[nasótʃa]
acertar (vt)	улуча	[ulútʃa]

afundar (~ um navio, etc.)	потопя	[potop^já]
brecha (f)	дупка (ж)	[dúpka]
afundar-se (vr)	потъвам	[potévam]

frente (m)	фронт (м)	[front]
evacuação (f)	евакуация (ж)	[evakuátsija]
evacuar (vt)	евакуирам	[evakuíram]

arame (m) enfarpado	бодлив тел (м)	[bodlív tel]
barreira (f) anti-tanque	заграждение (с)	[zagraʒdénie]
torre (f) de vigia	кула (ж)	[kúla]

hospital (m) militar	военна болница (ж)	[voénna bólnitsa]
ferir (vt)	раня	[ran^já]
ferida (f)	рана (ж)	[rána]
ferido (m)	ранен (м)	[ranén]
ficar ferido	получа нараняване	[polútʃa naran^jávane]
grave (ferida ~)	тежък	[téʒək]

185. Guerra. Ações militares. Parte 2

cativeiro (m)	плен (м)	[plen]
capturar (vt)	пленявам	[plen^jávam]
estar em cativeiro	намирам се в плен	[namíram se v plen]
ser aprisionado	попадна в плен	[popádna v plen]

campo (m) de concentração	концлагер (м)	[kóntsláger]
prisioneiro (m) de guerra	пленник (м)	[plénnik]
escapar (vi)	бягам	[b^jágam]

trair (vt)	предам	[predám]
traidor (m)	предател (м)	[predátel]
traição (f)	предателство (с)	[predátelstvo]

| fuzilar, executar (vt) | разстрелям | [rasstrél^jam] |
| fuzilamento (m) | разстрелване (с) | [rasstrélvane] |

equipamento (m)	военна униформа (ж)	[voénna unifórma]
insígnia (f) de ombro	пагон (м)	[pagón]
máscara (f) de gás	противогаз (м)	[protivogás]

rádio (m)	радиостанция (ж)	[radiostántsija]
cifra (f), código (m)	шифър (м)	[ʃífer]
conspiração (f)	конспирация (ж)	[konspirátsija]
senha (f)	парола (ж)	[paróla]
mina (f)	мина (ж)	[mína]
minar (vt)	минирам	[miníram]

campo (m) minado	минно поле (c)	[mínno polé]
alarme (m) aéreo	въздушна тревога (ж)	[vəzdúʃna trevóga]
alarme (m)	тревога (ж)	[trevóga]
sinal (m)	сигнал (м)	[signál]
sinalizador (m)	сигнална ракета (ж)	[signálna rakéta]

quartel-general (m)	щаб (м)	[ʃtap]
reconhecimento (m)	разузнаване (c)	[razuznávane]
situação (f)	обстановка (ж)	[opstanófka]
relatório (m)	рапорт (м)	[ráport]
emboscada (f)	засада (ж)	[zasáda]
reforço (m)	подкрепа (ж)	[potkrépa]

alvo (m)	мишена (ж)	[miʃéna]
campo (m) de tiro	полигон (м)	[poligón]
manobras (f pl)	маневри (м мн)	[manévri]

pânico (m)	паника (ж)	[pánika]
devastação (f)	разруха (ж)	[razrúha]
ruínas (f pl)	разрушения (c мн)	[razruʃénija]
destruir (vt)	разрушавам	[razruʃávam]

sobreviver (vi)	оцелея	[otseléja]
desarmar (vt)	обезоръжа	[obezorəӡá]
manusear (vt)	служа си	[slúӡa si]

| Sentido! | Мирно! | [mírno] |
| Descansar! | Свободно! | [svobódno] |

façanha (f)	подвиг (м)	[pódvik]
juramento (m)	клетва (ж)	[klétva]
jurar (vi)	заклевам се	[zaklévam se]

condecoração (f)	награда (ж)	[nagráda]
condecorar (vt)	награждавам	[nagraӡdávam]
medalha (f)	медал (м)	[medál]
ordem (f)	орден (м)	[órden]

vitória (f)	победа (ж)	[pobéda]
derrota (f)	поражение (c)	[poraӡénie]
armistício (m)	примирие (c)	[primírie]

bandeira (f)	знаме (c)	[známe]
glória (f)	слава (ж)	[sláva]
parada (f)	парад (м)	[parát]
marchar (vi)	марширувам	[marʃirúvam]

186. Armas

arma (f)	оръжие (c)	[oréӡie]
arma (f) de fogo	огнестрелно оръжие (c)	[ognestrélno oréӡie]
arma (f) branca	хладно оръжие (c)	[hládno oréӡie]
arma (f) química	химическо оръжие (c)	[himíʧesko oréӡie]
nuclear (adj)	ядрен	[jádren]

arma (f) nuclear	ядрено оръжие (c)	[jádreno oréʒie]
bomba (f)	бомба (ж)	[bómba]
bomba (f) atômica	атомна бомба (ж)	[átomna bómba]

pistola (f)	пистолет (м)	[pistolét]
rifle (m)	пушка (ж)	[púʃka]
semi-automática (f)	автомат (м)	[aftomát]
metralhadora (f)	картечница (ж)	[kartétʃnitsa]

boca (f)	дуло (c)	[dúlo]
cano (m)	цев (c)	[tsev]
calibre (m)	калибър (м)	[kalíbər]

gatilho (m)	спусък (м)	[spúsək]
mira (f)	мерник (м)	[mérnik]
carregador (m)	магазин (м)	[magazín]
coronha (f)	приклад (м)	[priklát]

granada (f) de mão	граната (ж)	[granáta]
explosivo (m)	експлозив (c)	[eksplozíf]

bala (f)	куршум (м)	[kurʃúm]
cartucho (m)	патрон (м)	[patrón]
carga (f)	заряд (м)	[zarʲát]
munições (f pl)	боеприпаси (мн)	[boeprípasi]

bombardeiro (m)	бомбардировач (м)	[bombardirovátʃ]
avião (m) de caça	изтребител (м)	[istrebítel]
helicóptero (m)	хеликоптер (м)	[helikópter]

canhão (m) antiaéreo	зенитно оръдие (c)	[zenítno orédie]
tanque (m)	танк (м)	[tank]
canhão (de um tanque)	оръдие (c)	[orédie]

artilharia (f)	артилерия (ж)	[artilérija]
fazer a pontaria	насоча	[nasótʃa]

projétil (m)	снаряд (м)	[snarʲát]
granada (f) de morteiro	мина (ж)	[mína]
morteiro (m)	миномет (м)	[minomét]
estilhaço (m)	парче (c)	[partʃé]

submarino (m)	подводница (ж)	[podvódnitsa]
torpedo (m)	торпедо (c)	[torpédo]
míssil (m)	ракета (ж)	[rakéta]

carregar (uma arma)	зареждам	[zaréʒdam]
disparar, atirar (vi)	стрелям	[strélʲam]
apontar para ...	целя се в ...	[tsélʲa se v]
baioneta (f)	щик (м)	[ʃtik]

espada (f)	шпага (ж)	[ʃpága]
sabre (m)	сабя (ж)	[sábʲa]
lança (f)	копие (c)	[kópie]
arco (m)	лък (м)	[lək]
flecha (f)	стрела (ж)	[strelá]

| mosquete (m) | мускет (м) | [muskét] |
| besta (f) | арбалет (м) | [arbalét] |

187. Povos da antiguidade

primitivo (adj)	първобитен	[pərvobíten]
pré-histórico (adj)	доисторически	[doistorítʃeski]
antigo (adj)	древен	[dréven]

Idade (f) da Pedra	Каменен век (м)	[kámenen vek]
Idade (f) do Bronze	бронзова епоха (ж)	[brónzova epóha]
Era (f) do Gelo	ледникова епоха (ж)	[lédnikova epóha]

tribo (f)	племе (с)	[pléme]
canibal (m)	човекоядец (м)	[tʃovekojádets]
caçador (m)	ловец (м)	[lovéts]
caçar (vi)	ловувам	[lovúvam]
mamute (m)	мамут (м)	[mamút]

caverna (f)	пещера (ж)	[peʃterá]
fogo (m)	огън (м)	[ógən]
fogueira (f)	клада (ж)	[kláda]
pintura (f) rupestre	скална рисунка (ж)	[skálna risúnka]

ferramenta (f)	оръдие (с) на труда	[orédie na trudá]
lança (f)	копие (с)	[kópie]
machado (m) de pedra	каменна брадва (ж)	[kámenna brádva]
guerrear (vt)	воювам	[vojúvam]
domesticar (vt)	опитомявам	[opitomʲávam]

ídolo (m)	идол (м)	[ídol]
adorar, venerar (vt)	покланям се	[poklánʲam se]
superstição (f)	суеверие (с)	[suevérie]

evolução (f)	еволюция (ж)	[evolʲútsija]
desenvolvimento (m)	развитие (с)	[razvítie]
extinção (f)	изчезване (с)	[iztʃézvane]
adaptar-se (vr)	приспособявам се	[prisposobʲávam se]

arqueologia (f)	археология (ж)	[arheológija]
arqueólogo (m)	археолог (м)	[arheolók]
arqueológico (adj)	археологически	[arheologítʃeski]

escavação (sítio)	разкопки (мн)	[raskópki]
escavações (f pl)	разкопки (мн)	[raskópki]
achado (m)	находка (ж)	[nahótka]
fragmento (m)	фрагмент (м)	[fragmént]

188. Idade média

| povo (m) | народ (м) | [narót] |
| povos (m pl) | народи (м мн) | [naródi] |

tribo (f)	племе (c)	[pléme]
tribos (f pl)	племена (c мн)	[plemená]
bárbaros (pl)	варвари (м мн)	[várvari]
galeses (pl)	гали (м мн)	[gáli]
godos (pl)	готи (м мн)	[góti]
eslavos (pl)	славяни (м мн)	[slavʲáni]
viquingues (pl)	викинги (м мн)	[víkingi]
romanos (pl)	римляни (м мн)	[rímlʲani]
romano (adj)	римски	[rímski]
bizantinos (pl)	византийци (м мн)	[vizantíjtsi]
Bizâncio	Византия (ж)	[vizántija]
bizantino (adj)	византийски	[vizantíjski]
imperador (m)	император (м)	[imperátor]
líder (m)	вожд (м)	[voʒt]
poderoso (adj)	могъщ	[mogéʃt]
rei (m)	крал (м)	[kral]
governante (m)	владетел (м)	[vladétel]
cavaleiro (m)	рицар (м)	[rítsar]
senhor feudal (m)	феодал (м)	[feodál]
feudal (adj)	феодален	[feodálen]
vassalo (m)	васал (м)	[vasál]
duque (m)	херцог (м)	[hertsók]
conde (m)	граф (м)	[graf]
barão (m)	барон (м)	[barón]
bispo (m)	епископ (м)	[episkóp]
armadura (f)	доспехи (мн)	[dospéhi]
escudo (m)	щит (м)	[ʃtit]
espada (f)	меч (м)	[metʃ]
viseira (f)	забрало (c)	[zabrálo]
cota (f) de malha	ризница (ж)	[ríznitsa]
cruzada (f)	кръстоносен поход (м)	[krəstonósen póhot]
cruzado (m)	кръстоносец (м)	[krəstonósets]
território (m)	територия (ж)	[teritórija]
atacar (vt)	нападам	[napádam]
conquistar (vt)	завоювам	[zavojúvam]
ocupar, invadir (vt)	завзема	[zavzéma]
assédio, sítio (m)	обсада (ж)	[obsáda]
sitiado (adj)	обсаден	[opsadén]
assediar, sitiar (vt)	обсаждам	[opsáʒdam]
inquisição (f)	инквизиция (ж)	[inkvizítsija]
inquisidor (m)	инквизитор (м)	[inkvizítor]
tortura (f)	измъчване (c)	[izmétʃvane]
cruel (adj)	жесток	[ʒestók]
herege (m)	еретик (м)	[eretík]
heresia (f)	ерес (ж)	[éres]

navegação (f) marítima	мореплаване (c)	[moreplávane]
pirata (m)	пират (м)	[pirát]
pirataria (f)	пиратство (c)	[pirátstvo]
abordagem (f)	абордаж (м)	[abordáʒ]
presa (f), butim (m)	плячка (ж)	[plʲátʃka]
tesouros (m pl)	съкровища (c мн)	[səkróviʃta]
descobrimento (m)	откритие (c)	[otkrítie]
descobrir (novas terras)	откривам	[otkrívam]
expedição (f)	експедиция (ж)	[ekspedítsija]
mosqueteiro (m)	мускетар (м)	[musketár]
cardeal (m)	кардинал (м)	[kardinál]
heráldica (f)	хералдика (ж)	[heráldika]
heráldico (adj)	хералдически	[heraldítʃeski]

189. Líder. Chefe. Autoridades

rei (m)	крал (м)	[kral]
rainha (f)	кралица (ж)	[kralítsa]
real (adj)	кралски	[králski]
reino (m)	кралство (c)	[králstvo]
príncipe (m)	принц (м)	[prints]
princesa (f)	принцеса (ж)	[printsésa]
presidente (m)	президент (м)	[prezidént]
vice-presidente (m)	вицепрезидент (м)	[vítse-prezidént]
senador (m)	сенатор (м)	[senátor]
monarca (m)	монарх (м)	[monárh]
governante (m)	владетел (м)	[vladétel]
ditador (m)	диктатор (м)	[diktátor]
tirano (m)	тиранин (м)	[tiránin]
magnata (m)	магнат (м)	[magnát]
diretor (m)	директор (м)	[diréktor]
chefe (m)	шеф (м)	[ʃef]
gerente (m)	управител (м)	[uprávitel]
patrão (m)	бос (м)	[bos]
dono (m)	собственик (м)	[sóbstvenik]
chefe (m)	глава (ж)	[glavá]
autoridades (f pl)	власти (ж мн)	[vlásti]
superiores (m pl)	началство (c)	[natʃálstvo]
governador (m)	губернатор (м)	[gubernátor]
cônsul (m)	консул (м)	[kónsul]
diplomata (m)	дипломат (м)	[diplomát]
Presidente (m) da Câmara	кмет (м)	[kmet]
xerife (m)	шериф (м)	[ʃeríf]
imperador (m)	император (м)	[imperátor]
czar (m)	цар (м)	[tsar]

| faraó (m) | фараон (м) | [faraón] |
| cã, khan (m) | хан (м) | [han] |

190. Estrada. Caminho. Direções

| estrada (f) | път (м) | [pət] |
| via (f) | път (м) | [pət] |

rodovia (f)	шосе (с)	[ʃosé]
autoestrada (f)	автомагистрала (ж)	[aftomagistrála]
estrada (f) nacional	първостепенен път (м)	[pərvostépenen pət]

| estrada (f) principal | главен път (м) | [gláven pət] |
| estrada (f) de terra | междуселски път (м) | [meʒdusélski pət] |

| trilha (f) | пътека (ж) | [pətéka] |
| pequena trilha (f) | пътечка (ж) | [pətétʃka] |

Onde?	Къде?	[kədé]
Para onde?	Къде?	[kədé]
De onde?	Откъде?	[otkədé]

| direção (f) | посока (ж) | [posóka] |
| indicar (~ o caminho) | посочвам | [posótʃvam] |

para a esquerda	наляво	[nalʲávo]
para a direita	вдясно	[vdʲásno]
em frente	направо	[naprávo]
para trás	назад	[nazát]

curva (f)	завой (м)	[zavój]
virar (~ para a direita)	завивам	[zavívam]
dar retorno	обръщам се	[obréʃtam se]

| estar visível | виждам се | [víʒdam se] |
| aparecer (vi) | покажа се | [pokáʒa se] |

paragem (pausa)	спиране (с)	[spírane]
descansar (vi)	почивам си	[potʃívam si]
descanso, repouso (m)	почивка (ж)	[potʃífka]

perder-se (vr)	загубя се	[zagúbʲa se]
conduzir a ... (caminho)	водя към ...	[vódʲa kəm]
chegar a ...	изляза на ...	[izlʲáza na]
trecho (m)	отрязък (м)	[otrʲázək]

asfalto (m)	асфалт (м)	[asfált]
meio-fio (m)	бордюр (м)	[bordʲúr]
valeta (f)	канавка (ж)	[kanáfka]
tampa (f) de esgoto	капак (м)	[kapák]
acostamento (m)	банкет (м)	[bankét]
buraco (m)	дупка (ж)	[dúpka]
ir (a pé)	вървя	[vərvʲá]
ultrapassar (vt)	изпреваря	[isprevárʲa]

| passo (m) | крачка (ж) | [krátʃka] |
| a pé | пеш | [peʃ] |

bloquear (vt)	преградя	[pregradʲá]
cancela (f)	бариера (ж)	[bariéra]
beco (m) sem saída	задънена улица (ж)	[zadénena úlitsa]

191. Violação da lei. Criminosos. Parte 1

bandido (m)	бандит (м)	[bandít]
crime (m)	престъпление (c)	[prestəplénie]
criminoso (m)	престъпник (м)	[prestépnik]

ladrão (m)	крадец (м)	[kradéts]
roubar (vt)	крада	[kradá]
furto, roubo (m)	кражба (ж)	[kráʒba]

raptar, sequestrar (vt)	отвлека	[otvleká]
sequestro (m)	отвличане (c)	[otvlítʃane]
sequestrador (m)	похитител (м)	[pohitítel]

| resgate (m) | откуп (м) | [ótkup] |
| pedir resgate | искам откуп | [ískam ótkup] |

| roubar (vt) | грабя | [grábʲa] |
| assaltante (m) | грабител (м) | [grabítel] |

extorquir (vt)	изнудвам	[iznúdvam]
extorsionário (m)	изнудвач (м)	[iznudvátʃ]
extorsão (f)	изнудване (c)	[iznúdvane]

matar, assassinar (vt)	убия	[ubíja]
homicídio (m)	убийство (c)	[ubíjstvo]
homicida, assassino (m)	убиец (м)	[ubíets]

tiro (m)	изстрел (м)	[ísstrel]
dar um tiro	изстрелям	[isstrélʲam]
matar a tiro	застрелям	[zastrélʲam]
disparar, atirar (vi)	стрелям	[strélʲam]
tiroteio (m)	стрелба (ж)	[strelbá]

incidente (m)	произшествие (c)	[proisʃéstvie]
briga (~ de rua)	сбиване (c)	[zbívane]
Socorro!	Помогнете!	[pomognéte]
vítima (f)	жертва (ж)	[ʒértva]

danificar (vt)	повредя	[povredʲá]
dano (m)	щета (ж)	[ʃtetá]
cadáver (m)	труп (м)	[trup]
grave (adj)	тежък	[téʒək]

atacar (vt)	нападна	[napádna]
bater (espancar)	бия	[bíja]
espancar (vt)	набия	[nabíja]

tirar, roubar (dinheiro)	отнема	[otnéma]
esfaquear (vt)	заколя	[zakólʲa]
mutilar (vt)	осакатя	[osakatʲá]
ferir (vt)	раня	[ranʲá]

chantagem (f)	шантаж (м)	[ʃantáʒ]
chantagear (vt)	шантажирам	[ʃantaʒíram]
chantagista (m)	шантажист (м)	[ʃantaʒíst]

extorsão (f)	рекет (м)	[réket]
extorsionário (m)	рекетьор (м)	[reketʲór]
gângster (m)	гангстер (м)	[gángster]
máfia (f)	мафия (ж)	[máfija]

punguista (m)	джебчия (м)	[dʒebtʃíja]
assaltante, ladrão (m)	разбивач (м) на врати	[razbivátʃ na vratí]
contrabando (m)	контрабанда (ж)	[kontrabánda]
contrabandista (m)	контрабандист (м)	[kontrabandíst]

falsificação (f)	фалшификат (м)	[falʃifikát]
falsificar (vt)	фалшифицирам	[falʃifitsíram]
falsificado (adj)	фалшив	[falʃív]

192. Violação da lei. Criminosos. Parte 2

estupro (m)	изнасилване (с)	[iznasílvane]
estuprar (vt)	изнасиля	[iznasílʲa]
estuprador (m)	насилник (м)	[nasílnik]
maníaco (m)	маниак (м)	[maniák]

prostituta (f)	проститутка (ж)	[prostitútka]
prostituição (f)	проституция (ж)	[prostitútsija]
cafetão (m)	сутеньор (м)	[sutenʲór]

| drogado (m) | наркоман (м) | [narkomán] |
| traficante (m) | наркотрафикант (м) | [narkotrafikánt] |

explodir (vt)	взривя	[vzrivʲá]
explosão (f)	експлозия (ж)	[eksplózija]
incendiar (vt)	подпаля	[podpálʲa]
incendiário (m)	подпалвач (м)	[podpalvátʃ]

terrorismo (m)	тероризъм (м)	[terorízəm]
terrorista (m)	терорист (м)	[teroríst]
refém (m)	заложник (м)	[zalóʒnik]

enganar (vt)	измамя	[izmámʲa]
engano (m)	измама (ж)	[izmáma]
vigarista (m)	мошеник (м)	[moʃénik]

subornar (vt)	подкупя	[podkúpʲa]
suborno (atividade)	подкуп (м)	[pótkup]
suborno (dinheiro)	рушвет (м)	[ruʃvét]
veneno (m)	отрова (ж)	[otróva]

envenenar (vt)	отровя	[otróvʲa]
envenenar-se (vr)	отровя се	[otróvʲa se]
suicídio (m)	самоубийство (c)	[samoubíjstvo]
suicida (m)	самоубиец (м)	[samoubíets]
ameaçar (vt)	заплашвам	[zapláʃvam]
ameaça (f)	заплаха (ж)	[zapláha]
atentar contra a vida de …	покушавам се	[pokuʃávam se]
atentado (m)	покушение (c)	[pokuʃénie]
roubar (um carro)	открадна	[otkrádna]
sequestrar (um avião)	отвлека	[otvleká]
vingança (f)	отмъщение (c)	[otməʃténie]
vingar (vt)	отмъщавам	[otməʃtávam]
torturar (vt)	изтезавам	[istezávam]
tortura (f)	измъчване (c)	[izmétʃvane]
atormentar (vt)	измъчвам	[izmétʃvam]
pirata (m)	пират (м)	[pirát]
desordeiro (m)	хулиган (м)	[huligán]
armado (adj)	въоръжен	[vəorəʒén]
violência (f)	насилие (c)	[nasílie]
ilegal (adj)	незаконен	[nezakónen]
espionagem (f)	шпионаж (м)	[ʃpionáʒ]
espionar (vi)	шпионирам	[ʃpioníram]

193. Polícia. Lei. Parte 1

justiça (sistema de ~)	правосъдие (c)	[pravosédie]
tribunal (m)	съд (м)	[sət]
juiz (m)	съдия (м)	[sədijá]
jurados (m pl)	съдебни заседатели (м мн)	[sədébni zasedáteli]
tribunal (m) do júri	съд (м) със съдебни заседатели	[sət səs sədébni zasedáteli]
julgar (vt)	съдя	[sédʲa]
advogado (m)	адвокат (м)	[advokát]
réu (m)	подсъдим (м)	[potsədím]
banco (m) dos réus	подсъдима скамейка (ж)	[potsədíma skaméjka]
acusação (f)	обвинение (c)	[obvinénie]
acusado (m)	обвиняем (м)	[obvinʲáem]
sentença (f)	присъда (ж)	[priséda]
sentenciar (vt)	осъдя	[osédʲa]
culpado (m)	виновник (м)	[vinóvnik]
punir (vt)	накажа	[nakáʒa]
punição (f)	наказание (c)	[nakazánie]

multa (f)	глоба (ж)	[glóba]
prisão (f) perpétua	доживотен затвор (м)	[doʒivóten zatvór]
pena (f) de morte	смъртно наказание (с)	[smértno nakazánie]
cadeira (f) elétrica	електрически стол (м)	[elektríʧeski stol]
forca (f)	бесилка (ж)	[besílka]

| executar (vt) | екзекутирам | [ekzekutíram] |
| execução (f) | екзекуция (ж) | [ekzekútsija] |

| prisão (f) | затвор (м) | [zatvór] |
| cela (f) de prisão | килия (ж) | [kilíja] |

escolta (f)	караул (м)	[karaúl]
guarda (m) prisional	надзирател (м)	[nadzirátel]
preso, prisioneiro (m)	затворник (м)	[zatvórnik]

| algemas (f pl) | белезници (мн) | [beleznítsi] |
| algemar (vt) | сложа белезници | [slóʒa beleznítsi] |

fuga, evasão (f)	бягство (с)	[bʲákstvo]
fugir (vi)	избягам	[izbʲágam]
desaparecer (vi)	изчезна	[izʧézna]
soltar, libertar (vt)	освободя	[osvobodʲá]
anistia (f)	амнистия (ж)	[amnístija]

polícia (instituição)	полиция (ж)	[polítsija]
polícia (m)	полицай (м)	[politsáj]
delegacia (f) de polícia	полицейско управление (с)	[politséjsko upravlénie]
cassetete (m)	палка (ж)	[pálka]
megafone (m)	рупор (м)	[rúpor]

carro (m) de patrulha	патрулка (ж)	[patrúlka]
sirene (f)	сирена (ж)	[siréna]
ligar a sirene	включа сирена	[fklʲúʧa siréna]
toque (m) da sirene	звук (м) на сирена	[zvuk na siréna]

cena (f) do crime	място (с) на произшествието	[mʲásto na proisʃéstvieto]
testemunha (f)	свидетел (м)	[svidétel]
liberdade (f)	свобода (ж)	[svobodá]
cúmplice (m)	съучастник (м)	[səuʧásnik]
escapar (vi)	скрия се	[skríja sé]
traço (não deixar ~s)	следа (ж)	[sledá]

194. Polícia. Lei. Parte 2

procura (f)	издирване (с)	[izdírvane]
procurar (vt)	издирвам	[izdírvam]
suspeita (f)	подозрение (с)	[podozrénie]
suspeito (adj)	подозрителен	[podozrítelen]
parar (veículo, etc.)	спра	[spra]
deter (fazer parar)	задържа	[zadərʒá]
caso (~ criminal)	дело (с)	[délo]

investigação (f)	следствие (c)	[slétstvie]
detetive (m)	детектив (м)	[detektíf]
investigador (m)	следовател (м)	[sledovátel]
versão (f)	версия (ж)	[vérsija]

motivo (m)	мотив (м)	[motív]
interrogatório (m)	разпит (м)	[ráspit]
interrogar (vt)	разпитвам	[raspítvam]
questionar (vt)	разпитвам	[raspítvam]
verificação (f)	проверка (ж)	[provérka]

batida (f) policial	хайка (ж)	[hájka]
busca (f)	обиск (м)	[óbisk]
perseguição (f)	преследване (c)	[preslédvane]
perseguir (vt)	преследвам	[preslédvam]
seguir, rastrear (vt)	следя	[sledʲá]

prisão (f)	арест (м)	[árest]
prender (vt)	арестувам	[arestúvam]
pegar, capturar (vt)	заловя	[zalovʲá]
captura (f)	залавяне (c)	[zalávʲane]

documento (m)	документ (м)	[dokumént]
prova (f)	доказателство (c)	[dokazátelstvo]
provar (vt)	доказвам	[dokázvam]
pegada (f)	следа (ж)	[sledá]
impressões (f pl) digitais	отпечатъци (м мн) на пръстите	[otpeʧátətsi na préstite]
prova (f)	улика (ж)	[úlika]

álibi (m)	алиби (c)	[alíbi]
inocente (adj)	невиновен	[nevinóven]
injustiça (f)	несправедливост (ж)	[nespravedlívost]
injusto (adj)	несправедлив	[nespravedlív]

criminal (adj)	криминален	[kriminálen]
confiscar (vt)	конфискувам	[konfiskúvam]
droga (f)	наркотик (м)	[narkotík]
arma (f)	оръжие (c)	[orézʲie]
desarmar (vt)	обезоръжа	[obezorəʒá]
ordenar (vt)	заповядвам	[zapovʲádvam]
desaparecer (vi)	изчезна	[iztʃézna]

lei (f)	закон (м)	[zakón]
legal (adj)	законен	[zakónen]
ilegal (adj)	незаконен	[nezakónen]

responsabilidade (f)	отговорност (ж)	[otgovórnost]
responsável (adj)	отговорен	[otgovóren]

NATUREZA

A Terra. Parte 1

195. Espaço sideral

espaço, cosmo (m)	космос (м)	[kósmos]
espacial, cósmico (adj)	космически	[kosmítʃeski]
espaço (m) cósmico	космическо пространство (c)	[kosmítʃesko prostránstvo]
mundo (m)	свят (м)	[svʲat]
universo (m)	вселена (ж)	[fseléna]
galáxia (f)	галактика (ж)	[galáktika]
estrela (f)	звезда (ж)	[zvezdá]
constelação (f)	съзвездие (c)	[səzvézdie]
planeta (m)	планета (ж)	[planéta]
satélite (m)	спътник (м)	[spətnik]
meteorito (m)	метеорит (м)	[meteorít]
cometa (m)	комета (ж)	[kométa]
asteroide (m)	астероид (м)	[asteroít]
órbita (f)	орбита (ж)	[órbita]
girar (vi)	въртя се	[vərtʲá se]
atmosfera (f)	атмосфера (ж)	[atmosféra]
Sol (m)	Слънце	[sléntse]
Sistema (m) Solar	Слънчева система (ж)	[sléntʃeva sistéma]
eclipse (m) solar	слънчево затъмнение (c)	[sléntʃevo zatəmnénie]
Terra (f)	Земя	[zemʲá]
Lua (f)	Луна	[luná]
Marte (m)	Марс	[mars]
Vênus (f)	Венера	[venéra]
Júpiter (m)	Юпитер	[júpiter]
Saturno (m)	Сатурн	[satúrn]
Mercúrio (m)	Меркурий	[merkúrij]
Urano (m)	Уран	[urán]
Netuno (m)	Нептун	[neptún]
Plutão (m)	Плутон	[plutón]
Via Láctea (f)	Млечен Път	[mlétʃen pət]
Ursa Maior (f)	Голяма Мечка	[golʲáma métʃka]
Estrela Polar (f)	Полярна Звезда	[polʲárna zvezdá]
marciano (m)	марсианец (м)	[marsiánets]

extraterrestre (m)	извънземен (м)	[izvǝnzémen]
alienígena (m)	пришелец (м)	[priʃeléts]
disco (m) voador	летяща чиния (ж)	[letʲáʃta ʧiníja]
espaçonave (f)	космически кораб (м)	[kosmíʧeski kórap]
estação (f) orbital	орбитална станция (ж)	[orbitálna stántsija]
lançamento (m)	старт (м)	[start]
motor (m)	двигател (м)	[dvigátel]
bocal (m)	дюза (ж)	[dʲúza]
combustível (m)	гориво (с)	[gorívo]
cabine (f)	кабина (ж)	[kabína]
antena (f)	антена (ж)	[anténa]
vigia (f)	илюминатор (м)	[ilʲuminátor]
bateria (f) solar	слънчева батерия (ж)	[slénʧeva batérija]
traje (m) espacial	скафандър (м)	[skafándǝr]
imponderabilidade (f)	безтегловност (ж)	[bestglóvnost]
oxigênio (m)	кислород (м)	[kislorót]
acoplagem (f)	свързване (с)	[svérzvane]
fazer uma acoplagem	свързвам се	[svérzvam se]
observatório (m)	обсерватория (ж)	[opservatórija]
telescópio (m)	телескоп (м)	[teleskóp]
observar (vt)	наблюдавам	[nablʲudávam]
explorar (vt)	изследвам	[isslédvam]

196. A Terra

Terra (f)	Земя (ж)	[zemʲá]
globo terrestre (Terra)	земно кълбо (с)	[zémno kǝlbó]
planeta (m)	планета (ж)	[planéta]
atmosfera (f)	атмосфера (ж)	[atmosféra]
geografia (f)	география (ж)	[geográfija]
natureza (f)	природа (ж)	[priróda]
globo (mapa esférico)	глобус (м)	[glóbus]
mapa (m)	карта (ж)	[kárta]
atlas (m)	атлас (м)	[atlás]
Europa (f)	Европа	[evrópa]
Ásia (f)	Азия	[ázija]
África (f)	Африка	[áfrika]
Austrália (f)	Австралия	[afstrálija]
América (f)	Америка	[amérika]
América (f) do Norte	Северна Америка	[séverna amérika]
América (f) do Sul	Южна Америка	[júʒna amérika]
Antártida (f)	Антарктида	[antarktída]
Ártico (m)	Арктика	[árktika]

197. Pontos cardeais

norte (m)	север (м)	[séver]
para norte	на север	[na séver]
no norte	на север	[na séver]
do norte (adj)	северен	[séveren]
sul (m)	юг (м)	[juk]
para sul	на юг	[na juk]
no sul	на юг	[na juk]
do sul (adj)	южен	[júʒen]
oeste, ocidente (m)	запад (м)	[zápat]
para oeste	на запад	[na zápat]
no oeste	на запад	[na zápat]
ocidental (adj)	западен	[západen]
leste, oriente (m)	изток (м)	[ístok]
para leste	на изток	[na ístok]
no leste	на изток	[na ístok]
oriental (adj)	източен	[ístotʃen]

198. Mar. Oceano

mar (m)	море (с)	[moré]
oceano (m)	океан (м)	[okeán]
golfo (m)	залив (м)	[zálif]
estreito (m)	пролив (м)	[próliv]
continente (m)	материк (м)	[materík]
ilha (f)	остров (м)	[óstrov]
península (f)	полуостров (м)	[poluóstrov]
arquipélago (m)	архипелаг (м)	[arhipelák]
baía (f)	залив (м)	[zálif]
porto (m)	залив (м)	[zálif]
lagoa (f)	лагуна (ж)	[lagúna]
cabo (m)	нос (м)	[nos]
atol (m)	атол (м)	[atól]
recife (m)	риф (м)	[rif]
coral (m)	корал (м)	[korál]
recife (m) de coral	коралов риф (м)	[korálov rif]
profundo (adj)	дълбок	[dəlbók]
profundidade (f)	дълбочина (ж)	[dəlbotʃiná]
abismo (m)	бездна (ж)	[bézna]
fossa (f) oceânica	падина (ж)	[padiná]
corrente (f)	течение (с)	[tetʃénie]
banhar (vt)	мия	[míja]
litoral (m)	бряг (м)	[brʲak]
costa (f)	крайбрежие (с)	[krajbréʒie]

maré (f) alta	прилив (м)	[príliv]
refluxo (m)	отлив (м)	[ótliv]
restinga (f)	плитчина (ж)	[plittʃlná]
fundo (m)	дъно (c)	[déno]
onda (f)	вълна (ж)	[vəlná]
crista (f) da onda	гребен (м) на вълна	[grében na vəlná]
espuma (f)	пяна (ж)	[pʲána]
tempestade (f)	буря (ж)	[búrʲa]
furacão (m)	ураган (м)	[uragán]
tsunami (m)	цунами (c)	[tsunámi]
calmaria (f)	безветрие (c)	[bezvétrie]
calmo (adj)	спокоен	[spokóen]
polo (m)	полюс (м)	[pólʲus]
polar (adj)	полярен	[polʲáren]
latitude (f)	ширина (ж)	[ʃiriná]
longitude (f)	дължина (ж)	[dəʒiná]
paralela (f)	паралел (ж)	[paralél]
equador (m)	екватор (м)	[ekvátor]
céu (m)	небе (c)	[nebé]
horizonte (m)	хоризонт (м)	[horizónt]
ar (m)	въздух (м)	[vézduh]
farol (m)	фар (м)	[far]
mergulhar (vi)	гмуркам се	[gmúrkam se]
afundar-se (vr)	потъна	[poténa]
tesouros (m pl)	съкровища (c мн)	[səkróviʃta]

199. Nomes de Mares e Oceanos

Oceano (m) Atlântico	Атлантически океан	[atlantítʃeski okeán]
Oceano (m) Índico	Индийски океан	[indíjski okeán]
Oceano (m) Pacífico	Тихи океан	[tíhi okeán]
Oceano (m) Ártico	Северен Ледовит океан	[séveren ledovít okeán]
Mar (m) Negro	Черно море	[tʃérno moré]
Mar (m) Vermelho	Червено море	[tʃervéno moré]
Mar (m) Amarelo	Жълто море	[ʒélto moré]
Mar (m) Branco	Бяло море	[bʲálo moré]
Mar (m) Cáspio	Каспийско море	[káspijsko moré]
Mar (m) Morto	Мъртво море	[mértvo moré]
Mar (m) Mediterrâneo	Средиземно море	[sredizémno moré]
Mar (m) Egeu	Егейско море	[egéjsko moré]
Mar (m) Adriático	Адриатическо море	[adriatítʃesko moré]
Mar (m) Arábico	Арабско море	[arápsko moré]
Mar (m) do Japão	Японско море	[japónsko moré]
Mar (m) de Bering	Берингово море	[beríngovo moré]

Mar (m) da China Meridional	Южнокитайско море	[juʒnokitájsko moré]
Mar (m) de Coral	Коралово море	[korálovo moré]
Mar (m) de Tasman	Тасманово море	[tasmánovo moré]
Mar (m) do Caribe	Карибско море	[karíbsko moré]
Mar (m) de Barents	Баренцово море	[baréntsovo moré]
Mar (m) de Kara	Карско море	[kársko moré]
Mar (m) do Norte	Северно море	[séverno moré]
Mar (m) Báltico	Балтийско море	[baltíjsko moré]
Mar (m) da Noruega	Норвежко море	[norvéʃko moré]

200. Montanhas

montanha (f)	планина (ж)	[planiná]
cordilheira (f)	планинска верига (ж)	[planínska veríga]
serra (f)	планински хребет (м)	[planínski hrebét]
cume (m)	връх (м)	[vrəh]
pico (m)	пик (м)	[pik]
pé (m)	подножие (с)	[podnóʒie]
declive (m)	склон (м)	[sklon]
vulcão (m)	вулкан (м)	[vulkán]
vulcão (m) ativo	действащ вулкан (м)	[déjstvaʃt vulkán]
vulcão (m) extinto	изгаснал вулкан (м)	[izgásnal vulkán]
erupção (f)	изригване (с)	[izrígvane]
cratera (f)	кратер (м)	[kráter]
magma (m)	магма (ж)	[mágma]
lava (f)	лава (ж)	[láva]
fundido (lava ~a)	нажежен	[naʒeʒén]
cânion, desfiladeiro (m)	каньон (м)	[kanjón]
garganta (f)	дефиле (с)	[defilé]
fenda (f)	тясна клисура (ж)	[tʲásna klisúra]
precipício (m)	пропаст (ж)	[própast]
passo, colo (m)	превал (м)	[prevál]
planalto (m)	плато (с)	[pláto]
falésia (f)	скала (ж)	[skalá]
colina (f)	хълм (м)	[həlm]
geleira (f)	ледник (м)	[lédnik]
cachoeira (f)	водопад (м)	[vodopát]
gêiser (m)	гейзер (м)	[géjzer]
lago (m)	езеро (с)	[ézero]
planície (f)	равнина (ж)	[ravniná]
paisagem (f)	пейзаж (м)	[pejzáʒ]
eco (m)	ехо (с)	[ého]
alpinista (m)	алпинист (м)	[alpiníst]
escalador (m)	катерач (м)	[katerátʃ]

conquistar (vt)	покорявам	[pokorʲávam]
subida, escalada (f)	възкачване (c)	[vəskátʃvane]

201. Nomes de montanhas

Alpes (m pl)	Алпи	[álpi]
Monte Branco (m)	Мон Блан	[mon blan]
Pirineus (m pl)	Пиринеи	[pirinéi]
Cárpatos (m pl)	Карпати	[karpáti]
Urais (m pl)	Урал	[urál]
Cáucaso (m)	Кавказ	[kafkáz]
Elbrus (m)	Елбрус	[elbrús]
Altai (m)	Алтай	[altáj]
Tian Shan (m)	Тяншан	[tʲanʃan]
Pamir (m)	Памир	[pamír]
Himalaia (m)	Химaлаи	[himalái]
monte Everest (m)	Еверест	[everést]
Cordilheira (f) dos Andes	Анди	[ándi]
Kilimanjaro (m)	Килиманджаро	[kilimandʒáro]

202. Rios

rio (m)	река (ж)	[reká]
fonte, nascente (f)	извор (м)	[ízvor]
leito (m) de rio	корито (c)	[koríto]
bacia (f)	басейн (м)	[baséjn]
desaguar no ...	вливам се	[vlívam se]
afluente (m)	приток (м)	[prítok]
margem (do rio)	бряг (м)	[brʲak]
corrente (f)	течение (c)	[tetʃénie]
rio abaixo	надолу по течението	[nadólu po tetʃénieto]
rio acima	нагоре по течението	[nagóre po tetʃénieto]
inundação (f)	наводнение (c)	[navodnénie]
cheia (f)	пролетно пълноводие (c)	[prolétno pəlnovódie]
transbordar (vi)	разливам се	[razlívam se]
inundar (vt)	потопявам	[potopʲávam]
banco (m) de areia	плитчина (ж)	[plittʃiná]
corredeira (f)	праг (м)	[prak]
barragem (f)	яз (м)	[jaz]
canal (m)	канал (м)	[kanál]
reservatório (m) de água	водохранилище (c)	[vodohraníliʃte]
eclusa (f)	шлюз (м)	[ʃlʲuz]
corpo (m) de água	водоем (м)	[vodoém]
pântano (m)	блато (c)	[bláto]

| lamaçal (m) | тресавище (c) | [tresáviʃte] |
| redemoinho (m) | водовъртеж (м) | [vodovərtéʒ] |

riacho (m)	ручей (м)	[rútʃej]
potável (adj)	питеен	[pitéen]
doce (água)	сладководен	[slatkovóden]

| gelo (m) | лед (м) | [let] |
| congelar-se (vr) | замръзна | [zamrézna] |

203. Nomes de rios

| rio Sena (m) | Сена | [séna] |
| rio Loire (m) | Лоара | [loára] |

rio Tâmisa (m)	Темза	[témza]
rio Reno (m)	Рейн	[rejn]
rio Danúbio (m)	Дунав	[dúnav]

rio Volga (m)	Волга	[vólga]
rio Don (m)	Дон	[don]
rio Lena (m)	Лена	[léna]

rio Amarelo (m)	Хуанхъ	[huanhé]
rio Yangtzé (m)	Яндзъ	[jandzé]
rio Mekong (m)	Меконг	[mekónk]
rio Ganges (m)	Ганг	[gang]

rio Nilo (m)	Нил	[nil]
rio Congo (m)	Конго	[kóngo]
rio Cubango (m)	Окаванго	[okavángo]
rio Zambeze (m)	Замбези	[zambézi]
rio Limpopo (m)	Лимпопо	[limpopó]
rio Mississippi (m)	Мисисипи	[misisípi]

204. Floresta

| floresta (f), bosque (m) | гора (ж) | [gorá] |
| florestal (adj) | горски | [górski] |

mata (f) fechada	гъсталак (м)	[gəstalák]
arvoredo (m)	горичка (ж)	[gorítʃka]
clareira (f)	поляна (ж)	[polʲána]

| matagal (m) | гъсталак (м) | [gəstalák] |
| mato (m), caatinga (f) | храсталак (м) | [hrastalák] |

| pequena trilha (f) | пътечка (ж) | [pətétʃka] |
| ravina (f) | овраг (м) | [ovrák] |

| árvore (f) | дърво (c) | [dərvó] |
| folha (f) | лист (м) | [list] |

183

folhagem (f)	шума (ж)	[ʃúma]
queda (f) das folhas	листопад (м)	[listopát]
cair (vi)	опадвам	[opádvam]
topo (m)	връх (м)	[vrəh]

ramo (m)	клонка (м)	[klónka]
galho (m)	дебел клон (м)	[debél klon]
botão (m)	пъпка (ж)	[pépka]
agulha (f)	игла (ж)	[iglá]
pinha (f)	шишарка (ж)	[ʃiʃárka]

buraco (m) de árvore	хралупа (ж)	[hralúpa]
ninho (m)	гнездо (c)	[gnezdó]
toca (f)	дупка (ж)	[dúpka]

tronco (m)	стъбло (c)	[stəbló]
raiz (f)	корен (м)	[kóren]
casca (f) de árvore	кора (ж)	[korá]
musgo (m)	мъх (м)	[məh]

arrancar pela raiz	изкоренявам	[izkorenʲávam]
cortar (vt)	сека	[seká]
desflorestar (vt)	изсичам	[issítʃam]
toco, cepo (m)	пън (м)	[pən]

fogueira (f)	клада (ж)	[kláda]
incêndio (m) florestal	пожар (м)	[poʒár]
apagar (vt)	загасявам	[zagasʲávam]

guarda-parque (m)	горски пазач (м)	[górski pazátʃ]
proteção (f)	опазване (c)	[opázvane]
proteger (a natureza)	опазвам	[opázvam]
caçador (m) furtivo	бракониер (м)	[brakoniér]
armadilha (f)	капан (м)	[kapán]

colher (cogumelos, bagas)	събирам	[səbíram]
perder-se (vr)	загубя се	[zagúbʲa se]

205. Recursos naturais

recursos (m pl) naturais	природни ресурси (м мн)	[priródni resúrsi]
minerais (m pl)	полезни изкопаеми (c мн)	[polézni iskopáemi]
depósitos (m pl)	залежи (мн)	[zaléʒi]
jazida (f)	находище (c)	[nahódiʃte]

extrair (vt)	добивам	[dobívam]
extração (f)	добиване (c)	[dobívane]
minério (m)	руда (ж)	[rudá]
mina (f)	рудник (м)	[rúdnik]
poço (m) de mina	шахта (ж)	[ʃáhta]
mineiro (m)	миньор (м)	[minʲór]

gás (m)	газ (м)	[gas]
gasoduto (m)	газопровод (м)	[gazoprovót]

petróleo (m)	нефт (м)	[neft]
oleoduto (m)	нефтопровод (м)	[neftoprovót]
poço (m) de petróleo	нефтена кула (ж)	[néftena kúla]
torre (f) petrolífera	сондажна кула (ж)	[sondáʒna kúla]
petroleiro (m)	танкер (м)	[tánker]

areia (f)	пясък (м)	[pʲásək]
calcário (m)	варовик (м)	[varóvik]
cascalho (m)	дребен чакъл (м)	[drében ʧakél]
turfa (f)	торф (м)	[torf]
argila (f)	глина (ж)	[glína]
carvão (m)	въглища (мн)	[végliʃta]

ferro (m)	желязо (с)	[ʒelʲázo]
ouro (m)	злато (с)	[zláto]
prata (f)	сребро (с)	[srebró]
níquel (m)	никел (м)	[níkel]
cobre (m)	мед (ж)	[met]

zinco (m)	цинк (м)	[tsink]
manganês (m)	манган (м)	[mangán]
mercúrio (m)	живак (м)	[ʒivák]
chumbo (m)	олово (с)	[olóvo]

mineral (m)	минерал (м)	[minerál]
cristal (m)	кристал (м)	[kristál]
mármore (m)	мрамор (м)	[mrámor]
urânio (m)	уран (м)	[urán]

A Terra. Parte 2

206. Tempo

tempo (m)	време (c)	[vréme]
previsão (f) do tempo	прогноза (ж) за времето	[prognóza za vrémeto]
temperatura (f)	температура (ж)	[temperatúra]
termômetro (m)	термометър (м)	[termométər]
barômetro (m)	барометър (м)	[barométər]
úmido (adj)	влажен	[vláʒen]
umidade (f)	влажност (ж)	[vláʒnost]
calor (m)	пек (м)	[pek]
tórrido (adj)	горещ	[goréʃt]
está muito calor	горещо	[goréʃto]
está calor	топло	[tóplo]
quente (morno)	топъл	[tópəl]
está frio	студено	[studéno]
frio (adj)	студен	[studén]
sol (m)	слънце (c)	[sléntse]
brilhar (vi)	грея	[gréja]
de sol, ensolarado	слънчев	[sléntʃev]
nascer (vi)	изгрея	[izgréja]
pôr-se (vr)	заляза	[zalʲáza]
nuvem (f)	облак (м)	[óblak]
nublado (adj)	облачен	[óblatʃen]
nuvem (f) preta	голям облак (м)	[golʲám óblak]
escuro, cinzento (adj)	навъсен	[navésen]
chuva (f)	дъжд (м)	[dəʒt]
está a chover	вали дъжд	[valí dəʒt]
chuvoso (adj)	дъждовен	[dəʒdóven]
chuviscar (vi)	ръмя	[rəmʲá]
chuva (f) torrencial	пороен дъжд (м)	[poróen dəʒt]
aguaceiro (m)	порой (м)	[porój]
forte (chuva, etc.)	силен	[sílen]
poça (f)	локва (ж)	[lókva]
molhar-se (vr)	намокря се	[namókrʲa se]
nevoeiro (m)	мъгла (ж)	[məglá]
de nevoeiro	мъглив	[məglíf]
neve (f)	сняг (м)	[snʲak]
está nevando	вали сняг	[valí snʲak]

207. Tempo extremo. Catástrofes naturais

trovoada (f)	гръмотевична буря (ж)	[grəmotévitʃna búrʲa]
relâmpago (m)	мълния (ж)	[mélnija]
relampejar (vi)	блясвам	[blʲásvam]
trovão (m)	гръм (м)	[grəm]
trovejar (vi)	гърмя	[gərmʲá]
está trovejando	гърми	[gərmí]
granizo (m)	градушка (ж)	[gradúʃka]
está caindo granizo	пада градушка	[páda gradúʃka]
inundar (vt)	потопя	[potopʲá]
inundação (f)	наводнение (с)	[navodnénie]
terremoto (m)	земетресение (с)	[zemetresénie]
abalo, tremor (m)	трус (м)	[trus]
epicentro (m)	епицентър (м)	[epitséntər]
erupção (f)	изригване (с)	[izrígvane]
lava (f)	лава (ж)	[láva]
tornado (m)	торнадо (с)	[tornádo]
tufão (m)	тайфун (м)	[tajfún]
furacão (m)	ураган (м)	[uragán]
tempestade (f)	буря (ж)	[búrʲa]
tsunami (m)	цунами (с)	[tsunámi]
ciclone (m)	циклон (м)	[tsiklón]
mau tempo (m)	лошо време (с)	[lóʃo vréme]
incêndio (m)	пожар (м)	[poʒár]
catástrofe (f)	катастрофа (ж)	[katastrófa]
meteorito (m)	метеорит (м)	[meteorít]
avalanche (f)	лавина (ж)	[lavína]
deslizamento (m) de neve	лавина (ж)	[lavína]
nevasca (f)	виелица (ж)	[viélitsa]
tempestade (f) de neve	снежна буря (ж)	[snéʒna búrʲa]

208. Ruídos. Sons

silêncio (m)	тишина (ж)	[tiʃiná]
som (m)	звук (м)	[zvuk]
ruído, barulho (m)	шум (м)	[ʃum]
fazer barulho	шумя	[ʃumʲá]
ruidoso, barulhento (adj)	шумен	[ʃúmen]
alto	силно	[sílno]
alto (ex. voz ~a)	силен	[sílen]
constante (ruído, etc.)	постоянен	[postojánen]
grito (m)	вик (м)	[vik]

gritar (vi)	викам	[víkam]
sussurro (m)	шепот (м)	[ʃépot]
sussurrar (vi, vt)	шептя	[ʃeptʲá]

| latido (m) | лай (м) | [laj] |
| latir (vi) | лая | [lája] |

gemido (m)	стон (м)	[ston]
gemer (vi)	стена	[sténa]
tosse (f)	кашлица (ж)	[káʃlitsa]
tossir (vi)	кашлям	[káʃlʲam]

assobio (m)	свирене (с)	[svírene]
assobiar (vi)	свиря	[svírʲa]
batida (f)	тракане (с)	[trákane]
bater (à porta)	чукам	[ʧúkam]

| estalar (vi) | пращя | [praʃtʲá] |
| estalido (m) | трясък (м) | [trʲásək] |

sirene (f)	сирена (ж)	[siréna]
apito (m)	сирена (ж)	[siréna]
apitar (vi)	буча	[buʧá]
buzina (f)	клаксон (м)	[klákson]
buzinar (vi)	сигнализирам	[signalizíram]

209. Inverno

inverno (m)	зима (ж)	[zíma]
de inverno	зимен	[zímen]
no inverno	през зимата	[prez zímata]

neve (f)	сняг (м)	[snʲak]
está nevando	вали сняг	[valí snʲak]
queda (f) de neve	снеговалеж (м)	[snegovaléʒ]
amontoado (m) de neve	преспа (ж)	[préspa]

floco (m) de neve	снежинка (ж)	[sneʒínka]
bola (f) de neve	снежна топка (ж)	[snéʒna tópka]
boneco (m) de neve	снежен човек (м)	[snéʒen ʧovék]
sincelo (m)	ледена висулка (ж)	[lédena visúlka]

dezembro (m)	декември (м)	[dekémvri]
janeiro (m)	януари (м)	[januári]
fevereiro (m)	февруари (м)	[fevruári]

| gelo (m) | мраз (м) | [mraz] |
| gelado (tempo ~) | мразовит | [mrazovít] |

abaixo de zero	под нулата	[pot núlata]
primeira geada (f)	леко застудяване (с)	[léko zastudʲávane]
geada (f) branca	скреж (м)	[skreʒ]
frio (m)	студ (м)	[stut]
está frio	студено	[studéno]

casaco (m) de pele	кожено палто (с)	[kóӡeno paltó]
mitenes (f pl)	ръкавици (ж мн)	[rəkavítsi
	с един пръст	s edín pərst]

adoecer (vi)	разболявам	[razbolʲávam]
resfriado (m)	настинка (ж)	[nastínka]
ficar resfriado	настина	[nastína]

gelo (m)	лед (м)	[let]
gelo (m) na estrada	поледица (ж)	[poléditsa]
congelar-se (vr)	замръзна	[zamrézna]
bloco (m) de gelo	леден блок (м)	[léden blok]

esqui (m)	ски (мн)	[ski]
esquiador (m)	скиор (м)	[skiór]
esquiar (vi)	карам ски	[káram ski]
patinar (vi)	пързалям се с кънки	[pərzálʲam se s kénki]

Fauna

210. Mamíferos. Predadores

predador (m)	хищник (м)	[híʃtnik]
tigre (m)	тигър (м)	[tígər]
leão (m)	лъв (м)	[ləv]
lobo (m)	вълк (м)	[vəlk]
raposa (f)	лисица (ж)	[lisítsa]
jaguar (m)	ягуар (м)	[jaguár]
leopardo (m)	леопард (м)	[leopárt]
chita (f)	гепард (м)	[gepárt]
pantera (f)	пантера (ж)	[pantéra]
puma (m)	пума (ж)	[púma]
leopardo-das-neves (m)	снежен барс (м)	[snéʒen bars]
lince (m)	рис (м)	[ris]
coiote (m)	койот (м)	[kojót]
chacal (m)	чакал (м)	[tʃakál]
hiena (f)	хиена (ж)	[hiéna]

211. Animais selvagens

animal (m)	животно (с)	[ʒivótno]
besta (f)	звяр (м)	[zvʲar]
esquilo (m)	катерица (ж)	[káteritsa]
ouriço (m)	таралеж (м)	[taraléʒ]
lebre (f)	заек (м)	[záek]
coelho (m)	питомен заек (м)	[pítomen záek]
texugo (m)	язовец (м)	[jázovets]
guaxinim (m)	енот (м)	[enót]
hamster (m)	хамстер (м)	[hámster]
marmota (f)	мармот (м)	[marmót]
toupeira (f)	къртица (ж)	[kərtítsa]
rato (m)	мишка (ж)	[míʃka]
ratazana (f)	плъх (м)	[pləh]
morcego (m)	прилеп (м)	[prílep]
arminho (m)	хермелин (м)	[hermelín]
zibelina (f)	самур (м)	[samúr]
marta (f)	бялка (ж)	[bʲálka]
doninha (f)	невестулка (ж)	[nevestúlka]
visom (m)	норка (ж)	[nórka]

| castor (m) | бобър (м) | [bóbər] |
| lontra (f) | видра (ж) | [vídra] |

cavalo (m)	кон (м)	[kon]
alce (m)	лос (м)	[los]
veado (m)	елен (м)	[elén]
camelo (m)	камила (ж)	[kamíla]

bisão (m)	бизон (м)	[bizón]
auroque (m)	зубър (м)	[zúbər]
búfalo (m)	бивол (м)	[bívol]

zebra (f)	зебра (ж)	[zébra]
antílope (m)	антилопа (ж)	[antilópa]
corça (f)	сърна (ж)	[sərná]
gamo (m)	лопатар (м)	[lopatár]
camurça (f)	сърна (ж)	[sərná]
javali (m)	глиган (м)	[gligán]

baleia (f)	кит (м)	[kit]
foca (f)	тюлен (м)	[tʲulén]
morsa (f)	морж (м)	[morʒ]
urso-marinho (m)	морска котка (ж)	[mórska kótka]
golfinho (m)	делфин (м)	[delfín]

urso (m)	мечка (ж)	[métʃka]
urso (m) polar	бяла мечка (ж)	[bʲála métʃka]
panda (m)	панда (ж)	[pánda]

macaco (m)	маймуна (ж)	[majmúna]
chimpanzé (m)	шимпанзе (с)	[ʃimpanzé]
orangotango (m)	орангутан (м)	[orangután]
gorila (m)	горила (ж)	[goríla]
macaco (m)	макак (м)	[makák]
gibão (m)	гибон (м)	[gibón]

elefante (m)	слон (м)	[slon]
rinoceronte (m)	носорог (м)	[nosorók]
girafa (f)	жираф (м)	[ʒiráf]
hipopótamo (m)	хипопотам (м)	[hipopotám]

| canguru (m) | кенгуру (с) | [kénguru] |
| coala (m) | коала (ж) | [koála] |

mangusto (m)	мангуста (ж)	[mangústa]
chinchila (f)	чинчила (ж)	[tʃintʃíla]
cangambá (f)	скункс (м)	[skuns]
porco-espinho (m)	бодливец (м)	[bodlívets]

212. Animais domésticos

gata (f)	котка (ж)	[kótka]
gato (m) macho	котарак (м)	[kotarák]
cavalo (m)	кон (м)	[kon]

garanhão (m)	жребец (м)	[ʒrebéts]
égua (f)	кобила (ж)	[kobíla]
vaca (f)	крава (ж)	[kráva]
touro (m)	бик (м)	[bik]
boi (m)	вол (м)	[vol]
ovelha (f)	овца (ж)	[ovtsá]
carneiro (m)	овен (м)	[ovén]
cabra (f)	коза (ж)	[kozá]
bode (m)	козел (м)	[kozél]
burro (m)	магаре (с)	[magáre]
mula (f)	муле (с)	[múle]
porco (m)	свиня (ж)	[svinʲá]
leitão (m)	прасе (с)	[prasé]
coelho (m)	питомен заек (м)	[pítomen záek]
galinha (f)	кокошка (ж)	[kokóʃka]
galo (m)	петел (м)	[petél]
pata (f), pato (m)	патица (ж)	[pátitsa]
pato (m)	паток (м)	[patók]
ganso (m)	гъсок (м)	[gəsók]
peru (m)	пуяк (м)	[pújak]
perua (f)	пуйка (ж)	[pújka]
animais (m pl) domésticos	домашни животни (с мн)	[domáʃni ʒivótni]
domesticado (adj)	питомен	[pítomen]
domesticar (vt)	опитомявам	[opitomʲávam]
criar (vt)	отглеждам	[otgléʒdam]
fazenda (f)	ферма (ж)	[férma]
aves (f pl) domésticas	домашна птица (ж)	[domáʃna ptítsa]
gado (m)	добитък (м)	[dobítək]
rebanho (m), manada (f)	стадо (с)	[stádo]
estábulo (m)	обор (м)	[obór]
chiqueiro (m)	кочина (ж)	[kótʃina]
estábulo (m)	краварник (м)	[kravárnik]
coelheira (f)	зайчарник (м)	[zajtʃárnik]
galinheiro (m)	курник (м)	[kúrnik]

213. Cães. Raças de cães

cão (m)	куче (с)	[kútʃe]
cão pastor (m)	овчарско куче (с)	[oftʃársko kútʃe]
pastor-alemão (m)	немска овчарка (ж)	[némska oftʃárka]
poodle (m)	пудел (м)	[púdel]
linguicinha (m)	дакел (м)	[dákel]
buldogue (m)	булдог (м)	[buldók]
boxer (m)	боксер (м)	[boksér]

mastim (m)	мастиф (м)	[mastíf]
rottweiler (m)	ротвайлер (м)	[rotvájler]
dóberman (m)	доберман (м)	[dóberman]
basset (m)	басет (м)	[báset]
pastor inglês (m)	бобтейл (м)	[bóbtejl]
dálmata (m)	далматинец (м)	[dalmatinéts]
cocker spaniel (m)	кокер шпаньол (м)	[kóker ʃpanʲól]
terra-nova (m)	нюфаундленд (м)	[nʲufáundlend]
são-bernardo (m)	санбернар (м)	[sanbernár]
husky (m) siberiano	сибирско хъски (с)	[sibírsko héski]
Chow-chow (m)	чау-чау (с)	[ʧáu-ʧáu]
spitz alemão (m)	шпиц (м)	[ʃpits]
pug (m)	мопс (м)	[mops]

214. Sons produzidos pelos animais

latido (m)	лай (м)	[laj]
latir (vi)	лая	[lája]
miar (vi)	мяукам	[mʲaúkam]
ronronar (vi)	мъркам	[mérkam]
mugir (vaca)	муча	[muʧá]
bramir (touro)	рева	[revá]
rosnar (vi)	ръмжа	[rəmʒá]
uivo (m)	вой (м)	[voj]
uivar (vi)	вия	[víja]
ganir (vi)	скимтя	[skimtʲá]
balir (vi)	блея	[bléja]
grunhir (vi)	грухтя	[gruhtʲá]
guinchar (vi)	вреща	[vreʃtʲá]
coaxar (sapo)	крякам	[krʲákam]
zumbir (inseto)	бръмча	[brəmʧá]
ziziar (vi)	цвърча	[tsvərʧá]

215. Animais jovens

cria (f), filhote (m)	бебе, зверче (с)	[бébe], [zverʧé]
gatinho (m)	котенце (с)	[kótentse]
ratinho (m)	мишле (с)	[miʃlé]
cachorro (m)	кученце (с)	[kúʧentse]
filhote (m) de lebre	зайче (с)	[zájʧe]
coelhinho (m)	зайче (с)	[zájʧe]
lobinho (m)	вълче (с)	[vəlʧé]
filhote (m) de raposa	лисиче (с)	[lisíʧe]
filhote (m) de urso	мече (с)	[meʧé]

filhote (m) de leão	лъвче (c)	[lóftʃe]
filhote (m) de tigre	тигърче (c)	[tígərtʃe]
filhote (m) de elefante	слонче (c)	[slóntʃe]

leitão (m)	прасе (c)	[prasé]
bezerro (m)	теле (c)	[téle]
cabrito (m)	яре (c)	[járe]
cordeiro (m)	агне (c)	[ágne]
filhote (m) de veado	еленче (c)	[eléntʃe]
cria (f) de camelo	камилче (c)	[kamíltʃe]

filhote (m) de serpente	змийче (c)	[zmijtʃé]
filhote (m) de rã	жабче (c)	[ʒáptʃe]

cria (f) de ave	пиле (c)	[píle]
pinto (m)	пиле (c)	[píle]
patinho (m)	пате (c)	[páte]

216. Pássaros

pássaro (m), ave (f)	птица (ж)	[ptítsa]
pombo (m)	гълъб (м)	[gélǝp]
pardal (m)	врабче (c)	[vrabtʃé]
chapim-real (m)	синигер (м)	[sinigér]
pega-rabuda (f)	сврака (ж)	[svráka]

corvo (m)	гарван (м)	[gárvan]
gralha-cinzenta (f)	врана (ж)	[vrána]
gralha-de-nuca-cinzenta (f)	гарга (ж)	[gárga]
gralha-calva (f)	полски гарван (м)	[pólski gárvan]

pato (m)	патица (ж)	[pátitsa]
ganso (m)	гъсок (м)	[gǝsók]
faisão (m)	фазан (м)	[fazán]

águia (f)	орел (м)	[orél]
açor (m)	ястреб (м)	[jástrep]
falcão (m)	сокол (м)	[sokól]
abutre (m)	гриф (м)	[grif]
condor (m)	кондор (м)	[kondór]

cisne (m)	лебед (м)	[lébet]
grou (m)	жерав (м)	[ʒérav]
cegonha (f)	щъркел (м)	[ʃtérkel]

papagaio (m)	папагал (м)	[papagál]
beija-flor (m)	колибри (c)	[kolíbri]
pavão (m)	паун (м)	[paún]

avestruz (m)	щраус (м)	[ʃtráus]
garça (f)	чапла (ж)	[tʃápla]
flamingo (m)	фламинго (c)	[flamíngo]
pelicano (m)	пеликан (м)	[pelikán]
rouxinol (m)	славей (м)	[slávej]

andorinha (f)	лястовица (ж)	[lⁱástovitsa]
tordo-zornal (m)	дрозд (м)	[drozd]
tordo-músico (m)	поен дрозд (м)	[póen drozd]
melro-preto (m)	кос, черен дрозд (м)	[kos], [ʧéren drozd]

andorinhão (m)	бързолет (м)	[bərzolét]
cotovia (f)	чучулига (ж)	[ʧuʧulíga]
codorna (f)	пъдпъдък (м)	[pədpədék]

pica-pau (m)	кълвач (м)	[kəlváʧ]
cuco (m)	кукувица (ж)	[kúkuvitsa]
coruja (f)	сова (ж)	[sóva]
bufo-real (m)	бухал (м)	[búhal]
tetraz-grande (m)	глухар (м)	[gluhár]
tetraz-lira (m)	тетрев (м)	[tétrev]
perdiz-cinzenta (f)	яребица (ж)	[járebitsa]

estorninho (m)	скорец (м)	[skoréts]
canário (m)	канарче (c)	[kanárʧe]
galinha-do-mato (f)	лещарка (ж)	[leʃtárka]
tentilhão (m)	чинка (ж)	[ʧínka]
dom-fafe (m)	червенушка (ж)	[ʧervenúʃka]

gaivota (f)	чайка (ж)	[ʧájka]
albatroz (m)	албатрос (м)	[albatrós]
pinguim (m)	пингвин (м)	[pingvín]

217. Pássaros. Canto e sons

cantar (vi)	пея	[péja]
gritar, chamar (vi)	кряскам	[krⁱáskam]
cantar (o galo)	кукуригам	[kukurígam]
cocorocó (m)	кукуригу	[kukurígu]

cacarejar (vi)	кудкудякам	[kutkudⁱákam]
crocitar (vi)	грача	[gráʧa]
grasnar (vi)	крякам	[krⁱákam]
piar (vi)	пищя	[piʃtⁱá]
chilrear, gorjear (vi)	чуруликам	[ʧurulíkam]

218. Peixes. Animais marinhos

brema (f)	платика (ж)	[platíka]
carpa (f)	шаран (м)	[ʃarán]
perca (f)	костур (м)	[kostúr]
siluro (m)	сом (м)	[som]
lúcio (m)	щука (ж)	[ʃtúka]

salmão (m)	сьомга (ж)	[sⁱómga]
esturjão (m)	есетра (ж)	[esétra]
arenque (m)	селда (ж)	[sélda]
salmão (m) do Atlântico	сьомга (ж)	[sⁱómga]

| cavala, sarda (f) | скумрия (ж) | [skumríja] |
| solha (f), linguado (m) | калкан (м) | [kalkán] |

lúcio perca (m)	бяла риба (ж)	[bʲála ríba]
bacalhau (m)	треска (ж)	[tréska]
atum (m)	риба тон (м)	[ríba ton]
truta (f)	пъстърва (ж)	[pəstérva]

enguia (f)	змиорка (ж)	[zmiórka]
raia (f) elétrica	електрически скат (м)	[elektrítʃeski skat]
moreia (f)	мурена (ж)	[muréna]
piranha (f)	пираня (ж)	[piránʲa]

tubarão (m)	акула (ж)	[akúla]
golfinho (m)	делфин (м)	[delfín]
baleia (f)	кит (м)	[kit]

caranguejo (m)	морски рак (м)	[mórski rak]
água-viva (f)	медуза (ж)	[medúza]
polvo (m)	октопод (м)	[oktopót]

estrela-do-mar (f)	морска звезда (ж)	[mórska zvezdá]
ouriço-do-mar (m)	морски таралеж (м)	[mórski taraléʒ]
cavalo-marinho (m)	морско конче (с)	[mórsko kóntʃe]

ostra (f)	стрида (ж)	[strída]
camarão (m)	скарида (ж)	[skarída]
lagosta (f)	омар (м)	[omár]
lagosta (f)	лангуста (ж)	[langústa]

219. Anfíbios. Répteis

| cobra (f) | змия (ж) | [zmijá] |
| venenoso (adj) | отровен | [otróven] |

víbora (f)	усойница (ж)	[usójnitsa]
naja (f)	кобра (ж)	[kóbra]
píton (m)	питон (м)	[pitón]
jiboia (f)	боа (ж)	[boá]
cobra-de-água (f)	смок (м)	[smok]
cascavel (f)	гърмяща змия (ж)	[gərmʲáʃta zmijá]
anaconda (f)	анаконда (ж)	[anakónda]

lagarto (m)	гущер (м)	[gúʃter]
iguana (f)	игуана (ж)	[iguána]
varano (m)	варан (м)	[varán]
salamandra (f)	саламандър (м)	[salamándər]
camaleão (m)	хамелеон (м)	[hameleón]
escorpião (m)	скорпион (м)	[skorpión]

tartaruga (f)	костенурка (ж)	[kostenúrka]
rã (f)	водна жаба (ж)	[vódna ʒába]
sapo (m)	жаба (ж)	[ʒába]
crocodilo (m)	крокодил (м)	[krokodíl]

220. Insetos

inseto (m)	насекомо (c)	[nasekómo]
borboleta (f)	пеперуда (ж)	[peperúda]
formiga (f)	мравка (ж)	[mráfka]
mosca (f)	муха (ж)	[muhá]
mosquito (m)	комар (м)	[komár]
escaravelho (m)	бръмбар (м)	[brémbar]
vespa (f)	оса (ж)	[osá]
abelha (f)	пчела (ж)	[pʧelá]
mamangaba (f)	земна пчела (ж)	[zémna pʧelá]
moscardo (m)	щръклица (ж), овод (м)	[ʃtréklitsa], [óvot]
aranha (f)	паяк (м)	[pájak]
teia (f) de aranha	паяжина (ж)	[pájaʒina]
libélula (f)	водно конче (c)	[vódno kónʧe]
gafanhoto (m)	скакалец (м)	[skakaléts]
traça (f)	нощна пеперуда (ж)	[nóʃtna peperúda]
barata (f)	хлебарка (ж)	[hlebárka]
carrapato (m)	кърлеж (м)	[kérleʃ]
pulga (f)	бълха (ж)	[belhá]
borrachudo (m)	мушица (ж)	[muʃítsa]
gafanhoto (m)	прелетен скакалец (м)	[préleten skakaléts]
caracol (m)	охлюв (м)	[óhlʲuf]
grilo (m)	щурец (м)	[ʃturéts]
pirilampo, vaga-lume (m)	светулка (ж)	[svetúlka]
joaninha (f)	калинка (ж)	[kalínka]
besouro (m)	майски бръмбар (м)	[májski brémbar]
sanguessuga (f)	пиявица (ж)	[pijávitsa]
lagarta (f)	гъсеница (ж)	[gesénitsa]
minhoca (f)	червей (м)	[ʧérvej]
larva (f)	буба (ж)	[búba]

221. Animais. Partes do corpo

bico (m)	клюн (м)	[klʲun]
asas (f pl)	криле (мн)	[krilé]
pata (f)	крак (м)	[krak]
plumagem (f)	перушина (ж)	[peruʃína]
pena, pluma (f)	перо (c)	[peró]
crista (f)	качул (c)	[kaʧúl]
brânquias, guelras (f pl)	хриле (c)	[hrilé]
ovas (f pl)	хайвер (м)	[hajvér]
larva (f)	личинка (ж)	[lítʃinka]
barbatana (f)	перка (ж)	[pérka]
escama (f)	люспа (ж)	[lʲúspa]
presa (f)	зъб (м)	[zep]

pata (f)	лапа (ж)	[lápa]
focinho (m)	муцуна (ж)	[mutsúna]
boca (f)	уста (ж)	[ustá]
cauda (f), rabo (m)	опашка (ж)	[opáʃka]
bigodes (m pl)	мустаци (м мн)	[mustátsi]
casco (m)	копито (с)	[kopíto]
corno (m)	рог (м)	[rok]
carapaça (f)	черупка (ж)	[ʧerúpka]
concha (f)	мида (ж)	[mída]
casca (f) de ovo	черупка (ж)	[ʧerúpka]
pelo (m)	козина (ж)	[kózina]
pele (f), couro (m)	кожа (ж)	[kóʒa]

222. Ações dos animais

voar (vi)	летя	[letʲá]
dar voltas	вия се	[víja se]
voar (para longe)	отлетя	[otletʲá]
bater as asas	махам	[máham]
bicar (vi)	кълва	[kəlvá]
incubar (vt)	излюпвам	[izlʲúpvam]
sair do ovo	излюпвам се	[izlʲúpvam se]
fazer o ninho	вия	[víja]
rastejar (vi)	пълзя	[pəlzʲá]
picar (vt)	жиля	[ʒílʲa]
morder (cachorro, etc.)	хапя	[hápʲa]
cheirar (vt)	душа	[dúʃa]
latir (vi)	лая	[lája]
silvar (vi)	съска	[séska]
assustar (vt)	плаша	[pláʃa]
atacar (vt)	нападам	[napádam]
roer (vt)	гриза	[grizá]
arranhar (vt)	драскам	[dráskam]
esconder-se (vr)	крия се	[kríja se]
brincar (vi)	играя	[igrája]
caçar (vi)	ловувам	[lovúvam]
hibernar (vi)	изпадам в зимен сън	[ispádam v zímen sən]
extinguir-se (vr)	измра	[izmrá]

223. Animais. Habitats

hábitat (m)	среда (ж) на обитаване	[sredá na obitávane]
migração (f)	миграция (ж)	[migrátsija]
montanha (f)	планина (ж)	[planiná]

---

recife (m)	риф (м)	[rif]
falésia (f)	скала (ж)	[skalá]
floresta (f)	гора (ж)	[gorá]
selva (f)	джунгла (ж)	[dʒúngla]
savana (f)	савана (ж)	[savána]
tundra (f)	тундра (ж)	[túndra]
estepe (f)	степ (ж)	[step]
deserto (m)	пустиня (ж)	[pustínʲa]
oásis (m)	оазис (м)	[oázis]
mar (m)	море (с)	[moré]
lago (m)	езеро (с)	[ézero]
oceano (m)	океан (м)	[okeán]
pântano (m)	блато (с)	[bláto]
de água doce	сладководен	[slatkovóden]
lagoa (f)	изкуствен вир (м)	[iskústven vir]
rio (m)	река (ж)	[reká]
toca (f) do urso	бърлога (ж)	[bərlóga]
ninho (m)	гнездо (с)	[gnezdó]
buraco (m) de árvore	хралупа (ж)	[hralúpa]
toca (f)	дупка (ж)	[dúpka]
formigueiro (m)	мравуняк (м)	[mravúnʲak]

224. Cuidados com os animais

jardim (m) zoológico	зоологическа градина (ж)	[zoologíʧeska gradína]
reserva (f) natural	резерват (м)	[rezervát]
viveiro (m)	развъдник (м)	[razvédnik]
jaula (f) de ar livre	волиера (ж)	[voliéra]
jaula, gaiola (f)	клетка (ж)	[klétka]
casinha (f) de cachorro	кучешка колибка (ж)	[kúʧeʃka kolípka]
pombal (m)	гълъбарник (м)	[gələbárnik]
aquário (m)	аквариум (м)	[akvárium]
delfinário (m)	делфинариум (м)	[delfinárium]
criar (vt)	развъждам	[razvéʒdam]
cria (f)	потомство (с)	[potómstvo]
domesticar (vt)	опитомявам	[opitomʲávam]
adestrar (vt)	дресирам	[dresíram]
ração (f)	храна (ж)	[hraná]
alimentar (vt)	храня	[hránʲa]
loja (f) de animais	зоомагазин (м)	[zoomagazín]
focinheira (m)	намордник (м)	[namórdnik]
coleira (f)	каишка (ж)	[kaíʃka]
nome (do animal)	име (с)	[íme]
pedigree (m)	родословие (с)	[rodoslóvie]

225. Animais. Diversos

alcateia (f)	глутница (ж)	[glútnitsa]
bando (pássaros)	ято (c)	[játo]
cardume (peixes)	пасаж (м)	[pasáʒ]
manada (cavalos)	табун (м)	[tabún]
macho (m)	самец (м)	[saméts]
fêmea (f)	самка (ж)	[sámka]
faminto (adj)	гладен	[gláden]
selvagem (adj)	див	[div]
perigoso (adj)	опасен	[opásen]

226. Cavalos

cavalo (m)	кон (м)	[kon]
raça (f)	порода (ж)	[poróda]
potro (m)	жребец (м)	[ʒrebéts]
égua (f)	кобила (ж)	[kobíla]
mustangue (m)	мустанг (м)	[mustáng]
pônei (m)	пони (c)	[póni]
cavalo (m) de tiro	товарен кон (м)	[továren kon]
crina (f)	грива (ж)	[gríva]
rabo (m)	опашка (ж)	[opáʃka]
casco (m)	копито (c)	[kopíto]
ferradura (f)	подкова (ж)	[potkóva]
ferrar (vt)	подкова	[potková]
ferreiro (m)	ковач (м)	[kováʧ]
sela (f)	седло (c)	[sedló]
estribo (m)	стреме (c)	[stréme]
brida (f)	юзда (ж)	[juzdá]
rédeas (f pl)	поводи (м мн)	[póvodi]
chicote (m)	камшик (м)	[kamʃík]
cavaleiro (m)	ездач (м)	[ezdáʧ]
colocar sela	яхна	[jáhna]
montar no cavalo	седна в седло	[sédna f sedló]
galope (m)	галоп (м)	[galóp]
galopar (vi)	галопирам	[galopíram]
trote (m)	тръс (м)	[trəs]
a trote	в тръс	[f trəs]
ir a trote	скачам в тръс	[skáʧam f trəs]
cavalo (m) de corrida	състезателен кон (м)	[səstezátelen kon]
corridas (f pl)	конни надбягвания (c мн)	[kónni nadbʲágvanija]
estábulo (m)	обор (м)	[obór]

alimentar (vt)	**храня**	[hránʲa]
feno (m)	**сено** (c)	[senó]
dar água	**поя**	[pojá]
limpar (vt)	**чистя**	[ʧístʲa]
carroça (f)	**каруца** (ж)	[karútsa]
pastar (vi)	**паса**	[pasá]
relinchar (vi)	**цвиля**	[tsvílʲa]
dar um coice	**ритна**	[rítna]

Flora

227. Árvores

árvore (f)	дърво (c)	[dərvó]
decídua (adj)	широколистно	[ʃirokolístno]
conífera (adj)	иглолистно	[iglolístno]
perene (adj)	вечнозелено	[vetʃnozeléno]
macieira (f)	ябълка (ж)	[jábəlka]
pereira (f)	круша (ж)	[krúʃa]
cerejeira (f)	череша (ж)	[tʃeréʃa]
ginjeira (f)	вишна (ж)	[víʃna]
ameixeira (f)	слива (ж)	[slíva]
bétula (f)	бреза (ж)	[brezá]
carvalho (m)	дъб (м)	[dəp]
tília (f)	липа (ж)	[lipá]
choupo-tremedor (m)	трепетлика (ж)	[trepetlíka]
bordo (m)	клен (м)	[klen]
espruce (m)	ела (ж)	[elá]
pinheiro (m)	бор (м)	[bor]
alerce, lariço (m)	лиственица (ж)	[lístvenitsa]
abeto (m)	бяла ела (ж)	[bʲála elá]
cedro (m)	кедър (м)	[kédər]
choupo, álamo (m)	топола (ж)	[topóla]
tramazeira (f)	офика (ж)	[ofíka]
salgueiro (m)	върба (ж)	[vərbá]
amieiro (m)	елша (ж)	[elʃá]
faia (f)	бук (м)	[buk]
ulmeiro, olmo (m)	бряст (м)	[brʲast]
freixo (m)	ясен (м)	[jásen]
castanheiro (m)	кестен (м)	[késten]
magnólia (f)	магнолия (ж)	[magnólija]
palmeira (f)	палма (ж)	[pálma]
cipreste (m)	кипарис (м)	[kiparís]
mangue (m)	мангрово дърво (c)	[mangrovo dərvó]
embondeiro, baobá (m)	баобаб (м)	[baobáp]
eucalipto (m)	евкалипт (м)	[efkalípt]
sequoia (f)	секвоя (ж)	[sekvója]

228. Arbustos

arbusto (m)	храст (м)	[hrast]
arbusto (m), moita (f)	храсталак (м)	[hrastalák]

| videira (f) | грозде (c) | [grózde] |
| vinhedo (m) | лозе (c) | [lóze] |

framboeseira (f)	малина (ж)	[malína]
groselheira-negra (f)	черно френско грозде (c)	[tʃérno frénsko grózde]
groselheira-vermelha (f)	червено френско грозде (c)	[tʃervéno frénsko grózde]
groselheira (f) espinhosa	цариградско грозде (c)	[tsarigrátsko grózde]

acácia (f)	акация (ж)	[akátsija]
bérberis (f)	кисел трън (м)	[kísel trən]
jasmim (m)	жасмин (м)	[ʒasmín]

junípero (m)	хвойна, смрика (ж)	[hvójna], [smríka]
roseira (f)	розов храст (м)	[rózov hrast]
roseira (f) brava	шипка (ж)	[ʃípka]

229. Cogumelos

cogumelo (m)	гъба (ж)	[géba]
cogumelo (m) comestível	ядлива гъба (ж)	[jadlíva géba]
cogumelo (m) venenoso	отровна гъба (ж)	[otróvna géba]
chapéu (m)	шапка (ж)	[ʃápka]
pé, caule (m)	пънче (c)	[péntʃe]

boleto, porcino (m)	манатарка (ж)	[manatárka]
boleto (m) alaranjado	червена брезовка (ж)	[tʃervéna brézofka]
boleto (m) de bétula	брезова манатарка (ж)	[brézova manatárka]
cantarelo (m)	пачи крак (м)	[pátʃi krak]
rússula (f)	гълъбка (ж)	[géləpka]

morchella (f)	пумпалка (ж)	[púmpalka]
agário-das-moscas (m)	мухоморка (ж)	[muhomórka]
cicuta (f) verde	зелена мухоморка (ж)	[zeléna muhómorka]

230. Frutos. Bagas

fruta (f)	плод (м)	[plot]
frutas (f pl)	плодове (м мн)	[plodové]
maçã (f)	ябълка (ж)	[jábəlka]
pera (f)	круша (ж)	[krúʃa]
ameixa (f)	слива (ж)	[slíva]

morango (m)	ягода (ж)	[jágoda]
ginja (f)	вишна (ж)	[víʃna]
cereja (f)	череша (ж)	[tʃeréʃa]
uva (f)	грозде (c)	[grózde]

framboesa (f)	малина (ж)	[malína]
groselha (f) negra	черно френско грозде (c)	[tʃérno frénsko grózde]
groselha (f) vermelha	червено френско грозде (c)	[tʃervéno frénsko grózde]

groselha (f) espinhosa	цариградско грозде (c)	[tsarigrátsko grózde]
oxicoco (m)	клюква (ж)	[klʲúkva]
laranja (f)	портокал (м)	[portokál]
tangerina (f)	мандарина (ж)	[mandarína]
abacaxi (m)	ананас (м)	[ananás]
banana (f)	банан (м)	[banán]
tâmara (f)	фурма (ж)	[furmá]
limão (m)	лимон (м)	[limón]
damasco (m)	кайсия (ж)	[kajsíja]
pêssego (m)	праскова (ж)	[práskova]
quiuí (m)	киви (c)	[kívi]
toranja (f)	грейпфрут (м)	[gréjpfrut]
baga (f)	горски плод (м)	[górski plot]
bagas (f pl)	горски плодове (м мн)	[górski plodové]
arando (m) vermelho	червена боровинка (ж)	[ʧervéna borovínka]
morango-silvestre (m)	горска ягода (ж)	[górska jágoda]
mirtilo (m)	черна боровинка (ж)	[ʧérna borovínka]

231. Flores. Plantas

flor (f)	цвете (c)	[tsvéte]
buquê (m) de flores	букет (м)	[bukét]
rosa (f)	роза (ж)	[róza]
tulipa (f)	лале (c)	[lalé]
cravo (m)	карамфил (м)	[karamfíl]
gladíolo (m)	гладиола (ж)	[gladióla]
centáurea (f)	метличина (ж)	[metliʧína]
campainha (f)	камбанка (ж)	[kambánka]
dente-de-leão (m)	глухарче (c)	[gluhárʧe]
camomila (f)	лайка (ж)	[lájka]
aloé (m)	алое (c)	[alóe]
cacto (m)	кактус (м)	[káktus]
fícus (m)	фикус (м)	[fíkus]
lírio (m)	лилиум (м)	[lílium]
gerânio (m)	мушкато (c)	[muʃkáto]
jacinto (m)	зюмбюл (м)	[zʲúmbʲúl]
mimosa (f)	мимоза (ж)	[mimóza]
narciso (m)	нарцис (м)	[nartsís]
capuchinha (f)	латинка (ж)	[latínka]
orquídea (f)	орхидея (ж)	[orhidéja]
peônia (f)	божур (м)	[boʒúr]
violeta (f)	теменуга (ж)	[temenúga]
amor-perfeito (m)	трицветна теменуга (ж)	[tritsvétna temenúga]
não-me-esqueças (m)	незабравка (ж)	[nezabráfka]

margarida (f)	маргаритка (ж)	[margarítka]
papoula (f)	мак (м)	[mak]
cânhamo (m)	коноп (м)	[konóp]
hortelã, menta (f)	мента (ж)	[ménta]

| lírio-do-vale (m) | момина сълза (ж) | [mómina səlzá] |
| campânula-branca (f) | кокиче (с) | [kokítʃe] |

urtiga (f)	коприва (ж)	[kopríva]
azedinha (f)	киселец (м)	[kíselets]
nenúfar (m)	водна лилия (ж)	[vódna lílija]
samambaia (f)	папрат (м)	[páprat]
líquen (m)	лишей (м)	[líʃej]

estufa (f)	оранжерия (ж)	[oranʒérija]
gramado (m)	тревна площ (ж)	[trévna ploʃt]
canteiro (m) de flores	цветна леха (ж)	[tsvétna lehá]

planta (f)	растение (с)	[rasténie]
grama (f)	трева (ж)	[trevá]
folha (f) de grama	тревичка (ж)	[trevítʃka]

folha (f)	лист (м)	[list]
pétala (f)	венчелистче (с)	[ventʃelísttʃe]
talo (m)	стъбло (с)	[stəbló]
tubérculo (m)	грудка (ж)	[grútka]

| broto, rebento (m) | кълн (м) | [kəln] |
| espinho (m) | бодил (м) | [bodíl] |

florescer (vi)	цъфтя	[tsəftʲá]
murchar (vi)	увяхвам	[uvʲáhvam]
cheiro (m)	мирис (м)	[míris]
cortar (flores)	отрежа	[otréʒa]
colher (uma flor)	откъсна	[otkésna]

232. Cereais, grãos

grão (m)	зърно (с)	[zérno]
cereais (plantas)	житни култури (ж мн)	[ʒítni kultúri]
espiga (f)	клас (м)	[klas]

trigo (m)	пшеница (ж)	[pʃenítsa]
centeio (m)	ръж (ж)	[rəʒ]
aveia (f)	овес (м)	[ovés]
painço (m)	просо (с)	[prosó]
cevada (f)	ечемик (м)	[etʃemík]

milho (m)	царевица (ж)	[tsárevitsa]
arroz (m)	ориз (м)	[oríz]
trigo-sarraceno (m)	елда (ж)	[élda]

| ervilha (f) | грах (м) | [grah] |
| feijão (m) roxo | фасул (м) | [fasúl] |

soja (f)	соя (ж)	[sója]
lentilha (f)	леща (ж)	[léʃta]
feijão (m)	боб (м)	[bop]

233. Vegetais. Verduras

| vegetais (m pl) | зеленчуци (м мн) | [zelentʃútsi] |
| verdura (f) | зарзават (м) | [zarzavát] |

tomate (m)	домат (м)	[domát]
pepino (m)	краставица (ж)	[krástavitsa]
cenoura (f)	морков (м)	[mórkof]
batata (f)	картофи (мн)	[kartófi]
cebola (f)	лук (м)	[luk]
alho (m)	чесън (м)	[tʃésən]

couve (f)	зеле (с)	[zéle]
couve-flor (f)	карфиол (м)	[karfiól]
couve-de-bruxelas (f)	брюкселско зеле (с)	[brʲúkselsko zéle]
brócolis (m pl)	броколи (с)	[brókoli]

beterraba (f)	цвекло (с)	[tsvekló]
berinjela (f)	патладжан (м)	[patladʒán]
abobrinha (f)	тиквичка (ж)	[tíkvitʃka]
abóbora (f)	тиква (ж)	[tíkva]
nabo (m)	ряпа (ж)	[rʲápa]

salsa (f)	магданоз (м)	[magdanóz]
endro, aneto (m)	копър (м)	[kópər]
alface (f)	салата (ж)	[saláta]
aipo (m)	целина (ж)	[tsélina]
aspargo (m)	асержа (ж)	[aspérʒa]
espinafre (m)	спанак (м)	[spanák]

ervilha (f)	грах (м)	[grah]
feijão (~ soja, etc.)	боб (м)	[bop]
milho (m)	царевица (ж)	[tsárevitsa]
feijão (m) roxo	фасул (м)	[fasúl]

pimentão (m)	пипер (м)	[pipér]
rabanete (m)	репичка (ж)	[répitʃka]
alcachofra (f)	ангинар (м)	[anginár]

GEOGRAFIA REGIONAL

Países. Nacionalidades

234. Europa Ocidental

Europa (f)	Европа	[evrópa]
União (f) Europeia	Европейски Съюз (м)	[evropéjski səjúz]
europeu (m)	европеец (м)	[evropéets]
europeu (adj)	европейски	[evropéjski]
Áustria (f)	Австрия	[áfstrija]
austríaco (m)	австриец (м)	[afstríets]
austríaca (f)	австрийка (ж)	[afstríjka]
austríaco (adj)	австрийски	[afstríjski]
Grã-Bretanha (f)	Великобритания	[velikobritánija]
Inglaterra (f)	Англия	[ánglija]
inglês (m)	англичанин (м)	[angliʧánin]
inglesa (f)	англичанка (ж)	[angliʧánka]
inglês (adj)	английски	[anglíjski]
Bélgica (f)	Белгия	[bélgija]
belga (m)	белгиец (м)	[belgíets]
belga (f)	белгийка (ж)	[belgíjka]
belga (adj)	белгийски	[belgíjski]
Alemanha (f)	Германия	[germánija]
alemão (m)	германец (м)	[germánets]
alemã (f)	германка (ж)	[germánka]
alemão (adj)	немски	[némski]
Países Baixos (m pl)	Нидерландия	[niderlándija]
Holanda (f)	Холандия (ж)	[holándija]
holandês (m)	холандец (м)	[holándets]
holandesa (f)	холандка (ж)	[holántka]
holandês (adj)	холандски	[holántski]
Grécia (f)	Гърция	[gértsija]
grego (m)	грък (м)	[grək]
grega (f)	гъркиня (ж)	[gərkínʲa]
grego (adj)	гръцки	[grótski]
Dinamarca (f)	Дания	[dánija]
dinamarquês (m)	датчанин (м)	[datʧánin]
dinamarquesa (f)	датчанка (ж)	[datʧánka]
dinamarquês (adj)	датски	[dátski]
Irlanda (f)	Ирландия	[irlándija]
irlandês (m)	ирландец (м)	[irlándets]

| irlandesa (f) | ирландка (ж) | [irlántka] |
| irlandês (adj) | ирландски | [irlántski] |

Islândia (f)	Исландия	[islándija]
islandês (m)	исландец (м)	[islándets]
islandesa (f)	исландка (ж)	[islántka]
islandês (adj)	исландски	[islántski]

Espanha (f)	Испания	[ispánija]
espanhol (m)	испанец (м)	[ispánets]
espanhola (f)	испанка (ж)	[ispánka]
espanhol (adj)	испански	[ispánski]

Itália (f)	Италия	[itálija]
italiano (m)	италианец (м)	[italiánets]
italiana (f)	италианка (ж)	[italiánka]
italiano (adj)	италиански	[italiánski]

Chipre (m)	Кипър	[kípər]
cipriota (m)	кипърец (м)	[kípərets]
cipriota (f)	кипърка (ж)	[kípərka]
cipriota (adj)	кипърски	[kípərski]

Malta (f)	Малта	[málta]
maltês (m)	малтиец (м)	[maltíets]
maltesa (f)	малтийка (ж)	[maltíjka]
maltês (adj)	малтийски	[maltíjski]

Noruega (f)	Норвегия	[norvégija]
norueguês (m)	норвежец (м)	[norvéʒets]
norueguesa (f)	норвежка (ж)	[norvéʃka]
norueguês (adj)	норвежки	[norvéʃki]

Portugal (m)	Португалия	[portugálija]
português (m)	португалец (м)	[portugálets]
portuguesa (f)	португалка (ж)	[portugálka]
português (adj)	португалски	[portugálski]

Finlândia (f)	Финландия	[finlándija]
finlandês (m)	финландец (м)	[finlándets]
finlandesa (f)	финландка (ж)	[finlántka]
finlandês (adj)	фински	[fínski]

França (f)	Франция	[frántsija]
francês (m)	французин (м)	[frantsúzin]
francesa (f)	французойка (ж)	[frantsuzójka]
francês (adj)	френски	[frénski]

Suécia (f)	Швеция	[ʃvétsija]
sueco (m)	швед (м)	[ʃvet]
sueca (f)	шведка (ж)	[ʃvétka]
sueco (adj)	шведски	[ʃvétski]

Suíça (f)	Швейцария	[ʃvejtsárija]
suíço (m)	швейцарец (м)	[ʃvejtsárets]
suíça (f)	швейцарка (ж)	[ʃvejtsárka]

suíço (adj)	швейцарски	[ʃvejtsárski]
Escócia (f)	Шотландия	[ʃotlándija]
escocês (m)	шотландец (м)	[ʃotlándets]
escocesa (f)	шотландка (ж)	[ʃotlántka]
escocês (adj)	шотландски	[ʃotlántski]
Vaticano (m)	Ватикана	[vatikána]
Liechtenstein (m)	Лихтенщайн	[líhtenʃtajn]
Luxemburgo (m)	Люксембург	[lʲúksemburg]
Mônaco (m)	Монако	[monáko]

235. Europa Central e de Leste

Albânia (f)	Албания	[albánija]
albanês (m)	албанец (м)	[albánets]
albanesa (f)	албанка (ж)	[albánka]
albanês (adj)	албански	[albánski]
Bulgária (f)	България	[bəlgárija]
búlgaro (m)	българин (м)	[bélgarin]
búlgara (f)	българка (ж)	[bélgarka]
búlgaro (adj)	български	[bélgarski]
Hungria (f)	Унгария	[ungárija]
húngaro (m)	унгарец (м)	[ungárets]
húngara (f)	унгарка (ж)	[ungárka]
húngaro (adj)	унгарски	[ungárski]
Letônia (f)	Латвия	[látvija]
letão (m)	латвиец (м)	[latvíets]
letã (f)	латвийка (ж)	[latvíjka]
letão (adj)	латвийски	[latvíjski]
Lituânia (f)	Литва	[lítva]
lituano (m)	литовец (м)	[litóvets]
lituana (f)	литовка (ж)	[litófka]
lituano (adj)	литовски	[litófski]
Polônia (f)	Полша	[pólʃa]
polonês (m)	поляк (м)	[polʲák]
polonesa (f)	полякиня (ж)	[polʲakínʲa]
polonês (adj)	полски	[pólski]
Romênia (f)	Румъния	[ruménija]
romeno (m)	румънец (м)	[ruménets]
romena (f)	румънка (ж)	[ruménka]
romeno (adj)	румънски	[ruménski]
Sérvia (f)	Сърбия	[sérbija]
sérvio (m)	сърбин (м)	[sérbin]
sérvia (f)	сръбкиня (ж)	[srəpkínʲa]
sérvio (adj)	сръбски	[srépski]
Eslováquia (f)	Словакия	[slovákija]
eslovaco (m)	словак (м)	[slovák]

| eslovaca (f) | словачка (ж) | [slovátʃka] |
| eslovaco (adj) | словашки | [slováʃki] |

Croácia (f)	Хърватия	[hərvátija]
croata (m)	хърватин (м)	[hərvátin]
croata (f)	хърватка (ж)	[hərvátka]
croata (adj)	хърватски	[hərvátski]

República (f) Checa	Чехия	[tʃéhija]
checo (m)	чех (м)	[tʃeh]
checa (f)	чехкиня (ж)	[tʃehkínʲa]
checo (adj)	чешки	[tʃéʃki]

Estônia (f)	Естония	[estónija]
estônio (m)	естонец (м)	[estónets]
estônia (f)	естонка (ж)	[estónka]
estônio (adj)	естонски	[estónski]

Bósnia e Herzegovina (f)	Босна и Херцеговина	[bósna i hertsegóvina]
Macedônia (f)	Македония	[makedónija]
Eslovênia (f)	Словения	[slovénija]
Montenegro (m)	Черна гора	[tʃérna gorá]

236. Países da ex-URSS

Azerbaijão (m)	Азербайджан	[azerbajdʒán]
azeri (m)	азербайджанец (м)	[azerbajdʒánets]
azeri (f)	азербайджанка (ж)	[azerbajdʒánka]
azeri, azerbaijano (adj)	азербайджански	[azerbajdʒánski]

Armênia (f)	Армения	[arménija]
armênio (m)	арменец (м)	[arménets]
armênia (f)	арменка (ж)	[arménka]
armênio (adj)	арменски	[arménski]

Belarus	Беларус	[belarús]
bielorrusso (m)	беларусин (м)	[belarúsin]
bielorrussa (f)	беларускиня (ж)	[belaruskínʲa]
bielorrusso (adj)	беларуски	[belarúski]

Geórgia (f)	Грузия	[grúzija]
georgiano (m)	грузинец (м)	[gruzínets]
georgiana (f)	грузинка (ж)	[gruzínka]
georgiano (adj)	грузински	[gruzínski]

Cazaquistão (m)	Казахстан	[kazahstán]
cazaque (m)	казах (м)	[kazáh]
cazaque (f)	казашка (ж)	[kazáʃka]
cazaque (adj)	казахски	[kazáhski]

Quirguistão (m)	Киргизстан	[kirgistán]
quirguiz (m)	киргиз (м)	[kirgíz]
quirguiz (f)	киргизка (ж)	[kirgíska]
quirguiz (adj)	киргизки	[kirgíski]

Moldávia (f)	Молдова	[moldóva]
moldavo (m)	молдовец (м)	[moldóvets]
moldava (f)	молдовка (ж)	[moldófka]
moldavo (adj)	молдавски	[moldáfski]

Rússia (f)	Русия	[rusíja]
russo (m)	руснак (м)	[rusnák]
russa (f)	рускиня (ж)	[ruskínʲa]
russo (adj)	руски	[rúski]

Tajiquistão (m)	Таджикистан	[tadʒikistán]
tajique (m)	таджик (м)	[tadʒík]
tajique (f)	таджикистанка (ж)	[tadʒikistánka]
tajique (adj)	таджикски	[tadʒíkski]

Turquemenistão (m)	Туркменистан	[turkmenistán]
turcomeno (m)	туркмен (м)	[turkmén]
turcomena (f)	туркменка (ж)	[turkménka]
turcomeno (adj)	туркменски	[turkménski]

Uzbequistão (f)	Узбекистан	[uzbekistán]
uzbeque (m)	узбек (м)	[uzbék]
uzbeque (f)	узбечка (ж)	[uzbétʃka]
uzbeque (adj)	узбекски	[uzbékski]

Ucrânia (f)	Украйна	[ukrájna]
ucraniano (m)	украинец (м)	[ukraínets]
ucraniana (f)	украинка (ж)	[ukraínka]
ucraniano (adj)	украински	[ukraínski]

237. Asia

| Ásia (f) | Азия | [ázija] |
| asiático (adj) | азиатски | [aziátski] |

Vietnã (m)	Виетнам	[vietnám]
vietnamita (m)	виетнамец (м)	[vietnámets]
vietnamita (f)	виетнамка (ж)	[vietnámka]
vietnamita (adj)	виетнамски	[vietnámski]

Índia (f)	Индия	[índija]
indiano (m)	индиец (м)	[indíets]
indiana (f)	индийка (ж)	[indíjka]
indiano (adj)	индийски	[indíjski]

Israel (m)	Израел	[izráel]
israelense (m)	израилтянин (м)	[izrailtʲánin]
israelita (f)	израилтянка (ж)	[izrailtʲánka]
israelense (adj)	израелски	[izráelski]

judeu (m)	евреин (м)	[evréin]
judia (f)	еврейка (ж)	[evréjka]
judeu (adj)	еврейски	[evréjski]
China (f)	Китай	[kitáj]

chinês (m)	китаец (м)	[kitáets]
chinesa (f)	китайка (ж)	[kitájka]
chinês (adj)	китайски	[kitájski]
coreano (m)	кореец (м)	[koréets]
coreana (f)	корейка (ж)	[koréjka]
coreano (adj)	корейски	[koréjski]
Líbano (m)	Ливан	[liván]
libanês (m)	ливанец (м)	[livánets]
libanesa (f)	ливанка (ж)	[livánka]
libanês (adj)	ливански	[livánski]
Mongólia (f)	Монголия	[mongólija]
mongol (m)	монголец (м)	[mongólets]
mongol (f)	монголка (ж)	[mongólka]
mongol (adj)	монголски	[mongólski]
Malásia (f)	Малайзия	[malájzija]
malaio (m)	малайзиец (м)	[malajzíets]
malaia (f)	малайзийка (ж)	[malajzíjka]
malaio (adj)	малайски	[malájski]
Paquistão (m)	Пакистан	[pakistán]
paquistanês (m)	пакистанец (м)	[pakistánets]
paquistanesa (f)	пакистанка (ж)	[pakistánka]
paquistanês (adj)	пакистански	[pakistánski]
Arábia (f) Saudita	Саудитска Арабия	[saudítska arábija]
árabe (m)	арабин (м)	[arábin]
árabe (f)	арабка (ж)	[arápka]
árabe (adj)	арабски	[arápski]
Tailândia (f)	Тайланд	[tajlánt]
tailandês (m)	тайландец (м)	[tajlándets]
tailandesa (f)	тайландка (ж)	[tajlántka]
tailandês (adj)	тайландски	[tajlántski]
Taiwan (m)	Тайван	[tajván]
taiwanês (m)	тайванец (м)	[tajvánets]
taiwanesa (f)	тайванка (ж)	[tajvánka]
taiwanês (adj)	тайвански	[tajvánski]
Turquia (f)	Турция	[túrtsija]
turco (m)	турчин (м)	[túrtʃin]
turca (f)	туркиня (ж)	[turkínʲa]
turco (adj)	турски	[túrski]
Japão (m)	Япония	[japónija]
japonês (m)	японец (м)	[japónets]
japonesa (f)	японка (ж)	[japónka]
japonês (adj)	японски	[japónski]
Afeganistão (m)	Афганистан	[afganistán]
Bangladesh (m)	Бангладеш	[bangladéʃ]
Indonésia (f)	Индонезия	[indonézija]

Jordânia (f)	Йордания	[jordánija]
Iraque (m)	Ирак	[irák]
Irã (m)	Иран	[irán]
Camboja (f)	Камбоджа	[kambódʒa]
Kuwait (m)	Кувейт	[kuvéjt]

Laos (m)	Лаос	[laós]
Birmânia (f)	Мянма	[mʲánma]
Nepal (m)	Непал	[nepál]
Emirados Árabes Unidos	Обединени арабски емирства	[obedinéni arápski emírstva]

Síria (f)	Сирия	[sírija]
Palestina (f)	Палестинска автономия	[palestínska aftonómija]
Coreia (f) do Sul	Южна Корея	[júʒna koréja]
Coreia (f) do Norte	Северна Корея	[séverna koréja]

238. América do Norte

Estados Unidos da América	Съединени американски щати	[səedinéni amerikánski ʃtáti]
americano (m)	американец (м)	[amerikánets]
americana (f)	американка (ж)	[amerikánka]
americano (adj)	американски	[amerikánski]

Canadá (m)	Канада	[kanáda]
canadense (m)	канадец (м)	[kanádets]
canadense (f)	канадка (ж)	[kanátka]
canadense (adj)	канадски	[kanátski]

México (m)	Мексико	[méksiko]
mexicano (m)	мексиканец (м)	[meksikánets]
mexicana (f)	мексиканка (ж)	[meksikánka]
mexicano (adj)	мексикански	[meksikánski]

239. América Central do Sul

Argentina (f)	Аржентина	[arʒentína]
argentino (m)	аржентинец (м)	[arʒentínets]
argentina (f)	аржентинка (ж)	[arʒentínka]
argentino (adj)	аржентински	[arʒentínski]

Brasil (m)	Бразилия	[brazílija]
brasileiro (m)	бразилец (м)	[brazílets]
brasileira (f)	бразилка (ж)	[brazílka]
brasileiro (adj)	бразилски	[brazílski]

Colômbia (f)	Колумбия	[kolúmbija]
colombiano (m)	колумбиец (м)	[kolumbíets]
colombiana (f)	колумбийка (ж)	[kolumbíjka]
colombiano (adj)	колумбийски	[kolumbíjski]
Cuba (f)	Куба	[kúba]

cubano (m)	кубинец (м)	[kubínets]
cubana (f)	кубинка (ж)	[kubínka]
cubano (adj)	кубински	[kubínski]
Chile (m)	Чили	[ʧíli]
chileno (m)	чилиец (м)	[ʧilíets]
chilena (f)	чилийка (ж)	[ʧilíjka]
chileno (adj)	чилийски	[ʧilíjski]
Bolívia (f)	Боливия	[bolívija]
Venezuela (f)	Венецуела	[venetsuéla]
Paraguai (m)	Парагвай	[paragváj]
Peru (m)	Перу	[perú]
Suriname (m)	Суринам	[surinám]
Uruguai (m)	Уругвай	[urugváj]
Equador (m)	Еквадор	[ekvadór]
Bahamas (f pl)	Бахамски острови	[bahámski óstrovi]
Haiti (m)	Хаити	[haíti]
República Dominicana	Доминиканска република	[dominikánska repúblika]
Panamá (m)	Панама	[panáma]
Jamaica (f)	Ямайка	[jamájka]

240. Africa

Egito (m)	Египет	[egípet]
egípcio (m)	египтянин (м)	[egíptʲanin]
egípcia (f)	египтянка (ж)	[egíptʲanka]
egípcio (adj)	египетски	[egípetski]
Marrocos	Мароко	[maróko]
marroquino (m)	мароканец (м)	[marokánets]
marroquina (f)	мароканка (ж)	[marokánka]
marroquino (adj)	марокански	[marokánski]
Tunísia (f)	Тунис	[túnis]
tunisiano (m)	тунисец (м)	[tunísets]
tunisiana (f)	туниска (ж)	[tuníska]
tunisiano (adj)	туниски	[tuníski]
Gana (f)	Гана	[gána]
Zanzibar (m)	Занзибар	[zanzibár]
Quênia (f)	Кения	[kénija]
Líbia (f)	Либия	[líbija]
Madagascar (m)	Мадагаскар	[madagaskár]
Namíbia (f)	Намибия	[namíbija]
Senegal (m)	Сенегал	[senegál]
Tanzânia (f)	Танзания	[tanzánija]
África (f) do Sul	Южноафриканска република	[juʒno·afrikánska repúblika]
africano (m)	африканец (м)	[afrikánets]
africana (f)	африканка (ж)	[afrikánka]
africano (adj)	африкански	[afrikánski]

241. Austrália. Oceania

Austrália (f)	Австралия	[afstrálija]
australiano (m)	австралиец (м)	[afstralíets]
australiana (f)	австралийка (ж)	[afstralíjka]
australiano (adj)	австралийски	[afstralíjski]
Nova Zelândia (f)	Нова Зеландия	[nóva zelándija]
neozelandês (m)	новозеландец (м)	[novozelándets]
neozelandesa (f)	новозеландка (ж)	[novozelántka]
neozelandês (adj)	новозеландски	[novozelántski]
Tasmânia (f)	Тасмания	[tasmánija]
Polinésia (f) Francesa	Френска Полинезия	[frénska polinézija]

242. Cidades

Amesterdã, Amsterdã	Амстердам	[amsterdám]
Ancara	Анкара	[ánkara]
Atenas	Атина	[átina]
Bagdade	Багдад	[bagdád]
Bancoque	Банкок	[bankók]
Barcelona	Барселона	[barselóna]
Beirute	Бейрут	[bejrút]
Berlim	Берлин	[berlín]
Bonn	Бон	[bon]
Bordéus	Бордо	[bordó]
Bratislava	Братислава	[bratisláva]
Bruxelas	Брюксел	[brʲúksel]
Bucareste	Букурещ	[búkureʃt]
Budapeste	Будапеща	[budapéʃta]
Cairo	Кайро	[kájro]
Calcutá	Калкута	[kalkúta]
Chicago	Чикаго	[tʃikágo]
Cidade do México	Мексико	[méksiko]
Copenhague	Копенхаген	[kopenhágen]
Dar es Salaam	Дар ес Салам	[dar es salám]
Deli	Делхи	[délhi]
Dubai	Дубай	[dubáj]
Dublim	Дъблин	[déblin]
Düsseldorf	Дюселдорф	[dʲúseldorf]
Estocolmo	Стокхолм	[stokhólm]
Florença	Флоренция	[floréntsija]
Frankfurt	Франкфурт	[fránkfurt]
Genebra	Женева	[ʒenéva]
Haia	Хага	[hága]
Hamburgo	Хамбург	[hámburk]
Hanói	Ханой	[hanój]

Havana	Хавана	[havána]
Helsinque	Хелзинки	[hélzinki]
Hiroshima	Хирошима	[hiroʃíma]
Hong Kong	Хонконг	[honkóng]
Istambul	Истанбул	[istanbúl]
Jerusalém	Ерусалим	[érusalim]
Kiev, Quieve	Киев	[kíev]
Kuala Lumpur	Куала Лумпур	[kuála lumpúr]
Lion	Лион	[lión]
Lisboa	Лисабон	[lisabón]
Londres	Лондон	[lóndon]
Los Angeles	Лос Анджелис	[los ándʒelis]
Madrid	Мадрид	[madrít]
Marselha	Марсилия	[marsílija]
Miami	Маями	[majámi]
Montreal	Монреал	[monreál]
Moscou	Москва	[moskvá]
Mumbai	Мумбай	[mumbáj]
Munique	Мюнхен	[mʲúnhen]
Nairóbi	Найроби	[najróbi]
Nápoles	Неапол	[neápol]
Nice	Ница	[nítsa]
Nova York	Ню Йорк	[nʲu jórk]
Oslo	Осло	[óslo]
Ottawa	Отава	[otáva]
Paris	Париж	[paríʒ]
Pequim	Пекин	[pekín]
Praga	Прага	[prága]
Rio de Janeiro	Рио де Жанейро	[río de ʒanéjro]
Roma	Рим	[rim]
São Petersburgo	Санкт Петербург	[sankt péterburk]
Seul	Сеул	[seúl]
Singapura	Сингапур	[singapúr]
Sydney	Сидни	[sídni]
Taipé	Тайпе	[tajpé]
Tóquio	Токио	[tókio]
Toronto	Торонто	[torónto]
Varsóvia	Варшава	[varʃáva]
Veneza	Венеция	[venétsija]
Viena	Виена	[viéna]
Washington	Вашингтон	[váʃinkton]
Xangai	Шанхай	[ʃanháj]

243. Política. Governo. Parte 1

política (f)	политика (ж)	[politíka]
político (adj)	политически	[politíʧeski]

político (m)	политик (м)	[politík]
estado (m)	държава (ж)	[dərʒáva]
cidadão (m)	гражданин (м)	[gráʒdanin]
cidadania (f)	гражданство (с)	[gráʒdanstvo]

| brasão (m) de armas | национален герб (м) | [natsionálen gerp] |
| hino (m) nacional | държавен химн (м) | [dərʒáven himn] |

governo (m)	правителство (с)	[pravítelstvo]
Chefe (m) de Estado	държавен глава (м)	[dərʒáven glavá]
parlamento (m)	парламент (м)	[parlamént]
partido (m)	партия (ж)	[pártija]

| capitalismo (m) | капитализъм (м) | [kapitalízəm] |
| capitalista (adj) | капиталистически | [kapitalistítʃeski] |

| socialismo (m) | социализъм (м) | [sotsialízəm] |
| socialista (adj) | социалистически | [sotsialistítʃeski] |

comunismo (m)	комунизъм (м)	[komunízəm]
comunista (adj)	комунистически	[komunistítʃeski]
comunista (m)	комунист (м)	[komuníst]

democracia (f)	демокрация (ж)	[demokrátsija]
democrata (m)	демократ (м)	[demokrát]
democrático (adj)	демократически	[demokratítʃeski]
Partido (m) Democrático	демократическа партия (ж)	[demokratítʃeska pártija]

| liberal (m) | либерал (м) | [liberál] |
| liberal (adj) | либерален | [liberálen] |

| conservador (m) | консерватор (м) | [konservátor] |
| conservador (adj) | консервативен | [konservatíven] |

república (f)	република (ж)	[repúblika]
republicano (m)	републиканец (м)	[republikánets]
Partido (m) Republicano	републиканска партия (ж)	[republikánska pártija]

eleições (f pl)	избори (мн)	[ízbori]
eleger (vt)	избирам	[izbíram]
eleitor (m)	избирател (м)	[izbirátel]
campanha (f) eleitoral	избирателна кампания (ж)	[izbirátelna kampánija]

votação (f)	гласуване (с)	[glasúvane]
votar (vi)	гласувам	[glasúvam]
sufrágio (m)	право (с) на глас	[právo na glas]

candidato (m)	кандидат (м)	[kandidát]
candidatar-se (vi)	балотирам се	[balotíram se]
campanha (f)	кампания (ж)	[kampánija]

| da oposição | опозиционен | [opozitsiónen] |
| oposição (f) | опозиция (ж) | [opozítsija] |

| visita (f) | визита (ж) | [vizíta] |
| visita (f) oficial | официална визита (ж) | [ofitsiálna vizíta] |

internacional (adj)	международен	[meʒdunaróden]
negociações (f pl)	преговори (мн)	[prégovori]
negociar (vi)	водя преговори	[vódʲa prégovori]

244. Política. Governo. Parte 2

sociedade (f)	общество (с)	[obʃtestvó]
constituição (f)	конституция (ж)	[konstitútsija]
poder (ir para o ~)	власт (ж)	[vlast]
corrupção (f)	корупция (ж)	[korúptsija]

| lei (f) | закон (м) | [zakón] |
| legal (adj) | законен | [zakónen] |

| justeza (f) | справедливост (ж) | [spravedlívost] |
| justo (adj) | справедлив | [spravedlív] |

comitê (m)	комитет (м)	[komitét]
projeto-lei (m)	законопроект (м)	[zakonoproékt]
orçamento (m)	бюджет (м)	[bʲudʒét]
política (f)	политика (ж)	[politíka]
reforma (f)	реформа (ж)	[refórma]
radical (adj)	радикален	[radikálen]

força (f)	сила (ж)	[síla]
poderoso (adj)	силен	[sílen]
partidário (m)	привърженик (м)	[privérʒenik]
influência (f)	влияние (с)	[vlijánie]

regime (m)	режим (м)	[reʒím]
conflito (m)	конфликт (м)	[konflíkt]
conspiração (f)	заговор (м)	[zágovor]
provocação (f)	провокация (ж)	[provokátsija]

derrubar (vt)	сваля	[svalʲá]
derrube (m), queda (f)	сваляне (с)	[sválʲane]
revolução (f)	революция (ж)	[revolʲútsija]

| golpe (m) de Estado | преврат (м) | [prevrát] |
| golpe (m) militar | военен преврат (м) | [voénen prevrát] |

crise (f)	криза (ж)	[kríza]
recessão (f) econômica	икономически спад (м)	[ikonomíʧeski spat]
manifestante (m)	демонстрант (м)	[demonstránt]
manifestação (f)	демонстрация (ж)	[demonstrátsija]
lei (f) marcial	военно положение (с)	[voénno poloʒénie]
base (f) militar	база (ж)	[báza]

| estabilidade (f) | стабилност (ж) | [stabílnost] |
| estável (adj) | стабилен | [stabílen] |

exploração (f)	експлоатация (ж)	[eksploatátsija]
explorar (vt)	експлоатирам	[eksploatíram]
racismo (m)	расизъм (м)	[rasízəm]

racista (m)	расист (м)	[rasíst]
fascismo (m)	фашизъм (м)	[faʃízəm]
fascista (m)	фашист (м)	[faʃíst]

245. Países. Diversos

estrangeiro (m)	чужденец (м)	[tʃuʒdenéts]
estrangeiro (adj)	чуждестранен	[tʃuʒdestránen]
no estrangeiro	в чужбина	[v tʃuʒbína]

emigrante (m)	емигрант (м)	[emigránt]
emigração (f)	емиграция (ж)	[emigrátsija]
emigrar (vi)	емигрирам	[emigríram]

Ocidente (m)	Запад	[zápat]
Oriente (m)	Изток	[ístok]
Extremo Oriente (m)	Далечният Изток	[dalétʃnijat ístok]
civilização (f)	цивилизация (ж)	[tsivilizátsija]
humanidade (f)	човечество (с)	[tʃovétʃestvo]
mundo (m)	свят (м)	[svʲat]
paz (f)	мир (м)	[mir]
mundial (adj)	световен	[svetóven]

pátria (f)	родина (ж)	[rodína]
povo (população)	народ (м)	[narót]
população (f)	население (с)	[naselénie]
gente (f)	хора (мн)	[hóra]
nação (f)	нация (ж)	[nátsija]
geração (f)	поколение (с)	[pokolénie]
território (m)	територия (ж)	[teritórija]
região (f)	регион (м)	[región]
estado (m)	щат (м)	[ʃtat]

tradição (f)	традиция (ж)	[tradítsija]
costume (m)	обичай (м)	[obitʃáj]
ecologia (f)	екология (ж)	[ekológija]

índio (m)	индианец (м)	[indiánets]
cigano (m)	циганин (м)	[tsíganin]
cigana (f)	циганка (ж)	[tsíganka]
cigano (adj)	цигански	[tsíganski]

império (m)	империя (ж)	[impérija]
colônia (f)	колония (ж)	[kolónija]
escravidão (f)	робство (с)	[rópstvo]
invasão (f)	нашествие (с)	[naʃéstvie]
fome (f)	глад (м)	[glat]

246. Grupos religiosos mais importantes. Confissões

| religião (f) | религия (ж) | [relígija] |
| religioso (adj) | религиозен | [religiózen] |

crença (f)	вяра (ж)	[vʲára]
crer (vt)	вярвам	[vʲárvam]
crente (m)	вярващ (м)	[vʲárvaʃt]

| ateísmo (m) | атеизъм (м) | [ateízəm] |
| ateu (m) | атеист (м) | [ateíst] |

cristianismo (m)	християнство (с)	[hristijánstvo]
cristão (m)	християнин (м)	[hristijánin]
cristão (adj)	християнски	[hristijánski]

catolicismo (m)	Католицизъм (м)	[katolitsízəm]
católico (m)	католик (м)	[katolík]
católico (adj)	католически	[katolítʃeski]

protestantismo (m)	протестантство (с)	[protestántstvo]
Igreja (f) Protestante	протестантска църква (ж)	[protestántska tsérkva]
protestante (m)	протестант (м)	[protestánt]

ortodoxia (f)	Православие (с)	[pravoslávie]
Igreja (f) Ortodoxa	Православна църква (ж)	[pravoslávna tsérkva]
ortodoxo (m)	православен	[pravosláven]

presbiterianismo (m)	Презвитерианство (с)	[prezviteriánstvo]
Igreja (f) Presbiteriana	Презвитерианска църква (ж)	[prezviteriánska tsérkva]
presbiteriano (m)	презвитерианец (м)	[prezviteriánets]

luteranismo (m)	Лютеранска църква (ж)	[lʲuteránska tsérkva]
luterano (m)	лютеран (м)	[lʲuterán]
Igreja (f) Batista	Баптизъм (м)	[baptízəm]
batista (m)	баптист (м)	[baptíst]

| Igreja (f) Anglicana | Англиканска църква (ж) | [anglikánska tsérkva] |
| anglicano (m) | англиканец (м) | [anglikánets] |

| mormonismo (m) | мормонство (с) | [mormónstvo] |
| mórmon (m) | мормон (м) | [mormón] |

| Judaísmo (m) | Юдаизъм (м) | [judaízəm] |
| judeu (m) | юдей (м) | [judéj] |

| budismo (m) | Будизъм (м) | [budízəm] |
| budista (m) | будист (м) | [budíst] |

| hinduísmo (m) | Индуизъм (м) | [induízəm] |
| hindu (m) | индус (м) | [indús] |

Islã (m)	Ислям (м)	[islʲám]
muçulmano (m)	мюсюлманин (м)	[mʲusʲulmánin]
muçulmano (adj)	мюсюлмански	[mʲusʲulmánski]

xiismo (m)	шиизъм (м)	[ʃiízəm]
xiita (m)	шиит (м)	[ʃiít]
sunismo (m)	сунизъм (м)	[sunízəm]
sunita (m)	сунит (м)	[sunít]

247. Religiões. Padres

| padre (m) | свещеник (м) | [sveʃténik] |
| Papa (m) | Папа Римски (м) | [pápa rímski] |

monge (m)	монах (м)	[monáh]
freira (f)	монахиня (ж)	[monahínʲa]
pastor (m)	пастор (м)	[pástor]

abade (m)	абат (м)	[abát]
vigário (m)	викарий (м)	[vikárij]
bispo (m)	епископ (м)	[episkóp]
cardeal (m)	кардинал (м)	[kardinál]

pregador (m)	проповедник (м)	[propovédnik]
sermão (m)	проповед (м)	[própovet]
paroquianos (pl)	енориаши (мн)	[enoriáʃi]

| crente (m) | вярващ (м) | [vʲárvaʃt] |
| ateu (m) | атеист (м) | [ateíst] |

248. Fé. Cristianismo. Islão

| Adão | Адам | [adám] |
| Eva | Ева | [éva] |

Deus (m)	Бог	[bok]
Senhor (m)	Господ	[góspot]
Todo Poderoso (m)	Всемогъщ	[fsemogéʃt]

pecado (m)	грях (м)	[grʲah]
pecar (vi)	греша	[greʃá]
pecador (m)	грешник (м)	[gréʃnik]
pecadora (f)	грешница (ж)	[gréʃnitsa]

| inferno (m) | ад (м) | [at] |
| paraíso (m) | рай (м) | [raj] |

| Jesus | Исус | [isús] |
| Jesus Cristo | Исус Христос | [isús hristós] |

Espírito (m) Santo	Светия Дух	[svetíja duh]
Salvador (m)	Спасител	[spasítel]
Virgem Maria (f)	Богородица	[bogoróditsa]

Diabo (m)	Дявол	[dʲávol]
diabólico (adj)	дяволски	[dʲávolski]
Satanás (m)	Сатана	[sataná]
satânico (adj)	сатанински	[satanínski]

anjo (m)	ангел (м)	[ángel]
anjo (m) da guarda	ангел-пазител (м)	[ángel-pazítel]
angelical	ангелски	[ángelski]

apóstolo (m)	апостол (м)	[apóstol]
arcanjo (m)	архангел (м)	[arhángel]
anticristo (m)	антихрист (м)	[antíhrist]
Igreja (f)	Църква (ж)	[tsérkva]
Bíblia (f)	библия (ж)	[bíblija]
bíblico (adj)	библейски	[bibléjski]
Velho Testamento (m)	Стария Завет (м)	[stárija zavét]
Novo Testamento (m)	Новия Завет (м)	[nóvija zavét]
Evangelho (m)	Евангелие (с)	[evángelie]
Sagradas Escrituras (f pl)	Свещено Писание (с)	[sveʃténo pisánie]
Céu (sete céus)	Небе (с)	[nebé]
mandamento (m)	заповед (ж)	[zápovet]
profeta (m)	пророк (м)	[prorók]
profecia (f)	пророчество (с)	[prorótʃestvo]
Alá (m)	Алах	[aláh]
Maomé (m)	Мохамед	[mohamét]
Alcorão (m)	Коран	[korán]
mesquita (f)	джамия (ж)	[dʒamíja]
mulá (m)	молла (м)	[mollá]
oração (f)	молитва (ж)	[molítva]
rezar, orar (vi)	моля се	[mólʲa se]
peregrinação (f)	поклонничество (с)	[poklónnitʃestvo]
peregrino (m)	поклонник (м)	[poklónnik]
Meca (f)	Мека	[méka]
igreja (f)	църква (ж)	[tsérkva]
templo (m)	храм (м)	[hram]
catedral (f)	катедрала (ж)	[katedrála]
gótico (adj)	готически	[gotítʃeski]
sinagoga (f)	синагога (ж)	[sinagóga]
mesquita (f)	джамия (ж)	[dʒamíja]
capela (f)	параклис (м)	[paráklis]
abadia (f)	абатство (с)	[abátstvo]
convento (m)	манастир (м)	[manastír]
monastério (m)	манастир (м)	[manastír]
sino (m)	камбана (ж)	[kambána]
campanário (m)	камбанария (ж)	[kambanaríja]
repicar (vi)	бия	[bíja]
cruz (f)	кръст (м)	[krəst]
cúpula (f)	купол (м)	[kúpol]
ícone (m)	икона (ж)	[ikóna]
alma (f)	душа (ж)	[duʃá]
destino (m)	съдба (ж)	[sədbá]
mal (m)	зло (с)	[zlo]
bem (m)	добро (с)	[dobró]
vampiro (m)	вампир (м)	[vampír]

bruxa (f)	вещица (ж)	[véʃtitsa]
demônio (m)	демон (м)	[démon]
espírito (m)	дух (м)	[duh]

| redenção (f) | изкупление (с) | [iskuplénie] |
| redimir (vt) | изкупя | [iskúpʲa] |

missa (f)	служба (ж)	[slúʒba]
celebrar a missa	служа	[slúʒa]
confissão (f)	изповед (ж)	[íspovet]
confessar-se (vr)	изповядвам се	[ispovʲádvam se]

santo (m)	светец (м)	[svetéts]
sagrado (adj)	свещен	[sveʃtén]
água (f) benta	света вода (ж)	[svetá vodá]

ritual (m)	ритуал (м)	[rituál]
ritual (adj)	ритуален	[rituálen]
sacrifício (m)	жертвоприношение (с)	[ʒertvoprinoʃénie]

superstição (f)	суеверие (с)	[suevérie]
supersticioso (adj)	суеверен	[suevéren]
vida (f) após a morte	задгробен живот (м)	[zadgróben ʒivót]
vida (f) eterna	вечен живот (м)	[vétʃen ʒivót]

TEMAS DIVERSOS

249. Várias palavras úteis

ajuda (f)	помощ (ж)	[pómoʃt]
barreira (f)	преграда (ж)	[pregráda]
base (f)	база (ж)	[báza]
categoria (f)	категория (ж)	[kategórija]
causa (f)	причина (ж)	[pritʃína]
coincidência (f)	съвпадение (c)	[səfpadénie]
coisa (f)	вещ (ж)	[veʃt]
começo, início (m)	начало (c)	[natʃálo]
cômodo (ex. poltrona ~a)	удобен	[udóben]
comparação (f)	сравнение (c)	[sravnénie]
compensação (f)	компенсация (ж)	[kompensátsija]
crescimento (m)	ръст (м)	[rəst]
desenvolvimento (m)	развитие (c)	[razvítie]
diferença (f)	различие (c)	[razlítʃie]
efeito (m)	ефект (м)	[efékt]
elemento (m)	елемент (м)	[elemént]
equilíbrio (m)	баланс (м)	[baláns]
erro (m)	грешка (ж)	[gréʃka]
esforço (m)	усилие (c)	[usílie]
estilo (m)	стил (м)	[stil]
exemplo (m)	пример (м)	[prímer]
fato (m)	факт (м)	[fakt]
fim (m)	край (м)	[kraj]
forma (f)	форма (ж)	[fórma]
frequente (adj)	чест	[tʃest]
fundo (ex. ~ verde)	фон (м)	[fon]
gênero (tipo)	вид (м)	[vit]
grau (m)	степен (ж)	[stépen]
ideal (m)	идеал (м)	[ideál]
labirinto (m)	лабиринт (м)	[labirínt]
modo (m)	начин (м)	[nátʃin]
momento (m)	момент (м)	[momént]
objeto (m)	обект (м)	[obékt]
obstáculo (m)	пречка (ж)	[prétʃka]
original (m)	оригинал (м)	[originál]
padrão (adj)	стандартен	[standárten]
padrão (m)	стандарт (м)	[standárt]
paragem (pausa)	почивка (ж)	[potʃífka]
parte (f)	част (ж)	[tʃast]

partícula (f)	частица (ж)	[tʃastítsa]
pausa (f)	пауза (ж)	[páuza]
posição (f)	позиция (ж)	[pozítsija]
princípio (m)	принцип (м)	[príntsip]
problema (m)	проблем (м)	[problém]
processo (m)	процес (м)	[protsés]
progresso (m)	прогрес (м)	[progrés]
propriedade (qualidade)	свойство (с)	[svójstvo]
reação (f)	реакция (ж)	[reáktsija]
risco (m)	риск (м)	[risk]
ritmo (m)	темпо (с)	[témpo]
segredo (m)	тайна (ж)	[tájna]
série (f)	серия (ж)	[sérija]
sistema (m)	система (ж)	[sistéma]
situação (f)	ситуация (ж)	[situátsija]
solução (f)	решение (с)	[reʃénie]
tabela (f)	таблица (ж)	[táblitsa]
termo (ex. ~ técnico)	термин (м)	[términ]
tipo (m)	тип (м)	[tip]
urgente (adj)	срочен	[srótʃen]
urgentemente	срочно	[srótʃno]
utilidade (f)	полза (ж)	[pólza]
variante (f)	вариант (м)	[variánt]
variedade (f)	избор (м)	[ízbor]
verdade (f)	истина (ж)	[ístina]
vez (f)	ред (м)	[ret]
zona (f)	зона (ж)	[zóna]

250. Modificadores. Adjetivos. Parte 1

aberto (adj)	отворен	[otvóren]
afetuoso (adj)	нежен	[néʒen]
afiado (adj)	остър	[óstər]
agradável (adj)	приятен	[prijáten]
agradecido (adj)	благодарен	[blagodáren]
alegre (adj)	весел	[vésel]
alto (ex. voz ~a)	силен	[sílen]
amargo (adj)	горчив	[gortʃív]
amplo (adj)	просторен	[prostóren]
antigo (adj)	древен	[dréven]
apertado (sapatos ~s)	тесен	[tésen]
apropriado (adj)	пригоден	[prigóden]
arriscado (adj)	рискован	[riskóvan]
artificial (adj)	изкуствен	[iskústven]
azedo (adj)	кисел	[kísel]
baixo (voz ~a)	тих	[tih]

| barato (adj) | евтин | [éftin] |
| belo (adj) | прекрасен | [prekrásen] |

bom (adj)	добър	[dobér]
bondoso (adj)	добър	[dobér]
bonito (adj)	хубав	[húbav]
bronzeado (adj)	почернял	[potʃernʲál]
burro, estúpido (adj)	глупав	[glúpav]

calmo (adj)	спокоен	[spokóen]
cansado (adj)	изморен	[izmorén]
cansativo (adj)	изморителен	[izmorítelen]
carinhoso (adj)	грижлив	[griʒlív]
caro (adj)	скъп	[skəp]

cego (adj)	сляп	[slʲap]
central (adj)	централен	[tsentrálen]
cerrado (ex. nevoeiro ~)	гъст	[gəst]
cheio (xícara ~a)	пълен	[pélen]

civil (adj)	граждански	[gráʒdanski]
clandestino (adj)	нелегален	[nelegálen]
claro (explicação ~a)	понятен	[ponʲáten]
claro (pálido)	светъл	[svétəl]

compatível (adj)	съвместим	[səvmestím]
comum, normal (adj)	обикновен	[obiknovén]
congelado (adj)	замразен	[zamrazén]
conjunto (adj)	съвместен	[səvmésten]
considerável (adj)	значителен	[znatʃítelen]

contente (adj)	доволен	[dovólen]
contínuo (adj)	продължителен	[prodəlʒítelen]
contrário (ex. o efeito ~)	противоположен	[protivopolóʒen]
correto (resposta ~a)	правилен	[právilen]
cru (não cozinhado)	суров	[suróf]

curto (adj)	къс	[kəs]
de curta duração	краткотраен	[kratkotráen]
de sol, ensolarado	слънчев	[slóntʃev]
de trás	заден	[záden]
denso (fumaça ~a)	гъст	[gəst]

desanuviado (adj)	безоблачен	[bezóblatʃen]
descuidado (adj)	немарлив	[nemarlív]
diferente (adj)	различен	[razlítʃen]
difícil (decisão)	труден	[trúden]
difícil, complexo (adj)	сложен	[slóʒen]

direito (lado ~)	десен	[désen]
distante (adj)	далечен	[dalétʃen]
diverso (adj)	различен, разни	[razlítʃen], [rázni]
doce (açucarado)	сладък	[sládək]
doce (água)	сладък	[sládək]
doente (adj)	болен	[bólen]
duro (material ~)	твърд	[tvərt]

educado (adj)	вежлив	[veʒlív]
encantador (agradável)	мил	[mil]
enigmático (adj)	загадъчен	[zagádətʃen]
enorme (adj)	огромен	[ogrómen]
escuro (quarto ~)	тъмен	[témen]
especial (adj)	специален	[spetsiálen]
esquerdo (lado ~)	ляв	[lʲav]
estrangeiro (adj)	чуждестранен	[tʃuʒdestránen]
estreito (adj)	тесен	[tésen]
exato (montante ~)	точен	[tótʃen]
excelente (adj)	отличен	[otlítʃen]
excessivo (adj)	прекален	[prekalén]
externo (adj)	външен	[vénʃen]
fácil (adj)	лесен	[lésen]
faminto (adj)	гладен	[gláden]
fechado (adj)	затворен	[zatvóren]
feliz (adj)	щастлив	[ʃtastlív]
fértil (terreno ~)	плодороден	[plodoróden]
forte (pessoa ~)	силен	[sílen]
fraco (luz ~a)	блед	[blet]
frágil (adj)	крехък	[kréhək]
fresco (pão ~)	пресен	[présen]
fresco (tempo ~)	прохладен	[prohláden]
frio (adj)	студен	[studén]
gordo (alimentos ~s)	мазен	[mázen]
gostoso, saboroso (adj)	вкусен	[fkúsen]
grande (adj)	голям	[golʲám]
gratuito, grátis (adj)	безплатен	[bespláten]
grosso (camada ~a)	дебел	[debél]
hostil (adj)	враждебен	[vraʒdében]

251. Modificadores. Adjetivos. Parte 2

igual (adj)	еднакъв	[ednákəv]
imóvel (adj)	неподвижен	[nepodvíʒen]
importante (adj)	важен	[váʒen]
impossível (adj)	невъзможен	[nevəzmóʒen]
incompreensível (adj)	непонятен	[neponʲáten]
indigente (muito pobre)	беден	[béden]
indispensável (adj)	необходим	[neobhodím]
inexperiente (adj)	неопитен	[neópiten]
infantil (adj)	детски	[détski]
ininterrupto (adj)	непрекъснат	[neprekésnat]
insignificante (adj)	незначителен	[neznatʃítelen]
inteiro (completo)	цял	[tsʲal]
inteligente (adj)	умен	[úmen]

interno (adj)	въетрешен	[vétreʃen]
jovem (adj)	млад	[mlat]
largo (caminho ~)	широк	[ʃirók]
legal (adj)	законен	[zakónen]
leve (adj)	лек	[lek]

limitado (adj)	ограничен	[ogranitʃén]
limpo (adj)	чист	[tʃist]
líquido (adj)	течен	[tétʃen]
liso (adj)	гладък	[gládək]
liso (superfície ~a)	равен	[ráven]

livre (adj)	свободен	[svobóden]
longo (ex. cabelo ~)	дълъг	[délək]
maduro (ex. fruto ~)	зрял	[zrʲal]
magro (adj)	слаб	[slap]
mais próximo (adj)	най-близък	[naj-blízək]

mais recente (adj)	минал	[mínal]
mate (adj)	матов	[mátov]
mau (adj)	лош	[loʃ]
meticuloso (adj)	акуратен	[akuráten]
míope (adj)	късоглед	[kəsoglét]

mole (adj)	мек	[mek]
molhado (adj)	мокър	[mókər]
moreno (adj)	мургав	[múrgav]
morto (adj)	мъртъв	[mértəv]
muito magro (adj)	кльощав	[klʲóʃtaf]

não difícil (adj)	лесен	[lésen]
não é clara (adj)	неясен	[nejásen]
não muito grande (adj)	неголям	[negolʲám]
natal (país ~)	роден	[róden]
necessário (adj)	нужен	[núʒen]

negativo (resposta ~a)	отрицателен	[otritsátelen]
nervoso (adj)	нервен	[nérven]
normal (adj)	нормален	[normálen]
novo (adj)	нов	[nov]
o mais importante (adj)	най-важен	[naj-váʒen]

obrigatório (adj)	обезателен	[obezátelen]
original (incomum)	оригинален	[originálen]
passado (adj)	минал	[mínal]
pequeno (adj)	малък	[málək]
perigoso (adj)	опасен	[opásen]

permanente (adj)	постоянен	[postojánen]
perto (adj)	ближен	[blíʒen]
pesado (adj)	тежък	[téʒək]
pessoal (adj)	частен	[tʃásten]
plano (ex. ecrã ~ a)	плосък	[plósək]

| pobre (adj) | беден | [béden] |
| pontual (adj) | пунктуален | [punktuálen] |

possível (adj)	възможен	[vəzmóʒen]
pouco fundo (adj)	плитък	[plítək]
presente (ex. momento ~)	настоящ	[nastojáʃt]
prévio (adj)	предишен	[predíʃen]
primeiro (principal)	основен	[osnóven]
principal (adj)	главен	[gláven]
privado (adj)	частен	[ʧásten]
provável (adj)	вероятен	[verojáten]
próximo (adj)	близък	[blízək]
público (adj)	обществен	[obʃtéstven]
quente (cálido)	горещ	[goréʃt]
quente (morno)	топъл	[tópəl]
rápido (adj)	бърз	[bərz]
raro (adj)	рядък	[rʲádək]
remoto, longínquo (adj)	далечен	[dalétʃen]
reto (linha ~a)	прав	[prav]
salgado (adj)	солен	[solén]
satisfeito (adj)	удовлетворен	[udovletvorén]
seco (roupa ~a)	сух	[suh]
seguinte (adj)	следващ	[slédvaʃt]
seguro (não perigoso)	безопасен	[bezopásen]
similar (adj)	приличащ	[prilíʧaʃt]
simples (fácil)	лесен	[lésen]
soberbo, perfeito (adj)	превъзходен	[prevəshóden]
sólido (parede ~a)	стабилен	[stabílen]
sombrio (adj)	мрачен	[mráʧen]
sujo (adj)	мръсен	[mrésen]
superior (adj)	висш	[visʃ]
suplementar (adj)	допълнителен	[dopəlnítelen]
tranquilo (adj)	тих	[tih]
transparente (adj)	бистър	[bístər]
triste (pessoa)	тъжен	[téʒen]
triste (um ar ~)	печален	[peʧálen]
último (adj)	последен	[posléden]
úmido (adj)	влажен	[vláʒen]
único (adj)	уникален	[unikálen]
usado (adj)	употребяван	[upotrebʲávan]
vazio (meio ~)	празен	[prázen]
velho (adj)	стар	[star]
vizinho (adj)	съседен	[səséden]

500 VERBOS PRINCIPAIS

252. Verbos A-B

abraçar (vt)	прегръщам	[pregréʃtam]
abrir (vt)	отварям	[otvárʲam]
acalmar (vt)	успокоявам	[uspokojávam]
acariciar (vt)	галя	[gálʲa]
acenar (com a mão)	махам	[máham]
acender (~ uma fogueira)	запалвам	[zapálvam]
achar (vt)	смятам	[smʲátam]
acompanhar (vt)	придружавам	[pridruʒávam]
aconselhar (vt)	съветвам	[səvétvam]
acordar, despertar (vt)	събуждам	[səbúʒdam]
acrescentar (vt)	добавям	[dobávʲam]
acusar (vt)	обвинявам	[obvinʲávam]
adestrar (vt)	дресирам	[dresíram]
adivinhar (vt)	отгатна	[otgátna]
admirar (vt)	възхищавам се	[vəshiʃtávam se]
adorar (~ fazer)	обичам	[obíʧam]
advertir (vt)	предупреждавам	[predupreʒdávam]
afirmar (vt)	утвърждавам	[utvərʒdávam]
afogar-se (vr)	давя се	[dávʲa se]
afugentar (vt)	изгоня	[izgónʲa]
agir (vi)	действам	[déjstvam]
agitar, sacudir (vt)	треса	[tresá]
agradecer (vt)	благодаря	[blagodarʲá]
ajudar (vt)	помагам	[pomágam]
alcançar (objetivos)	достигам	[dostígam]
alimentar (dar comida)	храня	[hránʲa]
almoçar (vi)	обядвам	[obʲádvam]
alugar (~ o barco, etc.)	наемам	[naémam]
alugar (~ um apartamento)	наемам	[naémam]
amar (pessoa)	обичам	[obíʧam]
amarrar (vt)	свързвам	[svérzvam]
ameaçar (vt)	заплашвам	[zaplάʃvam]
amputar (vt)	ампутирам	[amputíram]
anotar (escrever)	отбележа	[otbeléʒa]
anotar (escrever)	записвам	[zapísvam]
anular, cancelar (vt)	отменям	[otménʲam]
apagar (com apagador, etc.)	изтрия	[istríja]
apagar (um incêndio)	загасявам	[zagasʲávam]

apaixonar-se ...	влюбя се	[vlʲúbʲa se]
aparecer (vi)	появявам се	[pojavʲávam se]
aplaudir (vi)	аплодирам	[aplodíram]

apoiar (vt)	подкрепям	[potkrepʲám]
apontar para ...	целя се	[tsélʲa se]
apresentar (alguém a alguém)	запознавам	[zapoznávam]
apresentar (Gostaria de ~)	представлявам	[pretstavlʲávam]

apressar (vt)	карам ... да бърза	[káram ... da bérza]
apressar-se (vr)	бързам	[bérzam]
aproximar-se (vr)	доближавам (се)	[dobliʒávam se]
aquecer (vt)	нагрявам	[nagrʲávam]

arrancar (vt)	откъсна	[otkésna]
arranhar (vt)	драскам	[dráskam]
arrepender-se (vr)	съжалявам	[seʒalʲávam]
arriscar (vt)	рискувам	[riskúvam]

arrumar, limpar (vt)	подреждам	[podréʒdam]
aspirar a ...	стремя се	[stremʲá se]
assinar (vt)	подписвам	[potpísvam]
assistir (vt)	асистирам	[asistíram]
atacar (vt)	атакувам	[atakúvam]

atar (vt)	завързвам	[zavérzvam]
atracar (vi)	акостирам	[akostíram]
aumentar (vi)	увеличавам се	[uveliʧávam se]
aumentar (vt)	увеличавам	[uveliʧávam]

avançar (vi)	напредвам	[naprédvam]
avistar (vt)	видя	[vídʲa]
baixar (guindaste, etc.)	спускам	[spúskam]
barbear-se (vr)	бръсна се	[brésna se]
basear-se (vr)	базирам се на ...	[bazíram se na]

bastar (vi)	стигам	[stígam]
bater (à porta)	чукам (на врата)	[ʧúkam na vratá]
bater (espancar)	бия	[bíja]
bater-se (vr)	бия се	[bíja se]

beber, tomar (vt)	пия	[píja]
brilhar (vi)	светя	[svétʲa]
brincar, jogar (vi, vt)	играя	[igrája]
buscar (vt)	търся	[térsʲa]

253. Verbos C-D

caçar (vi)	ловувам	[lovúvam]
calar-se (parar de falar)	замълча	[zamélʧá]
calcular (vt)	броя	[brojá]
carregar (o caminhão, etc.)	натоварвам	[natovárvam]
carregar (uma arma)	зареждам	[zaréʒdam]

casar-se (vr)	женя се	[ʒénⁱa se]
causar (vt)	да бъда причина	[da béda pritʃína]
cavar (vt)	ровя	[róvⁱa]
ceder (não resistir)	отстъпвам	[otstɘpvam]
cegar, ofuscar (vt)	ослепявам	[oslepⁱávam]
censurar (vt)	упреквам	[uprékvam]
chamar (~ por socorro)	викам	[víkam]
chamar (alguém para ...)	повикам	[povíkam]
chegar (a algum lugar)	стигам	[stígam]
chegar (vi)	пристигам	[pristígam]
cheirar (~ uma flor)	мириша	[miríʃa]
cheirar (tem o cheiro)	мириша	[miríʃa]
chorar (vi)	плача	[plátʃa]
citar (vt)	цитирам	[tsitíram]
colher (flores)	късам	[kɘsam]
colocar (vt)	слагам	[slágam]
combater (vi, vt)	сражавам се	[sraʒávam se]
começar (vt)	започвам	[zapótʃvam]
comer (vt)	ям	[jam]
comparar (vt)	сравнявам	[sravnⁱávam]
compensar (vt)	компенсирам	[kompensíram]
competir (vi)	конкурирам	[konkuríram]
complicar (vt)	усложнявам	[usloʒnⁱávam]
compor (~ música)	съчинявам	[sɘtʃinⁱávam]
comportar-se (vr)	държа се	[dɘrʒá se]
comprar (vt)	купувам	[kupúvam]
comprometer (vt)	компрометирам	[komprometíram]
concentrar-se (vr)	концентрирам се	[kontsentríram se]
concordar (dizer "sim")	съгласявам се	[sɘglasⁱávam se]
condecorar (dar medalha)	наградя	[nagradⁱá]
confessar-se (vr)	признавам се	[priznávam se]
confiar (vt)	доверявам	[doverⁱávam]
confundir (equivocar-se)	обърквам	[obérkvam]
conhecer (vt)	познавам	[poznávam]
conhecer-se (vr)	запознавам се	[zapoznávam se]
consertar (vt)	подреждам	[podréʒdam]
consultar ...	консултирам се с ...	[konsultíram se s]
contagiar-se com ...	заразя се	[zarazⁱá se]
contar (vt)	разказвам	[raskázvam]
contar com ...	разчитам на ...	[rastʃítam na]
continuar (vt)	продължавам	[prodɘʒávam]
contratar (vt)	наемам	[naémam]
controlar (vt)	контролирам	[kontrolíram]
convencer (vt)	убеждавам	[ubeʒdávam]
convidar (vt)	каня	[kánⁱa]
cooperar (vi)	сътруднича	[sɘtrúdnitʃa]

coordenar (vt)	координирам	[koordiníram]
corar (vi)	изчервявам се	[istʃervʲávam se]
correr (vi)	бягам	[bʲágam]
corrigir (~ um erro)	поправям	[poprávʲam]
cortar (com um machado)	отсека	[otseká]
cortar (com uma faca)	отрязвам	[otrʲázvam]
cozinhar (vt)	готвя	[gótvʲa]
crer (pensar)	вярвам	[vʲárvam]
criar (vt)	създам	[səzdám]
cultivar (~ plantas)	отглеждам	[otgléʒdam]
cuspir (vi)	плюя	[plʲúja]
custar (vt)	струвам	[strúvam]
dar (vt)	давам	[dávam]
dar banho, lavar (vt)	къпя	[képʲa]
datar (vi)	датирам се	[datíram se]
decidir (vt)	решавам	[reʃávam]
decorar (enfeitar)	украсявам	[ukrasʲávam]
dedicar (vt)	посвещавам	[posveʃtávam]
defender (vt)	защитавам	[zaʃtitávam]
defender-se (vr)	защищавам се	[zaʃtiʃtávam se]
deixar (~ a mulher)	изоставям	[ostávʲam]
deixar (esquecer)	забравям	[zabrávʲam]
deixar (permitir)	позволявам	[pozvolʲávam]
deixar cair (vt)	изтървавам	[istərvávam]
denominar (vt)	наричам	[narítʃam]
denunciar (vt)	доноснича	[donósnitʃa]
depender de ...	завися от ...	[zavísʲa ot]
derramar (~ líquido)	проливам	[prolívam]
desaparecer (vi)	изчезна	[iztʃézna]
desatar (vt)	отвързвам	[otvérzvam]
desatracar (vi)	отплувам	[otplúvam]
descansar (um pouco)	почивам	[potʃívam]
descer (para baixo)	слизам	[slízam]
descobrir (novas terras)	откривам	[otkrívam]
descolar (avião)	излитам	[izlítam]
desculpar (vt)	извинявам	[izvinʲávam]
desculpar-se (vr)	извинявам се	[izvinʲávam se]
desejar (vt)	желая	[ʒelája]
desempenhar (papel)	играя	[igrája]
desligar (vt)	изключвам	[isklʲútʃvam]
desprezar (vt)	презирам	[prezíram]
destruir (documentos, etc.)	унищожавам	[uniʃtoʒávam]
dever (vi)	дължа	[dəlʒá]
devolver (vt)	върна обратно	[vérna obrátno]
direcionar (vt)	направлявам	[napravlʲávam]
dirigir (~ um carro)	карам кола	[káram kolá]

dirigir (~ uma empresa)	ръководя	[rəkovódʲa]
dirigir-se (a um auditório, etc.)	обръщам се	[obréʃtam se]
discutir (notícias, etc.)	обсъждам	[obséʒdam]
disparar, atirar (vi)	стрелям	[strélʲam]
distribuir (folhetos, etc.)	разпространявам	[rasprostranʲávam]
distribuir (vt)	раздам	[razdám]
divertir (vt)	забавлявам	[zabávlʲavam]
divertir-se (vr)	веселя се	[veselʲá se]
dividir (mat.)	деля	[delʲá]
dizer (vt)	кажа	[káʒa]
dobrar (vt)	удвоявам	[udvojávam]
duvidar (vt)	съмнявам се	[səmnʲávam se]

254. Verbos E-J

elaborar (uma lista)	съставям	[səstávʲam]
elevar-se acima de …	възвисявам се	[vəzvisʲávam se]
eliminar (um obstáculo)	отстранявам	[otstranʲávam]
embrulhar (com papel)	опаковам	[opakóvam]
emergir (submarino)	изплувам	[isplúvam]
emitir (~ cheiro)	разпространявам	[rasprostranʲávam]
empreender (vt)	предприемам	[pretpriémam]
empurrar (vt)	блъскам	[bléskam]
encabeçar (vt)	оглавявам	[oglavʲávam]
encher (~ a garrafa, etc.)	напълвам	[napélvam]
encontrar (achar)	намирам	[namíram]
enganar (vt)	лъжа	[léʒa]
ensinar (vt)	обучавам	[obutʃávam]
entediar-se (vr)	скучая	[skutʃája]
entender (vt)	разбирам	[razbíram]
entrar (na sala, etc.)	влизам	[vlízam]
enviar (uma carta)	изпращам	[ispráʃtam]
equipar (vt)	оборудвам	[oborúdvam]
errar (enganar-se)	греша	[greʃá]
escolher (vt)	избирам	[izbíram]
esconder (vt)	крия	[kríja]
escrever (vt)	пиша	[píʃa]
escutar (vt)	слушам	[slúʃam]
escutar atrás da porta	подслушвам	[potslúʃvam]
esmagar (um inseto, etc.)	смачкам	[smátʃkam]
esperar (aguardar)	чакам	[tʃákam]
esperar (contar com)	очаквам	[otʃákvam]
esperar (ter esperança)	надявам се	[nadʲávam se]
espreitar (vi)	надниквам	[nadníkvam]
esquecer (vt)	забравям	[zabrávʲam]

| estar | лежа | [leʒá] |
| estar convencido | убеждавам се | [ubeʒdávam se] |

estar deitado	лежа	[leʒá]
estar perplexo	недоумявам	[nedoumʲávam]
estar preocupado	безпокоя се	[bespokojá se]
estar sentado	седя	[sedʲá]

estremecer (vi)	трепвам	[trépvam]
estudar (vt)	изучавам	[izuʧávam]
evitar (~ o perigo)	избягвам	[izbʲágvam]
examinar (~ uma proposta)	разгледам	[razglédam]

exigir (vt)	изисквам	[izískvam]
existir (vi)	съществувам	[səʃtestvúvam]
explicar (vt)	обяснявам	[obʲasnʲávam]
expressar (vt)	изразявам	[izrazʲávam]

expulsar (~ da escola, etc.)	изключвам	[isklʲúʧvam]
facilitar (vt)	облекча	[oblekʧá]
falar com ...	говоря с ...	[govórʲa s]
faltar (a la escuela, etc.)	пропускам	[propúskam]

fascinar (vt)	очаровам	[oʧaróvam]
fatigar (vt)	уморявам	[umorʲávam]
fazer (vt)	правя	[právʲa]
fazer lembrar	напомням	[napómnʲam]
fazer piadas	шегувам се	[ʃegúvam se]

fazer publicidade	рекламирам	[reklamíram]
fazer uma tentativa	опитам се	[opítam se]
fechar (vt)	затварям	[zatvárʲam]
felicitar (vt)	поздравявам	[pozdravʲávam]

ficar cansado	уморявам се	[umorʲávam se]
ficar em silêncio	мълча	[məlʧá]
ficar pensativo	замисля се	[zamíslʲa se]
forçar (vt)	принуждавам	[prinuʒdávam]
formar (vt)	образовам	[obrazóvam]

gabar-se (vr)	хваля се	[hválʲa se]
garantir (vt)	гарантирам	[garantíram]
gostar (apreciar)	харесвам	[harésvam]
gritar (vi)	викам	[víkam]

guardar (fotos, etc.)	съхранявам	[səhranʲávam]
guardar (no armário, etc.)	скривам	[skrívam]
guerrear (vt)	воювам	[vojúvam]
herdar (vt)	наследявам	[nasledʲávam]
iluminar (vt)	осветявам	[osvetʲávam]

imaginar (vt)	представям си	[pretstávʲam si]
imitar (vt)	имитирам	[imitíram]
implorar (vt)	умолявам	[umolʲávam]
importar (vt)	внасям	[vnásʲam]
indicar (~ o caminho)	посочвам	[posóʧvam]

indignar-se (vr)	възмущавам се	[vəzmuʃtávam se]
infetar, contagiar (vt)	заразявам	[zarazʲávam]
influenciar (vt)	влияя	[vlijája]
informar (~ a policia)	съобщавам	[səobʃtávam]
informar (vt)	информирам	[informíram]
informar-se (~ sobre)	научавам	[nautʃávam]
inscrever (na lista)	вписвам	[fpísvam]
inserir (vt)	слагам	[slágam]
insinuar (vt)	намеквам	[namékvam]
insistir (vi)	настоявам	[nastojávam]
inspirar (vt)	въодушевявам	[vəoduʃevʲávam]
instruir (ensinar)	инструктирам	[instruktíram]
insultar (vt)	оскърбявам	[oskərbʲávam]
interessar (vt)	интересувам	[interesúvam]
interessar-se (vr)	интересувам се	[interesúvam se]
intervir (vi)	намесвам се	[namésvam se]
invejar (vt)	завиждам	[zavíʒdam]
inventar (vt)	изобретявам	[izobretʲávam]
ir (a pé)	вървя	[vərvʲá]
ir (de carro, etc.)	пътувам	[pətúvam]
ir nadar	къпя се	[kəpʲa se]
ir para a cama	лягам да спя	[lʲágam da spʲa]
irritar (vt)	дразня	[dráznʲa]
irritar-se (vr)	дразня се	[dráznʲa se]
isolar (vt)	изолирам	[izolíram]
jantar (vi)	вечерям	[vetʃérʲam]
jogar, atirar (vt)	хвърлям	[hvərlʲam]
juntar, unir (vt)	обединявам	[obedinʲávam]
juntar-se a …	присъединявам се	[prisəedinʲávam se]

255. Verbos L-P

lançar (novo projeto, etc.)	пускам, стартирам	[púskam], [startíram]
lavar (vt)	мия	[míja]
lavar a roupa	пера	[perá]
lavar-se (vr)	мия се	[míja se]
lembrar (vt)	помня	[pómnʲa]
ler (vt)	чета	[tʃeta]
levantar-se (vr)	ставам	[stávam]
levar (ex. leva isso daqui)	отнасям	[otnásʲam]
libertar (cidade, etc.)	освобождавам	[osvoboʒdávam]
ligar (~ o radio, etc.)	включвам	[fklʲútʃvam]
limitar (vt)	ограничавам	[ogranitʃávam]
limpar (eliminar sujeira)	обелвам	[obélvam]
limpar (tirar o calcário, etc.)	пречиствам	[potʃístvam]
lisonjear (vt)	подмазвам се	[podmázvam se]

livrar-se de …	избавям се от …	[izbávłam se ot]
lutar (combater)	боря се	[bórła se]
lutar (esporte)	боря се	[bórła se]
marcar (com lápis, etc.)	отбелязвам	[otbelłázvam]
matar (vt)	убивам	[ubívam]
memorizar (vt)	запомням	[zapómnłam]
mencionar (vt)	споменавам	[spomenávam]
mentir (vi)	лъжа	[léʒa]
merecer (vt)	заслужавам	[zasluʒávam]
mergulhar (vi)	гмуркам се	[gmúrkam se]
misturar (vt)	смесвам	[smésvam]
morar (vt)	живея	[ʒivéja]
mostrar (vt)	показвам	[pokázvam]
mover (vt)	премествам	[preméstvam]
mudar (modificar)	сменям	[sménłam]
multiplicar (mat.)	умножавам	[umnoʒávam]
nadar (vi)	плувам	[plúvam]
negar (vt)	отричам	[otrítʃam]
negociar (vi)	водя преговори	[vódła prégovori]
nomear (função)	назначавам	[naznatʃávam]
obedecer (vt)	подчинявам се	[podtʃinłávam se]
objetar (vt)	възразявам	[vəzrazłávam]
observar (vt)	наблюдавам	[nablłudávam]
ofender (vt)	обиждам	[obíʒdam]
olhar (vt)	гледам	[glédam]
omitir (vt)	пропускам	[propúskam]
ordenar (mil.)	заповядвам	[zapovłádvam]
organizar (evento, etc.)	организирам	[organizíram]
ousar (vt)	осмелявам се	[osmelłávam se]
ouvir (vt)	чувам	[tʃúvam]
pagar (vt)	плащам	[pláʃtam]
parar (para descansar)	спирам се	[spíram se]
parar, cessar (vt)	прекратявам	[prekratłávam]
parecer-se (vr)	приличам	[prilítʃam]
participar (vi)	участвам	[utʃástvam]
partir (~ para o estrangeiro)	заминавам	[zaminávam]
passar (vt)	минавам	[minávam]
passar a ferro	гладя	[gládła]
pecar (vi)	греша	[greʃá]
pedir (comida)	поръчвам	[porétʃvam]
pedir (um favor, etc.)	моля	[mólła]
pegar (tomar com a mão)	ловя	[lovłá]
pegar (tomar)	взимам	[vzímam]
pendurar (cortinas, etc.)	закачам	[zakátʃam]
penetrar (vt)	прониквам	[proníkvam]
pensar (vi, vt)	мисля	[míslła]

pentear-se (vr)	сресвам се	[srésvam se]
perceber (ver)	забелязвам	[zabelʲázvam]
perder (o guarda-chuva, etc.)	губя	[gúbʲa]

perdoar (vt)	прощавам	[proʃtávam]
permitir (vt)	разрешавам	[razreʃávam]
pertencer a ...	принадлежа	[prinadleʒá]
perturbar (vt)	безпокоя	[bespokojá]

pesar (ter o peso)	тежа	[teʒá]
pescar (vt)	ловя риба	[lovʲá ríba]
planejar (vt)	планирам	[planíram]
poder (~ fazer algo)	мога	[móga]

pôr (posicionar)	нареждам	[naréʒdam]
possuir (uma casa, etc.)	владея	[vladéja]
predominar (vi, vt)	преобладавам	[preobladávam]
preferir (vt)	предпочитам	[pretpotʃítam]

preocupar (vt)	безпокоя	[bespokojá]
preocupar-se (vr)	вълнувам се	[vəlnúvam se]
preparar (vt)	подготвя	[podgótvʲa]
preservar (ex. ~ a paz)	съхранявам	[səhranʲávam]

prever (vt)	предвиждам	[predvíʒdam]
privar (vt)	лишавам	[liʃávam]
proibir (vt)	забранявам	[zabranʲávam]
projetar, criar (vt)	проектирам	[proektíram]
prometer (vt)	обещавам	[obeʃtávam]

pronunciar (vt)	произнасям	[proiznásʲam]
propor (vt)	предлагам	[predlágam]
proteger (a natureza)	опазвам	[opázvam]
protestar (vi)	протестирам	[protestíram]

provar (~ a teoria, etc.)	доказвам	[dokázvam]
provocar (vt)	провокирам	[provokíram]
punir, castigar (vt)	наказвам	[nakázvam]
puxar (vt)	дърпам	[dérpam]

256. Verbos Q-Z

quebrar (vt)	чупя	[ʧúpʲa]
queimar (vt)	изгарям	[izgárʲam]
queixar-se (vr)	оплаквам се	[oplákvam se]
querer (desejar)	искам	[ískam]

rachar-se (vr)	напуквам се	[napúkvam se]
ralhar, repreender (vt)	ругая	[rugája]
realizar (vt)	осъществявам	[oseʃtestvʲávam]
recomendar (vt)	съветвам	[səvétvam]

| reconhecer (identificar) | опознавам | [opoznávam] |
| reconhecer (o erro) | признавам | [priznávam] |

recordar, lembrar (vt)	спомням	[spómnʲam]
recuperar-se (vr)	оздравявам	[ozdravʲávam]
recusar (~ alguém)	отказвам	[otkázvam]

reduzir (vt)	намалявам	[namalʲávam]
refazer (vt)	преправям	[preprávʲam]
reforçar (vt)	укрепвам	[ukrépvam]
refrear (vt)	удържам	[udérʒam]

regar (plantas)	поливам	[polívam]
remover (~ uma mancha)	премахвам	[premáhvam]
reparar (vt)	поправям	[poprávʲam]
repetir (dizer outra vez)	повтарям	[poftárʲam]

reportar (vt)	докладвам	[dokládvam]
reservar (~ um quarto)	резервирам	[rezervíram]
resolver (o conflito)	уреждам	[uréʒdam]
resolver (um problema)	реша	[reʃá]

respirar (vi)	дишам	[díʃam]
responder (vt)	отговарям	[otgovárʲam]
rezar, orar (vi)	моля се	[mólʲa se]
rir (vi)	смея се	[sméja se]
romper-se (corda, etc.)	скъсам се	[skésam se]

roubar (vt)	крада	[kradá]
saber (vt)	знам	[znam]
sair (~ de casa)	излизам	[izlízam]
sair (ser publicado)	излизам	[izlízam]

salvar (resgatar)	спасявам	[spasʲávam]
satisfazer (vt)	удовлетворявам	[udovletvorʲávam]
saudar (vt)	приветствувам	[privétstvuvam]
secar (vt)	суша	[suʃá]
seguir (~ alguém)	вървя след ...	[varvʲá slet]

selecionar (vt)	избера	[izberá]
semear (vt)	сея	[séja]
sentar-se (vr)	сядам	[sʲádam]
sentenciar (vt)	осъждам	[oséʒdam]
sentir (vt)	чувствам	[tʃúfstvam]

ser diferente	отличавам се	[otlitʃávam se]
ser indispensável	трябвам	[trʲábvam]
ser necessário	трябвам	[trʲábvam]

ser preservado	запазвам се	[zapázvam se]
ser, estar	съм, бъда	[sǝm], [bǝ́da]
servir (restaurant, etc.)	обслужвам	[obslúʒvam]
servir (roupa, caber)	подхождам	[podhóʒdam]

significar (palavra, etc.)	знача	[znátʃa]
significar (vt)	означавам	[oznatʃávam]
simplificar (vt)	опрощавам	[oproʃtávam]
sofrer (vt)	страдам	[strádam]
sonhar (~ com)	мечтая	[metʃtája]

sonhar (ver sonhos)	сънувам	[sənúvam]
soprar (vi)	надувам	[nadúvam]
sorrir (vi)	усмихвам се	[usmíhvam se]
subestimar (vt)	недооценявам	[nedootsenʲávam]
sublinhar (vt)	подчертая	[podtʃertája]
sujar-se (vr)	изцапам се	[istsápam se]
superestimar (vt)	надценявам	[nattsenʲávam]
supor (vt)	предполагам	[pretpolágam]
suportar (as dores)	търпя	[tərpʲá]
surpreender (vt)	удивлявам	[udivlʲávam]
surpreender-se (vr)	учудвам се	[utʃúdvam se]
suspeitar (vt)	подозирам	[podozíram]
suspirar (vi)	въздъхна	[vəzdéhna]
tentar (~ fazer)	опитвам се	[opítvam se]
ter (vt)	имам	[ímam]
ter medo	страхувам се	[strahúvam se]
terminar (vt)	приключвам	[priklʲútʃvam]
tirar (vt)	свалям	[sválʲam]
tirar cópias	размножавам	[razmnoӡávam]
tirar fotos, fotografar	снимам	[snímam]
tirar uma conclusão	правя заключение	[právʲa zaklʲútʃénie]
tocar (com as mãos)	докосвам се	[dokósvam se]
tomar café da manhã	закусвам	[zakúsvam]
tomar emprestado	взимам на заем	[vzímam na záem]
tornar-se (ex. ~ conhecido)	ставам	[stávam]
trabalhar (vi)	работя	[rabótʲa]
traduzir (vt)	превеждам	[prevéӡdam]
transformar (vt)	трансформирам	[transformíram]
tratar (a doença)	лекувам	[lekúvam]
trazer (vt)	докарвам	[dokárvam]
treinar (vt)	тренирам	[treníram]
treinar-se (vr)	тренирам се	[treníram se]
tremer (de frio)	треперя	[trepérʲa]
trocar (vt)	разменям си	[razménʲam si]
trocar, mudar (vt)	сменям	[sménʲam]
usar (uma palavra, etc.)	употребявам	[upotrebʲávam]
utilizar (vt)	ползвам	[pólzvam]
vacinar (vt)	ваксинирам	[vaksiníram]
vender (vt)	продавам	[prodávam]
verter (encher)	наливам	[nalívam]
vingar (vt)	отмъщавам	[otməʃtávam]
virar (~ para a direita)	завивам	[zavívam]
virar (pedra, etc.)	обърна	[obérna]
virar as costas	обръщам се	[obréʃtam se]
viver (vi)	живея	[ӡivéja]
voar (vi)	летя	[letʲá]

voltar (vi)	**завръщам се**	[zavréʃtam se]
votar (vi)	**гласувам**	[glasúvam]
zangar (vt)	**сърдя**	[sérdʲa]
zangar-se com ...	**сърдя се на ...**	[sérdʲa se na]
zombar (vt)	**присмивам се**	[prismívam se]